"儒家文明省部共建协同创新中心"资助项目
山东大学儒学高等研究院重点项目
山东省"泰山学者"项目阶段性成果

汉字中国

忠

曾振宇·主编

王 成·著

图书在版编目（CIP）数据

忠 / 王成著 . -- 北京：华夏出版社，2020.6
（汉字中国 / 曾振宇主编）
ISBN 978-7-5080-9793-0

Ⅰ. ①忠… Ⅱ. ①王… Ⅲ. ①汉字－通俗读物 ②中华文化－通俗读物 Ⅳ. ① H12-49 ② K203-49

中国版本图书馆 CIP 数据核字（2019）第 124066 号

忠

作　　者	王　成	
责任编辑	蔡姗姗	
美术设计	远顾设计工作室	
责任印制	顾瑞清	
出版发行	华夏出版社	
经　　销	新华书店	
印　　刷	三河市万龙印装有限公司	
装　　订	三河市万龙印装有限公司	
版　　次	2020 年 6 月北京第 1 版 2020 年 6 月北京第 1 次印刷	
开　　本	880×1230　1/32	
印　　张	9.625	
插　　页	4	
字　　数	212 千字	
定　　价	59.00 元	

华夏出版社　地址：北京市东直门外香河园北里 4 号　邮编：100028
　　　　　　网址：www.hxph.com.cn 电话：(010) 64663331（转）
若发现本版图书有印装质量问题，请与我社营销中心联系调换。

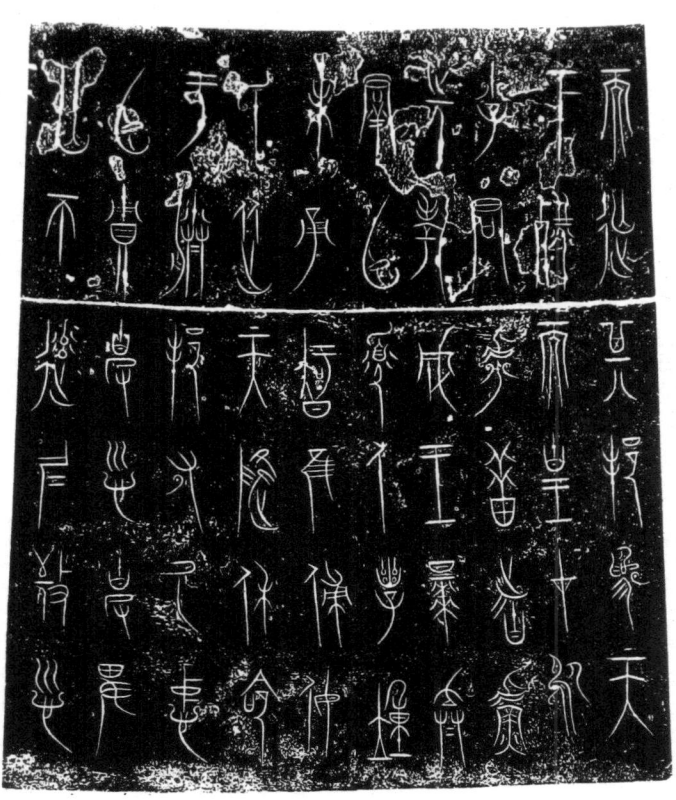

战国　中山王厝鼎

东汉　张迁碑

三国　天发神谶碑

明　忠孝泉（南京）

序

《汉字中国》丛书即将付梓，主编曾振宇教授嘱我在书耑写几句话。我认为"汉字中国"是个好题，丛书的出版是件好事，摆到读者面前的是一套好书，振宇教授美意岂能却之？遂谨献鄙意如下。

首先我想说，这是一套什么样的丛书。显然，它不是研究中国文字的学术丛书，而是在文字研究基础上通俗地讲述中国自有的文化哲学体系中一批重要概念的著作，是一套把汉字与它所承载的哲学概念如何紧密地融合起来这一独特的现象呈现出来的创新之作。

丛书的编著者们认为"中国本土哲学与文化形态中的概念、文字和词语是中国哲学与文化的'结晶体'"。这是一个含义很深邃、又很形象的比喻。这就意味着《汉字中国》将对中国哲学与文化的概念进行深入解读，探索其内涵和外延，从而发掘、展现中华文化与其哲学的精神、品质、性格的独特性，消解中国哲学与文化之双足只穿西方哲学之鞋履所带来的误解、困惑与尴尬。反过来看，通过对中国哲学与文化的认知和体验，又可以明了并深化对这些汉字形音义的来龙去脉、衍生变异以及遗存、渗透在现代汉语词汇中的文化基因的认识。或许这也是本套丛书冠以《汉字中国》之名的用意所在吧。

诚然,《汉字中国》所分析、论列的,大多是日常所用的字词,有些即使是"专门"词语,也已经为越来越多的人所习见;但是,由于种种历史的、社会的原因,今人也常常与这些字词的深意若即若离。而如果忽略了汉字在数千年传承、延绵、孳乳、变异过程中沉淀于后世语言形式里的传统文化意义,就会冷淡了中华文化的特性,很可能语言/概念发生"漂移"现象,不得已时只好乞灵于异质文化,从而难以形成阐述中华文化的中国话语体系。

"结晶体"这样一个形象而很有意趣的比况,更会引发读者的遐想:在这个"结晶体"里面,有着丰富多样的微观世界,中国文化的种种现象和思想都在有序地存在着、排列着。由此可以想见,《汉字中国》的筹划、酝酿、研究,用心良苦矣!我不由得又想到,《汉字中国》的影响所及,可能并不仅限于人文社会科学、哲学领域,即使在构建科学技术伦理、自然语言处理、人机对话、中外语言互译,乃至人工智能等领域,似乎也可以参考一下吧。

话说得远了些,就此搁笔。
忝谓之"序"。

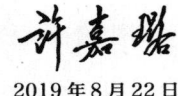

2019 年 8 月 22 日

汉字中国 ◆ 忠

目录

第一章

"忠":"中"与"心"相加 ············ 1
一、"忠"字觅踪 ················· 1
二、由"中"到"忠"的演进链条 ········ 3
三、东周列国争霸的背景推动了"忠"的早期发展······ 16

第二章

忠君之事到忠唯事君的演化 ············ 23
一、孔子:"忠"非"愚忠" ··············· 23
二、孟子:忠道高于忠君 ··············· 31
三、荀子:忠君为体,忠道为用 ············ 37

第三章

秦对"忠为忠君"的压缩 ············ 46
一、忠在秦的早期发展 ················ 46
二、商鞅:忠为忠法 ················· 51
三、《吕氏春秋》:"大忠""小忠"在纠结中迈向忠君······ 54

四、韩非：为人臣不忠当死……58
　　五、秦王朝时代"忠"字内涵被进一步压缩为"忠君"…68

第四章
两汉时期渐成主流政治思想……74
　　一、贾谊："爱民为忠"……74
　　二、董仲舒："一中谓'忠'，二中谓'患'"……79
　　三、司马迁："义"重于"忠"……86

第五章
动荡时局下的顽强生存……101
　　一、"忠"谥获得广泛应用……101
　　二、始终未离"忠"字的文学……116
　　三、社会生活中的"忠"……123

第六章
引领隋唐主流政治文化……127
　　一、思想文化领域中的"忠"……127
　　二、唐诗的"忠"字情结……134
　　三、忠字在其他领域的应用……150

第七章
文弱国势下再现光辉……155
　　一、范仲淹的"先天下之忧而忧，后天下之乐而乐"…155
　　二、欧阳修的"文忠"……160

三、王安石的用人以"忠" ················ 164
四、《资治通鉴》与"忠"的总结 ············ 167
五、理学与忠 ······················ 173
六、关羽成为"忠"传播的象征 ············· 181

第八章

元朝市民文化勃发背景下走向世俗 ········· **188**

一、元杂剧、散曲、诗歌与忠 ············· 188
二、《三国演义》《水浒传》与忠 ············ 198

第九章

反传统浪潮中岿然傲立 ··············· **214**

一、"忠"推动了关公崇拜新高潮 ············ 215
二、对"忠臣"的褒扬 ·················· 220
三、"忠"与明代文化 ·················· 236

第十章

迸发最后的辉煌 ··················· **242**

一、忠与清代文化事业的发展 ·············· 242
二、忠与清代政治思想文化 ··············· 252

参考文献 ······················ **291**

第一章
"忠"："中"与"心"相加

　　"忠"是中华民族思想文化发展史上重要且独具特色的范畴，在西方思想文化体系中尚未找到与之相匹配的范畴[1]。中国思想发展史恰恰因为拥有以"忠"为代表的概念系统，从而形成颇具个性的东方思想文化体系，创造了独属于中国的、绵延不绝的五千年文明史。四大文明古国唯我硕果仅存，与"忠"所内蕴的凝聚力、向心性和持续性密不可分。

一、"忠"字觅踪

　　中国历史上的思想概念系统庞大繁复，为什么偏偏是"忠"这样一个并非最为古老、最初表示为"不偏""无私"之意的范畴，能够在众多较之更为古老、更具有首属性特点的范畴中脱颖而出，上升到"领袖群伦"的高度？答案的关键在于"忠"自身存在着与中国传统社

[1] 英文中常见的表意为"忠"的词汇有：devoted、faithful、loyal、staunch、honest等，其内涵与中文之"忠"字具有较大差异。

会家国同构的政治体制相契合的内在机制。要更好地理解这一点，必须从"忠"的字源上下些功夫，以期正本清源。

迄今可见的最早的与时下标准"忠"字字形结构一致的古"忠"字见于中山王𰯼（中山国君，名"𰯼"）方壶与中山王𰯼圆鼎的铭文上。方壶铭文说："竭志尽忠，以左右厥辟，不贰其心。"鼎之铭文为："天降休命于朕邦，有厥忠臣贮。"分析可知，铭文上的"𢛳"已经是非常成熟的文字，说明在此之前，"忠"字已经走过了长期的演化过程，只是由于考古资料的匮乏，今人暂时无法窥其走过的历史轨迹。

"𢛳"是会意字，就其字形结构看，上半部的"中"（中）兼具声旁与形旁，对"忠"字意义的形成具有决定作用。在很多学者看来，"忠"字就是由"中"字演化而来的。郑玄曾说："中，犹忠也。"[1] 对于二者之"通"，甚至有学者做了专门论证。清朝人惠栋的《九经古义》论证较为充分："'中'与'忠'通。汉《吕君碑》云：'以中勇显名。'义作'忠'。后汉王常为'汉忠将军'。《冯异传》作'中'。《古文孝经》引《诗》云：'忠心藏之，何日忘之。'今《毛诗》作'中'。"[2] 由此可知，"中"与"忠"古字是相通的。在"忠"字出现之前，其后世所指意象很有可能是由"中"来"代劳"的。只是随着人类思维越来越复杂，文化越来越昌明，思想越来越精细化，文字的功能越来越精

[1] 十三经注疏整理委员会：《周礼注疏》卷二十二，北京大学出版社2000年版，第676页。

[2] （清）惠栋：《九经古义》卷七，文渊阁《四库全书》第191册，第431页。

妙入微，需要有更加发达的文字相匹配，从而使文字的音形义关系更加清晰，于是人们对"中"进行了再创造，才出现了"忠"字。循此思路，我们应该在"中"字上多下些功夫方不失为正道。

二、由"中"到"忠"的演进链条

从"中"字的构造及其指意能否发现"忠"的胚芽呢？答案是肯定的。在甲骨文中，"中"字的写法有数十种，这里仅列举其中二十七种[1]（见图1-1）。通过观察不难发现，甲骨文的"中"字，无论下图中的哪一种写法，都存在一个关键元素"丨"，以及或多或少、或左或右、或上或下的"旌旗""流苏"或曰"飘带"，而"口"除"甲二五六二"的"中"字之外，其余二十六字均包含此元素。对"中"，许慎做了这样的解释："中，内也。从'口''丨'，上下通。"[2]结合许慎的解释，这里有三个要点需要细加推究：

第一，关于"中"字的"丨"。这一"丨"代表什么？学者们众说纷纭。萧兵认为，"中"字"就是各种形态的神杆"[3]。以此推论，"丨"自然就是居中沟通天与地、神与人的那根木棍、神柱了。温少锋、袁廷栋认为："所谓'从口丨，上下通'，就是指太阳当木表之顶，其所投日影

1 / 中国社会科学院考古研究所：《甲骨文编》，中华书局1965年版，第17—18页。

2 /（清）段玉裁：《说文解字注》卷一下，上海古籍出版社1981年版，第20页。

3 / 萧兵：《中庸的文化省察——一个字的思想史》，湖北人民出版社1997年版，第7页。

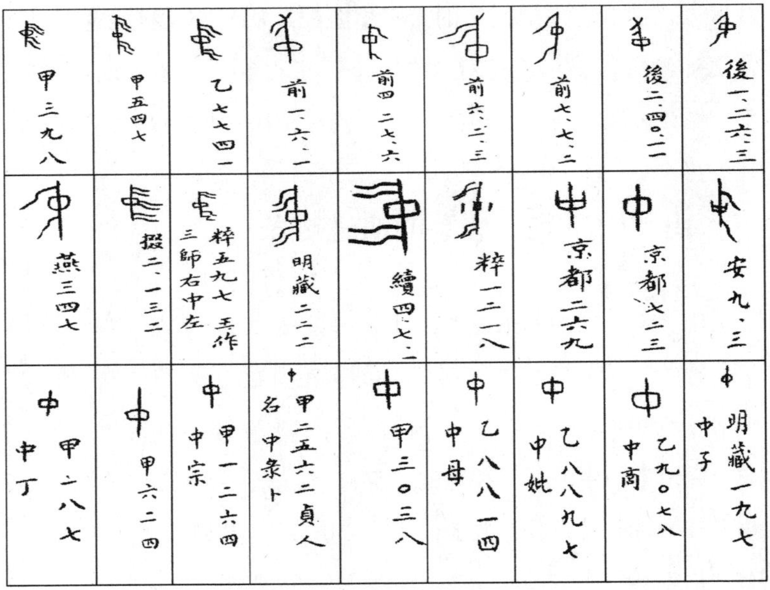

图 1-1："中"字甲骨文写法

1 / 温少锋、袁廷栋：《殷墟卜辞研究——科学技术篇》，四川省社会科学院出版社1983年版，第14页。

2 /（清）王筠：《说文释例》卷一，世界书局1983年版，第17页。

垂直，故为'上下通'，故出'和也'，即互相'对和（合）之义。"[1] 亦即"丨"所代表的是日表。按照王筠的理解："'丨'，下上通也。引而上行，读若'囟'；引而下行，读若'退'。"[2] 王筠的解读从另外一个角度给了我们启发：以"囟"与"退"的读音与"丨"相类比，不应该简单看作偶然之笔，其中应该暗示了"丨"与"囟"和"退"存在某种关联。

第一章
"忠"："中"与"心"相加

"囱"就是"窗"的本字，甲骨文写作"☒"。许慎说："囱，在墙曰牖，在屋曰囱。"无论是窗（获取日月光华），还是烟囱（烟飘九天与灶王爷"上天言好事""下界保平安"的通道），都强调了"丨"通道的功能。也就是说，"丨"向上具有联系天、神的桥梁作用。在这一点上，时空跨度巨大的东西方文化实现了惊人的对接。大家知道，西方传说中的圣诞老人就是通过烟囱进入千家万户，为人们送去期盼中的圣诞礼物的。就此而言，烟囱沟通人神的桥梁作用获得了东西方文化的一致认可。

"退"，甲骨文写作"☒"。其中，"☒"即"豆"，古时用来吃肉的器具（见图1-2）。"☒"即"止"，表示离开。就其造字本义而言，"退"表示饮食结束后离席。"退，卻也。一曰行遲也。从彳，从日，从夂。"[1]也就是说，"退"与食肉、饮食等礼节相关。延伸思考可知，"退"应该与祭天相关。"国之大事在祀与戎。"（《左传·成公十三年》）"祀"放在与"戎"同等甚至高于"戎"的地位，不仅符合上古时期的"国家"实际，且与国家产生之前原始人类活动的情况相吻合。人类祭天活动的历史，较之军事征伐要悠久得多。对于先民而言，上天不仅哺育万物、泽被人间，还具有带来伤害的神秘力量，如风雨雷电等。为表达感恩之情，以求趋利避害，祭天成为自原始时代即颇为盛行的宗教活动。在几乎所有祭祀活动中，对天的祭祀占有最高、最重要的地位。其中，有这样三个环节值得注意：其一，禋祀。就是将肉、帛等祭品

[1] （清）段玉裁：《说文解字注》卷二下，第77页。

图1-2：豆

置于柴上焚烧,让上升的烟气达于天庭。其二,五齐。郑玄认为,"五齐"就是五种冷食肉菜:"齐当为齑,五齑:昌本、脾析、蜃、豚拍、深蒲也……细切为齑。"[1] 其三,饮福。就是在祭祀结束后分享祭神的酒肉。上述环节,均与"肉""食""天"相关。换言之,"退"隐含了人们于祭天仪式结束并宴饮之后恭敬退出之意。这就把"中"可以会通于"忠"的关系展示得清清楚楚了。在原始社会以及夏商时期,人们对"天"的态度是虔诚的、恭谨的、真诚的。如果不是这样,人就会受到上天的惩罚,如"天谴"。这就成为"中"与"忠"通的第一个根据。

当然,将"丨"看作日表也有道理。人们观察太阳的变化以为作息时间的标准,或许较之祭天更为久远。如:"远古时代的人,只知道日出而作,日入而息,把太阳的出入当作生活作息的标准。多山地带的人,自然就以山为日月出入的表尺。"[2] 立木以测日影

---

[1] (清)孙诒让:《周礼正义》卷十,《十三经清人注疏》,中华书局2013年1月第2版,第406—407页

[2] 吕子方:《中国科学技术史论文集》下册,四川科学技术出版社1984年版,第28页。

恐怕比祭天还是要新近得多。故而，本书认为"中"之"丨"，看作连接天地与神人的神柱更为接近事实的原貌。

第二，关于"中"字的"旌旗"。早期甲骨文的"中"写作"�"。神柱两端对称分布了两面旌旗。这无疑是一幅寓意深刻的类图画。作为源自图画文字的象形文字，虽然甲骨文"图"的性质趋弱而象征意义在强化，但通过分析其"画面"，我们依然可以解读造字者最初所要传达的信息。这个"㦯"是在描绘一种什么场景？又象征着什么意义呢？这就要解决一个关键问题："旌旗"（"㦯"）最初的功能是什么？

在甲骨文中，"旗"写作"㦯"或"㦯"，其形状就像树杈（"㦯"）上飘扬着翎羽（"㦯"），其造字本义在于人们用动物的翎羽、尾巴等系在木棍上，以醒目的方式标示地域范围。《说文解字》曰："旗，熊旗五游，以象罚星，士卒以为期。"[1] 显然，"旗"具有将群体成员聚集于一定区域的功能。在甲骨文中，与"旗"字表意功能类似的文字还有很多，如"族"（"㦯"）。该字由三部分组成，最下部是"㦯"（表示族群聚居的区域），居中是"㦯"（代表弓箭，借指群落的武装力量），最上部是"㦯"（代表召集的符号）。《说文解字》曰："族，矢锋也。束之族族也。"[2] 原意是说将箭捆扎整齐，引申为将众人集合在一起。还比如"斿"（"㦯"），该字由两部分组成，左上部是"㦯"（代表旗），右下部是"㦯"（代表群落成员）。《说文解字》

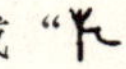

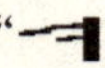

[1] （清）段玉裁：《说文解字注》卷七上，第560页。

[2] （清）段玉裁：《说文解字注》卷七上，第565页。

曰："旂，旌旗之流也。"[1]"旌"字的甲骨文与金文目前尚未发现，从其篆文（"旌"）看，同样含有"旗"的要素（左上端写作"𭤨"）。上述与"旗"相关诸字，其表意虽各不同，核心要素却是一致的，这就是在明确标示的区域内，会聚人群，从事某种特殊的社会活动。那么，"旗"为什么具有这种"聚众"的神秘力量呢？

"旗"的最初起源与图腾符号密切相关。图腾崇拜几乎在所有民族的幼年时期都存在过，甚至一直延续至今。多数民族的图腾崇拜对象往往被绘制在旗帜上，如华夏族的龙旗、哈萨克某些部族的狼旗、罗马帝国的双头鹰旗，甚至美利坚合众国的白头鹰旗、俄罗斯联邦的双头鹰旗（源自拜占庭帝国和东罗马帝国）等。"《乡射礼》中的闾中，虎中，兕中，鹿中，皮树中，都是动物名，都是把氏族图腾绘在中旗上的遗制。"[2] 所有被奉为图腾的动物、植物等，在部族成员眼中均具有神圣性和灵性，"因为尊崇图腾的原则，又因为要使同一部族的人都有一种标记以便于相互辨识，所以野蛮民族又往往用了图腾以作此种标记"[3]。这样，绘有图腾的旗帜就顺理成章地在部族成员中具备了某种神秘的力量，即便其早期的形制比较简陋，如悬以动物之尾、毛发、翎羽等。由于这些粗陋之物蕴含特殊的象征意义，如"大家

---

1 /（清）段玉裁：《说文解字注》卷七上，第559页。

2 / 刘节：《中国史学史稿》，中州书画社1982年版，第13页。

3 /［法］倍松：《图腾主义》，胡愈之译，开明书店1932年版，第5页。

认为旗中的内在力量被人格化成一尊守护神,可以为召请它的后裔们服务"¹,故此受到族群成员的普遍尊崇。绘有图腾的旗成为部族的象征,它也顺理成章地被赋予更多的功能,如"军队驻扎,武装垦殖,或者是原始氏族社会立旗圈地、开辟疆土"²,"旗"成为流动的部族,成为传达所在之处为神圣之地的符号。难怪,"立旗"自氏族社会开始即成为重大场合必需的仪式,这种规制直至今日依然盛行。

如果以"丨"为神柱之说成立的话,那么"𠁒"字中的两面旌旗(应为虚指,言其多)就应该是先民们在举行重大活动(如祭天)时为营造庄严、肃穆的气氛而设置的道具。这种情形,甚至在文化昌明的当代依然屡见不鲜。君不见许多隆重场合,总离不开旌旗招展、彩旗猎猎,目的难道不是为了展示场面宏大热烈?这无疑是先古遗风的现代表现。在这种庄严肃穆的场合中,人们的精神自然表现为恭谨、持正、不偏不倚,如"卡米拉斯每当出师之际,必先亲率祭师,恭祭狼旗,典礼至为严肃"³。"中"取象于原始社会某种特殊隆重、庄严的场合,成为其与"忠"通的第二个根据。

第三,关于"中"字的"口"。细考早期的甲骨文之"中"("𠁒")可以发现,其"腰部"有三个呈一字排列的"●"。其中,一个"●"位于神柱(旗杆)中央,另

1 / [德]海西希:《蒙古的宗教》,耿升译,天津古籍出版社1989年版,第468页。

2 / 胡厚宣辑:《甲骨续存序》,群联出版社1955年版,第5页。

3 / 戴友荪:《罗马建国故事埋藏在中国史乘中》,载《学原》,1948年第12期。

外两个"●"对称分布于其两侧。以此为中轴线，两面旗帜等距离地分布在"｜"两端。从造字角度看，"●"扮演的是指事符号，代表"●"居中的位置，"中"的意义也是由此而来，这并不难理解。问题在于谁可以在神柱、代表神圣与尊崇的旌旗环绕下居中呢？这可以从北京天坛的祭天所在——圜丘中找到答案。天坛圜丘是明清帝王祭天的专门场所。圜丘分为三层，露天设计，象征着"天"。每当祭天时，以最上层居中的"天心石"为界，北侧正面安排"天"（上帝）的牌位，南面设祝案。以此为中心向外推延，共形成以天心石为圆心的九层圆环，象征着"九重天"。天的主宰——"上帝"即居于九重天。圜丘每一层均设有数以百计的祭品、礼器，同时配有环伺的旗队。整个祭天场面庄严、肃穆、壮观。如果将圜丘祭天的画面进行抽象处理，撇开具体内容，将天心石、上帝的牌位、祝案看作三个点，其形制恰与"中"腰部的三点呈同一布局。如果再考虑到环伺的旗队，就是具象化的"中"。无独有偶，依然保留原始之风的独龙族，每当举行"剽牛"祭天的祭祀礼时，氏族的几乎每个家庭都要在祭场的平坦之地，以呈直线的形式横向堆起石头祭坛，而后献祭祈祷。由此可以推知，居于神柱中部的"●"代表着天，象征着上帝是"中心"所在。对称分布于其两侧的"●"，代表着"天"对于芸芸众生而言一视同仁、无偏无私，保持"中正"。高怀民认为："中央为一直画，向左或向右的飘带叫作'游'，向左向右是一样的，只是借以表示中间一直画的不偏不倚而正立，故'中'义与'正'

义不离。"¹ 高先生讲的是"丨"与旌旗的关系，但用于解释三个"●"的关系，似乎更为妥帖。这是"忠"由"中"出的第三个根据。

基于上述认识，本书认为："中"字腰部的"口"不过是"🌀"在后世发展过程中，文字美化、简化、抽象化的结果。中期甲骨文中，"🌀"简化为"🌣"，不仅省掉了早期文字中的一面旗，且其中的三个"●"已经由"口"代替，加上"丨"的中央贯穿，表意功能大大增强。文字看上去感觉更加简洁、美观，更便于书写、识记和使用。晚期甲骨文的"中"字干脆省掉了旗，只保留神柱（旗杆），写作"十"，已经与现代的"中"在写法、结构方面没有大的差别了。

对于"中"腰部的这个"口"，学者们的分歧可谓多多。许多学者将之归于"容器"，认为这是先人们在祭天、祭祖时所立神杆的置物器皿，功能是盛放祭品，如血液等。还有人将之解读为靶心，甚至有学者将之与少数民族的"猎头"习俗相关联，认为"中"字与某些南方少数民族的"人头桩"有关。乃至有人将居于新几内亚高地的摩尼族和达尼族的事例也拿过来，作为解释中国之"中"的"口"之涵义的旁证："他们将战死者的头颅吊在山腰上，其灵魂得以永远瞪视敌人，以消心头之恨。"² 种种解读不一而足。其中有个细节

1 / 高怀民：《中国先秦与希腊哲学之比较》，"中央文物供应社"1983年版，第270页。

2 / 日本学习研究社：《世界民族大观》第一册，王志远等译，自然科学文化事业公司1978年版，第75页。

大家似乎忽视了，早期甲骨文"中"字写作"🈷"，腰部是三个"●"。"口"是中期甲骨文开始出现的（"🈷"）。这种变化不过是前文谈到的文字自身发展规律造成的结果而已，不应做过于复杂的考虑。尤其应该注意的是，把至今尚没有文字的某些民族，以及某些虽有文字，却与中华民族在文化上有着巨大差异的民族文化现象放在一起简单类比，恐有不妥。否则，就会犯墨子所批判的那种逻辑错误："木与夜孰长？智与粟孰多？"（《墨子·经说下》）所谓差之毫厘谬以千里。如果不去关注现象间的细微差别，只是抓其貌之似而略其质之异，不做字源考量，而仅从中期甲骨文的"🈷"起步展开研究，恐怕结论的可靠性就值得怀疑了。

厘清了上述三点，后世之"忠"最基本的含义（无私、不偏、恭谨、中正）在甲骨文的"🈷"（中）已经大致具备，这是"中"与"忠"通最基本，也是最关键的内在关联。诚然，"中"毕竟是一个承担了太多职责的概念。萧兵曾经从环境、神话、礼俗、哲学、美学等角度对"中"做了全方位的考量，[1]这对于表意内心"不偏不倚"以及更为复杂的内涵，显然起到了束缚作用。换言之，"中"这样一个"容器"或"摇篮"，已经由最初的"母体"或"老家"演变为束缚。作为一个表意符号，不要说当时，即使是现代的人们，也很难直观地通过"中"之外形，联想到其内蕴的人的心理、思想状态和思维性质。"形"与"质"之间的逻辑关联变得模糊，彼此的契合开始脱节，象征的意象已经消

---

1 / 萧兵：《中庸的文化省察——一个字的思想史》，湖北人民出版社1997年版。

失。这就是说,"中"的显意功能与"内心公正,不偏"的隐意内涵已经越来越疏远。"中"所面临的这样一种窘境,恰恰为"忠"由"中"独立出来、自立门户提供了契机。既然要创造一个新的文字符号,以表意内心的公正与无私,那么,这个符号一定与"心"相关。如此,解决"心"的问题成为实现突破的关键。

在甲骨文中,"心"写作"🝯"。从"🝯"字的结构看,其外形传神描摹了人心脏的外形与血管分布。早期金文的描画更为形似,写作"🝯"或"🝯"。"🝯"或"🝯"与其说是文字,不如说更像心脏的素描,心脏的外形、动静脉的进出等都获得了较好展现。中间的一"、",既可以看作指事符号,又可以看作血滴垂落的情形,或是指明心脏在体内的位置。由此,心脏在人体中的地位得到了很好的确定。后期金文中的"心"向着更加简化的方向发展,分别写作"🝯"和"🝯"。这样的线条,几乎抽走了心脏的外形,仅剩下血液进出的通道了。也就是说,虽然当时的解剖学并未发展,但先民们却似乎已经准确把握了心脏的基本结构与作用——推动血液在血管中完成循环。《说文解字》说:"心,人心,土藏,在身之中。象形。"[1]正因为心脏对于人及其他高等级生命有如此重要的作用,其难得与珍贵程度自是不言而喻。这就不难理解,杀活人(活物)以取其心进行祭祀,何以成为世界范围内一度流行的祭祀方式。古玛雅人、印加人以及中国古代的诸多民族,都曾经有过这样的习俗。甚至清末张文

[1] (清)段玉裁:《说文解字注》卷十下,第894页。

祥刺杀马新贻之后，清廷祭奠马新贻的最高礼遇就是剜张文祥之心以祭；徐锡麟刺杀恩铭遭捕，同样是被剜心以祭恩铭。由此推延开去，还可以发现，最初的"心"字（"♡"）也的确颇似人的左右手捧起祭品，以奉神灵的形态。神是无上的、万能的，人死之后同样可以加入神（鬼）的队伍。既如此，人们在祭祀时态度自然是要虔诚的、恭谨的、绝无旁骛的。每当此时，人的心绪会紧张，伴随而来的是血压升高、心跳加快，甚至出汗、手脚发凉（或发软、颤抖）、面色变白。上述现象现代医学已经做出了科学解释，并成为一种常识，但对于先民而言，却无法找到合理的解释。不过，这种人双手捧物敬献的姿态，对于后世"心"字内涵的丰富发展与演变的确发挥了重要作用。这样，"心"由最初指血液循环器官，发展到了思维器官〔也就是现代所指的脑，如"心之官则思"（《孟子·告子上》）〕。这种演进，恰恰来源于古人对血液进出心脏的通道之形与质的判断，那些通道不就是一个个的"窍"（孔洞）吗？这些"窍"具有运思的功能。古人将"心"视为思维器官，比如心思、心得等的出现，即与之密切相关。

　　"心"之意义的演进对于"中"发展到"忠"具有重要作用。《尚书·盘庚中》有言："设中于乃心。"这是盘庚迁都时的训词，其讲话的核心是要求贵族们端正心思。这也是迄今为止可以看到的第一例将"中"与"心"结合，以表达某种思想的说法。所谓"设中于心"，具有一语双关之效：一方面，盘庚要求贵族们端正心态，抛开私利，以公为心，正确对待迁都；另一方面，暗示贵族们将思想统一到盘庚的意志上来，与帝王保持一致。这样做是符合"道"之要求的。这样解读，与孙星衍的"疏"亦相契合："《熹平石经》'设'作'禽'。禽者，《释诂》云：'合也。'言汝当比顺思以相从，各合于中道。此今文义。"[1]

"中"与"心"在盘庚讲话中的这种结合告诉后人，"中"字本身就蕴含着心绪与思想，将其置于"心"，就像是为人心确立的一个路标，或者说是一个指针，更加强化了人心之不偏不倚的要求。"心"则是这种不偏不倚之行为规则的容器。这一容器是人身体中最为珍贵的部分，存"中"于其地，充分说明"中"之神圣地位与无上性。换言之，人心是存储"中"最恰当的所在。这一点对于"忠"的产生及其后世地位的获得颇为重要。它孕育了"忠"字将"公正""无私""无偏"统一于一体的深刻内涵。"中"字与"心"字的这种结合之所以能够起到如此作用，一方面是"中"与"心"都存在"思"与"想"的意蕴——"心"为"形"，"中"为"质"；另一方面是因为两个字在含义上都有恭谨之意。正是由于出现了"心"这样一个珍贵的容器，才使得"中"这种行为规范有了最与之匹配的容器。

"中"与"心"相加是为"忠"。"忠"自"中"出，至少可以说明两个问题：其一，在"忠"字出现之前，其意义往往是由"中"代劳的。"中"最初是用来指示方位的。上古时期文字稀少，"中"的含义开始出现具体向抽象的演化，由地处"中"之位，

1 /（清）孙星衍：《尚书今古文注疏》，中华书局1986年版，第237页。

发展出不偏不倚之意。可以看出，没有"忠"字的时候，"忠"的内容是潜藏于"中"字之中的。其二，在"忠"字出现之后，"中"原本所具有的复杂含义开始外溢、简化，使公平、公正、无偏之意更多地赋予"忠"字之中。这样，"中"表达思想、品质的内涵渐渐为"忠"所取代，从而加速了"忠"在社会生活，尤其是政治生活中地位的提升进程。当然，"中"与"忠"在后世演进过程中由于含义上的重叠，混用了相当长的时间，这是文字发展早期非常普遍的现象。

三、东周列国争霸的背景推动了"忠"的早期发展

前630年，晋文公重耳联合秦穆公讨伐郑国，理由是自己当年流亡途经郑国，风雪交加之际，郑国不仅拒绝了其入城的请求，重臣叔詹甚至建议郑文公杀掉重耳，迫使重耳冒雪逃亡楚国。面对郑文公派出的求和使臣，晋文公提出交出叔詹换取秦晋联军退兵的要求。郑文公表示不能接受，叔詹却说："一臣可以赦百姓而定社稷，君何爱于臣也？"于是，叔詹被送到晋国。晋国准备将叔詹烹煮处死。面对死亡，叔詹提出让自己把话说完再就刑。晋文公答应了。叔詹说："……杀身赎国，忠也。"说完，叔詹慷慨赴刑，他抓住鼎耳大声喊道："自今以往，知忠以事君者，与詹同！"叔詹的凛凛忠正之气震撼了晋文公，于是"乃命弗杀，厚为之礼而归之"（《国语·晋语四》）。叔詹这段不惜杀身以许国的

悲壮故事,《左传》和《史记》都有记载,成为历朝历代当政者"教化"广大社会成员推崇"忠"、景仰"忠"、践行"忠",养成具有"忠"的道德义务感和道德责任感的绝好教材。

问题来了:为什么叔詹在就刑前以"忠"自况?为什么"忠"在这个时期受到人们别样重视呢?

众所周知,东周时期,中国社会发生了前所未有的社会大动荡。正是这样一个政治乱了、思想也乱了的时代,"忠"思想迎来一个蓬勃发展的辉煌时期。

传承弥久的宗法制在当时遭到严重破坏,习惯于在血缘宗法图谱(见图 1-3)中安身立命的先人们,由于以血缘关系为基础的体制日渐崩溃,而难以找准自己在新社会关系中的定位,从而在尽到自己职责的同时,享有应得的权利。尤其是官僚阶层和士阶层,由于他们都游离于传统宗法血缘关系之外,按照传统"孝"规范来约束自己已经不再适合新型社会政治发展形势的需要。如何取得社会的信任,立足于新型社会,成了他们普遍关注的问题。而由"孝"的母体生发出来的"忠"恰恰成为非常适合的规范。

当时,由于经济上的大变动,原有的金字塔式的贵族等级制度瓦解了。与经济上的"私肥于公"相适应,政治上的"以下僭上"屡见不鲜。面对这种混乱局面,政治体制也开始发生重大变化,"县制"悄然出现,其中尤以楚国设县最早、置县最多。县制与官僚制的出现,直接推动了忠君观念的产生。[1] 与这种观念

1 / 王成、谢新清:《中国地方政府发展史》,山东大学出版社 2011 年版,第 13—15 页。

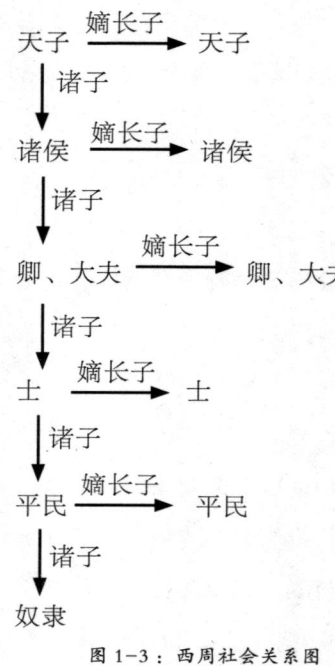

图 1-3：西周社会关系图

相伴生，楚国还出现了许多彪炳史册的"忠"思想的践行者，其中申包胥和屈原的事迹流传最广，影响也最深刻。郑国也涌现出了烛之武这样不计个人恩怨、智勇相济、忠心耿耿的大忠臣。

伴随着忠思想实践者的大批涌现，一个崭新的概念——忠臣——应运而生。《国语》记载了越王勾践的一段话："信谗喜优，憎辅远弼，圣人不出，忠臣解骨。"(《国语·越语下》)所谓"忠臣"就是忠于君主的官吏。"忠臣"的出现是"忠"字发展史上的重大事件，它不仅标志着"忠"之理念的重大变化，而且开启了延续两千余年的臣民必须对君王效忠的"忠臣史"。"忠臣"从此成了为人臣子的角色模型。在"忠臣"身上集中体现了君王对自己臣子的行为期待和道德要求。"忠臣"的模型一旦确立，便一定程度上在社会中起到了引导臣子去扮演同一角色的行为标杆作用，即为人臣者就要做"忠臣"。

另外，面对血雨腥风的争霸和愈来愈激烈的政治军事斗争，各国统治者迫切需要一批具有"忠"之精神的人，为其巩固执政地位，实现治国平天下的王霸大业前赴后继。这样，"角色期待"现象出现了：最高统治者期望自己所用的人，能够以君王所规定的规范为行为准则，按照君王所期望的行为方式去承担义务，履行自己的职责。明白自己该做什么，不该做什么，应该怎样做。另一方面，社会成员若要跻身于官僚阶层，为国君所用，必须自觉自愿地按照这种角色期待去修养自身的"忠"德，也就是按照"角色规范"去训练自己，学会为人臣子必须遵守的行为规则，掌握君王评定和奖惩臣子的行为尺度，按照君王所期望的标准塑造自身。毕竟当时国君所能提供的职位要远远少于社会的人才供应量。特别是"士"集团的迅速膨胀，更加剧了供需矛盾。"学而优则仕"（《论语·子张》），士需"忠"方能为国君所用。"忠"成了君臣角色互动中为人臣者必须遵守的、社会一致公认的行为准则。这样，"忠"便自然而然地成了臣民必备的道德品质之一。所以，"忠"在当时被看作臣下必备的品德是有其深刻的社会历史根源的。从《国语》的记载也可以看出"忠"在这个时期已经出现"潜移"，即开始自上而下地扩散，由原来对社会上层人士和贵族的道德要求，借助于社会流动造成的上下层文化群体的接触、转移，使得社会下层群体开始适应、学习并接受上层群体的文化要素。"忠"作为一种道德要求已经在当时发生了适用阶层的扩展，由社会上层开始向下层民众延伸、扩散。这暗示"忠"的要求已经开始下移，大众化趋势初露端倪。这一点从《左传》《国语》用"忠"的状况可以得到印证。

《左传》全书有"忠"七十见。尤其以与晋国相关者最多，计二十二见，其所占分量超过《左传》全书"忠"字出现总量的30%。这似乎可以从一个侧面反映何以晋国有"不可敌"（《僖公二十八年》）之称。排在第二位的是鲁国，十九见，这应该与鲁国恪守周公治国方略密切相关。楚国在诸侯国中地位较低，但与晋国有着较为频繁的政治、经济、文化、军事互动，尤其是文化的交融碰撞与借鉴，使其政治价值观中凸显"忠"元素的光辉自在情理之中。出现频率最低的包括卫、秦、吴三国，均为一见。其中，卫国是周王朝同姓诸侯，虽然一度国势不弱，但经过州吁弑君、诸子争位、文成之祸等内乱，使得周公寄予厚望的卫在诸侯争霸中不仅从未成为一流国家，而且风雨飘摇、日薄西山，甚至在昭公时沦为赵的附属，并进而贬号为侯，继而为君。"忠"的发育不足与衰颓的国势恰相映照。《国语》也有大量当时各国贵族关于"忠"的言论，"忠"字见于五十三处。从涉及"忠"字的频率看，同样是反映晋国情况的《晋语》出现次数最多，达二十见。

将《左传》《国语》结合起来看，我们可以发现，与晋地相联系的"忠"字出现频率最高，两书合计四十二见。约占两书"忠"字出现总数的34%。事实上，晋国正因为具有政治上"君明臣忠，上让下竞"的优势，才取得了比其他诸侯国更为强盛的国力。对《左传》与《国语》所见这一百二十三个"忠"进行归类分析，可以窥见"忠"的含义至少包括八方面：

第一，忠为令德，即美德。"忠为令德，非其人犹不可，况不

令乎？"(《左传·成公十年》)

第二，忠为"德之正"，即德的基准。"忠，德之正也；信，德之固也；卑让，德之基也。"(《左传·文公元年》)

第三，忠为宽容、公正。"外强内温，忠也。"(《左传·昭公十二年》)"越国之中，吾宽民以子之，忠惠以善之。"(《国语·吴语》)

第四，忠为俭朴、廉洁。"妾不衣帛，马不食粟，可不谓忠乎？"(《左传·成公十六年》)"相三君矣，而无私积，可不谓忠乎？"(《左传·襄公五年》)

第五，忠为爱国忠君。"其为吾先君谋也，则忠。忠，社稷之固也，所盖多矣。"(《左传·成公二年》)"杀身赎国，忠也。"(《国语·晋语四》)

第六，忠为祛邪胜私。"公家之利，知无不为，忠也。"(《左传·僖公九年》)"无私，忠也。"(《左传·成公九年》)

第七，忠为忠诚。"言忠必及意，言信必及身。"(《国语·周语下》)

第八，忠为忠于民。"所谓道，忠于民而信于神也。上思利民，忠也。"(《左传·桓公六年》)

此时的忠虽有"爱国忠君"之意，但并非"愚忠"——绝对忠于君主个人，弑君的赵盾不仅不是叛臣逆子，反而被视作"忠"的榜样即是明证。当时人们明确把君主个人与国家社稷分开，强调忠于国家、忠于社稷，而不是忠于君主个人。如《左传·襄公二十五年》所载晏子语："社稷是主。臣君者，岂为其口实？社稷是养。故君为社稷死，则死之；为社稷亡，则亡之。若为己死，而为己亡，非其私暱，谁敢任之？且人有君而弑之，吾焉得死之，而焉得亡之？将庸何归？"晏婴主张的是统治阶级为维持社会秩序应当以"公"限私。

综上所述，春秋战国时期，人们对"忠"的认识已经达到了相当高的程度。个体与个体之间、个体与群体之间、臣下与君主之间曾经模糊的、不确定的"应当"和"不应当"的规则，尤其是君主与臣下之间的游戏规则，此时不仅为人们所思考，而且最终集中到一条重要规范——"忠"上。此时，"忠"不仅已经开始成为社会道德生活的重要内容之一，而且由点到面、由高到低普及开来。"忠"已经发展到这样一个阶段，即：它迫切需要人们对它进行系统化、理论化的抽象思考，以形成道德理论。这项历史性的工作，落在了儒学肩上。

第二章

忠君之事到忠唯事君的演化

　　日常生活和戏文中常闻一句话:"君叫臣死,臣不能不死。"表现臣对君的"愚忠"现象。不少人把造成"愚忠"的责任归咎于孔子。事实果真如此吗?下面就分析一下内涵丰富的"忠"是怎样被一步步压缩并集中到"忠君"的。

一、孔子:"忠"非"愚忠"

　　前497年,五十五岁的孔子带领部分生徒离开鲁国,开始了周游列国之行,在他身后留下的是沉溺声色犬马的鲁定公和乱哄哄的朝政。孔子这是怎么了?难道这就是不计君主贤明或昏聩也要竭力以尽的"忠"吗?这就是"愚忠"始作俑者的孔子吗?
　　不错,孔子的确倡导"忠",但孔子之"忠"究竟是不是愚忠呢?
　　第一,"忠"就是忠信。孔子常将"忠"与"信"放在一起使用。忠与信都有不欺之意,放在一起使用更强化了道德色彩。孔子"忠信"的含义是：

其一，忠信为仁。"忠"为诚，"信"为实，忠信就是诚实，是为人处事的言行准则，是做人应当具备的基本道德。孔子四次谈到的"忠信"可以理解为"仁"，强调无论是什么人在社会生活中都要以忠、信两种规范作为行动指南。比如："主忠信。"（《论语·学而》）是说，君子应当注重修行"忠"与"信"，否则，不仅不能具备应有的威严，读书学习也不能获取巩固的效果。孔子在教育学生提高道德素养、辨明是非曲直方面，也将忠信摆在首位："子张问崇德、辨惑。子曰：'主忠信，徙义，崇德也。'"（《论语·颜渊》）除了君子与学子，孔子对忠信分布之广也充满信心："十室之邑，必有忠信如丘者焉。"（《论语·公冶长》）"忠信"并非阳春白雪，普通百姓也应当具有这种品德。孔子对"忠信"广泛的群众基础由衷地肯定。他认为即使是小到只有十户人家这样的地方，也不难找出具备忠信品德的人。

其二，忠信是做人的根本。对于孔子的"忠信"，程颢解释为在做事时全身心地投入、毫无保留。这一过程中表现出的诚实态度就是孔子所谓的"信"。忠为质，信为表，相辅相成。"子张问行。子曰：'言忠信，行笃敬，虽蛮貊之邦行矣。言不忠信，行不笃敬，虽州里行乎哉？立，则见其参于前也；在舆，则见其倚于衡也，夫然后行也。'"（《论语·卫灵公》）这里从正反两方面谈到言之忠信对于做人的意义，实际上是为君子确立了道德标准，指明了道德训练的方向。"言忠信，行笃敬"则"虽蛮貊之邦行矣";反之,"言不忠信,行不笃敬",必然是州里亦难行。

第二,忠为忠恕。"忠恕"在《论语》中仅出现一次。"子曰:'参乎!吾道一以贯之。'曾子曰:'唯。'子出,门人问曰:'何谓也?'曾子曰:'夫子之道,忠恕而已矣!'"(《论语·里仁》)什么是"恕"呢?"恕"可以理解为将人心比自心。即讲"忠恕"就是求"仁",就是居"仁",不讲"忠恕",就是不"仁"。这样理解是否符合孔子本意呢?

"仁"是孔子学说的核心。"一以贯之"的"一"就是一个中心、一条线索,"一"就是"仁"。曾参把"一"诠释为"忠恕",可见,在曾参眼里"忠恕"就是"仁"。曾参的理解是否符合孔子本意呢?

首先,从孔子及其后学理解看,"忠恕"并非神秘莫测。《中庸》记载孔子一段话:"子曰:'道不远人,人之为道而远人,不可以为道。'"孔子认为"道"不可以"远人",不可以是遥不可及的清规戒律。如果"道""远人",是不可以成为"道"的。"忠恕违道不远"是说"忠恕"并非高远深邃的神秘之物,加之于自身而不愿意承受的,也不要加之于别人,亦即"己所不欲,勿施于人"(《论语·颜渊》);自己想获得的,也要考虑到他人也会有同样的欲求,"己欲立而立人,己欲达而达人"(《论语·雍也》)。后人说:"己恶饥寒焉,则知天下之欲衣食也。己恶劳苦焉,则知天下之欲安佚也。己恶衰乏焉,则知天下之欲富足也。知此三者,圣王之所以不降席而匡天下。故君子之道,忠恕而已矣。"[1]这与孟子的"以不忍人之心，行不忍人之政，治天下可运之掌上"(《孟子·公孙丑上》)具有异曲同工之妙。

其次，忠恕是否为"仁"？孔子对"恕"有过解释："子贡问曰：'有一言而可以终身行之者乎？'子曰：'其恕乎！己所不欲，勿施于人。'"(《论语·卫灵公》)对于什么是"忠"，孔子并没有给出答案。这就为后人在忠恕性质上的判断分歧埋下了伏笔。

贾谊认为："爱利出中谓之忠，反忠为倍"；"以己量人谓之恕，反恕为荒"[2]。朱熹认为："尽己之谓'忠'，推己及物之谓'恕'"[3]；"主于内为'忠'，见于外为'恕'。'忠'是无一毫自欺处，'恕'是'称物平施'处"[4]；"'忠'是本根，'恕'是枝叶。非是别有枝叶，乃是本根中发出枝叶"[5]。现代学者更倾向于"忠恕"是"仁"的第二种说法。吕振羽认为："所谓'忠恕'，仍不过是他之所谓'仁'的第二义。而'仁'的内容又似系'忠''孝''悌''信'所由发生的本源，也叫作'道'。"[6]

既然"忠恕"为"仁"，那么，以"尽己为人"和"推己及人"为主要内容的"忠恕"与"仁"的关系又当如何呢？我们不妨以表示之：

---

1 /（清）张英等：《渊鉴类函》卷五十，中国书店1985年版，第5页。

2 / 阎振益、钟夏：《新书校注》卷八，中华书局2000年版，第303页。

3 /（宋）黎靖德：《朱子语类》卷二十七，《朱子全书》第15册，上海古籍出版社、安徽教育出版社2010年版，第993页。

4 /（宋）黎靖德：《朱子语类》卷二十七，第968页。

5 /（宋）黎靖德：《朱子语类》卷二十七，第969页。

6 / 吕振羽：《中国政治思想史》上册，人民出版社1955年版，第72页。

表 2-1：仁的表现

仁	爱人	"樊迟问仁。子曰：'爱人。'"（《论语·颜渊》）
	恭	"樊迟问仁。子曰：'居处恭，执事敬……'"（《论语·子路》）
	宽	"宽则得众。"（《论语·阳货》）
	信	"信则人任焉。"（《论语·阳货》）
	敏	"敏则有功。"（《论语·阳货》）
	惠	"惠则足以使人。"（《论语·阳货》）
	克己复礼	"颜渊问仁。子曰：'克己复礼为仁。'"（《论语·颜渊》）

表 2-2：忠恕的表现

忠恕	推己及人	"仲弓问仁。子曰：'……己所不欲，勿施于人。'"（《论语·颜渊》）
	尽己为人	"夫仁者，己欲立而立人；己欲达而达人。"（《论语·雍也》）

表 2-3：仁与忠恕的关系

仁与忠恕	尽己为人	爱人
		恭
		信
		敏
		克己复礼
	推己及人	爱人
		宽
		惠
		克己复礼

表 2-1 表示"仁"表现为爱人、恭、宽、信、敏、惠和克己复礼；表 2-2 表示"忠恕"表现为推己及人和尽己为人；表 2-3 表示"仁"就是"忠恕"，就其具体内容而言，尽己为人表现为爱人、恭、信、敏、克己复礼，推己及人表现为爱人、宽、惠、克己复礼。

忠于人必然尽己为人，必然表现为爱人、待人恭谨、诚信、敏于事、认真工作、不搞歪门邪道、不谋一己之私利。按照"礼"的要求行事，践行着克己复礼的要求。对人"恕"，必然推己及人，表现为爱人，待人宽厚，惠及于人，而这也正体现着"仁"的精神。故樊迟问"仁"时，孔子回答："居处恭，执事敬，与人忠。"（《论语·子路》）

第三，忠为忠君之事。孔子有"君使臣以礼，臣事君以忠"（《论语·八佾》）的说法，但请注意，"事君"非"忠君"，"事君"之"事"非"侍奉"之"侍"。

甲骨文之"事"写作"𦔮"，由"𠙵"（口）、"丫"（权杖）、"㕟"（又）三部分组成，表示传达政令并监督落实。《说文解字》："事，职也。"[1]意即工作，是说"事君"意在为君主办理事务，非"服侍"君主。"服侍"之"侍"甲骨文与金文尚未现形，篆文写作"侍"，由"𠔉"（人）与"寺"（寺）两部分组成。"寺"的金文写作"𡊂"，由"止"（止）与"又"（又）两部分组成。甲骨文的"止"写作"𣥂"（早期）和"𣥂"（晚期），指

---

[1] （清）段玉裁：《说文解字注》卷三下，上海古籍出版社 1981 年版，第 116 页。

脚趾。《说文解字》:"止,下基也。象艸(草)木出有址,故以止为足。凡止之属皆从止。"[1] "又"的甲骨文写作"🖐"(抓持)。《说文解字》:"又,手也。象形。三指者,手之列多略不過三也。凡又之屬皆从又。"[2] "止"与"又"结合为"寺"。《说文解字》释"寺"为"廷也。有法度者也"[3]。段玉裁注引《广韵》:"寺者,司也。官之所止有九寺。"[4] 可见,"寺"在造字过程中考虑到了"公家人"忙于公务时的景象。"人"与"寺"结合产生"侍"。《说文解字》之解为:"承也。"[5] 意即"侍"更多地强调了"承受",以及受事之时恭谨的状态,包含了为人役使之意。如此,"事君"与"侍君"的分野就明晰了。二者虽音同,但其义却大相径庭,前者所指是办理君主规定的分内(职责范围内)之事,即履行本职;后者则是为君主做劳务,身份如同侍者、侍从、仆役。

　　搞清楚"事君"与"侍君"的差别,孔子的话就好理解了:臣子办理君主规定的职责范围内的事,应当尽心竭力,诚实不欺。可见,孔子所说的"忠"是处理君臣关系的行为准则。孔子认为君首先要"守礼""正身""修己",臣下才能心服,以忠"事君"。孔子做中都宰时,鲁君尚能勤于国事。于是孔子勤勉治政,短时间内即使中都成为西方诸侯与鲁国各地学习的榜样。后来任司空、司寇时,孔子均能对鲁君竭尽忠诚,对待本职工作一丝不苟、率先

1 /(清)段玉裁:《说文解字注》卷二上,第67页。

2 / 同上,卷三下,第114页。

3 / 同上,卷三下,第121页。

4 / 同上,卷三下,第121页。

5 / 同上,卷八上,第373页。

垂范，一步步将自己的政治理想转化成切实可行的目标并加以落实。一旦国君不再以国为意，孔子也绝不迷恋官职，随波逐流。如鲁定公和季桓子接受了齐景公挑选的八十名美女与一百二十匹骏马后，耽于享乐之中，竟然三月不理朝政。孔子毅然辞官，带着弟子周游列国去了。

不难看出，孔子在国与君问题上探讨的"忠"是"忠君之事"。而"君之事"在君主家天下时代很大程度上就是国事、民事，乃至天下事。孔子的"事君以忠"就是那个时代的爱国，而不是专门听命于君主个人。君主的命令正确，符合国家、民众利益，就要听从；君主的命令不正确就不能盲从，应当大胆劝谏。对于君主之言，"如不善而莫之违也"，就会有丧邦的危险。"不几乎一言而丧邦乎。"（《论语·子路》）同时，孔子认为事君应"勿欺也，而犯之"（《论语·宪问》）。可以当面触犯君主，只有这样的人才是"忠臣""诤友"，才是真正贯彻了"与人谋"而"忠"，"忠告而善道"（《论语·颜渊》）。

可见，孔子之"忠"主要讲真心诚意，尽己为人、为民、为国，虽有"忠君"之意，但更多强调的是"忠于君之事"，绝非后世无条件忠于君主的愚忠。这一点从"所谓大臣者，以道事君，不可则止"（《论语·先进》）即可看出。这就告诉人们，事君应当以仁义之道，为君主尽职尽责，若君主不顺从于道，就应当辞官引退。"君子之于天下也，无适也，无莫也，义之与比"（《论语·里仁》），更进一步阐明了这一观点。就是说，君子之于天下百姓之事，凡是合于义的，不管自己喜欢不喜欢都要去做，对待君主的态度也是如此。

二、孟子：忠道高于忠君

孟子人生最大的心愿是向孔子学习——"乃所愿，则学孔子也"（《孟子·公孙丑上》），并以光大儒学为己任，其全部思想围绕"性善"展开，而其"忠"思想亦不出此限。

第一，忠信是国民教育的主要内容。孟子认为，国君只要有方圆百里的土地就可以成为王者。作为王者，除了减轻刑罚、降低税敛、发展生产，还要发展教育，青壮年是重点教育对象。在向梁惠王、齐宣王宣传儒家治国主张的时候，孟子特别谈到了国民教育问题："壮者以暇日修其孝悌忠信。"（《孟子·梁惠王上》）在孟子看来，国家仅满足民众的基本物质需求，使他们安居乐业是远远不够的，精神方面的需求对于实现社会稳定、家庭和睦扮演着更为重要的角色。不仅要让民众孝敬父母、亲爱兄长，且要培养其孝悌与忠信品格。

孟子认为，孝悌与忠信具有同样重要的地位。他将"孝悌"与"忠信"并举是对"忠信"地位的最好肯定。孝悌、忠信结合，共同构成人所以为人的修身之要。具备了这种品质就拥有了无往不利的基础，其威力远胜于坚甲利刃："可使制梃以挞秦楚之坚甲利兵矣。"（《孟子·梁惠王上》）借助忠信二字，孟子的王道思想一览无遗。孟子还指出，忠信的价值超过物质财富创造。公孙丑认为"君子之不耕而食"似乎是不劳而获。孟子却不这样看："君子居是国也，其君用之，则安富尊荣；其子弟从之，则孝悌忠信。'不素餐兮'，孰大于是？"（《孟子·尽心上》）就是说，君子以其言传身教，将包括孝悌、忠信在内的美德传授给子弟，这些年轻人具备了如此美德，就能在家孝敬父母、敬爱兄长，出门忠诚而坚守诚信。他们对社会的贡献绝不亚于，甚至是高于直接从事农业生产活动。

鉴于社会风气的污浊不堪，孟子认识到忠信品质养成的实际困难与重重阻碍，于是他用当时人们关注的爵禄为教，指出："有天爵者，有人爵者。仁义忠信，乐善不倦，此天爵也；公卿大夫，此人爵也。"孟子告诉人们，仁义忠信是上天赐予的爵位，属于"天爵"；公卿大夫是国王赐予的，是人为的，属于"人爵"。天是人世间的主宰；而王是天子，其地位当然低于上天，人爵低于天爵是顺理成章的。孟子同时指出："古之人修其天爵，而人爵从之；今之人修其天爵以要人爵。既得人爵而弃其天爵，则惑之甚者也，终亦必亡而已矣。"（《孟子·告子上》）

第二，忠意味着忠道不离。孟子像孔子一样不讲"忠君之道"，而是强调"事君"以"义"。"事君无义，进退无礼，言则非先王之道者，犹沓沓也。"何为"义"？孟子说"义，人之正路也。"（《孟子·离娄上》）可见，在孟子那里，"义"就是人应当具备的根本行为准则。

孟子认为"义"是"事君"的原则,"忠"是"事君"的态度,意即"事君"应当按照"义"的要求,以"忠诚"事之。孟子和孔子一样没有赋予"忠"以绝对服从君主之命的含义,也不赞同"忠君不二",更反对桀纣那样的"独夫"。他主张君臣之间应各有尊贵。君主正确对待臣下,臣下才可能忠诚于君主。他曾对齐宣王说:"君之视臣如手足,则臣视君如腹心;君之视臣如犬马,则臣视君如国人;君之视臣如土芥,则臣视君如寇仇。"(《孟子·离娄下》)毕竟,求仕、"事君"不仅仅是解决吃饭问题,还有更深层次的追求——实现人生理想和政治抱负("士志于道"),这就是"忠道"。关于"忠道",孟子和纵横家景春、周霄各有过一次讨论:

景春认为公孙衍与张仪安坐家中就能影响天下大事,"一怒而诸侯惧,安居而天下熄",堪称大丈夫。孟子却认为他们利用自己的智慧与口才,做了偏离"礼"的事情。二人为了达到自己向上爬的目的,随意将知识把弄于如簧的巧舌,与"义"的要求背道而驰,最多可以称为"妾妇之道"。借驳斥景春的谬论,孟子描绘了心目中大丈夫的形象:"居天下之广居,立天下之正位,行天下之大道;得志,与民由之;不得志,独行其道。富贵不能淫,贫贱不能移,威武不能屈,此之谓大丈夫。"孟子认为,这样的人"得志,与民由之,不得志,独行其道"(《孟子·滕文公下》),"穷则独善其身,达则兼善天下"(《孟子·尽心上》)。始终坚守自己的德操方为大丈夫。

周霄是梁惠王派来试探孟子的使者。周霄问孟子:"古之君子仕乎?"孟子曰:"仕。传曰:'孔子三月无君,则皇皇如也,出疆必载质。'公明仪曰:'古之人三月无君,则吊。'"周霄问:"三月无君则吊,不以急乎?"孟子对曰:"士之失位也,犹诸侯之失国家也。"对于士人而言,官位是其实现人生理想与抱负的舞台,舍之,无论什么样的宏图伟愿都是空中楼阁。士人求官不得是一件值得同情的事情。孔子所以出国就要带上送给国君的见面礼,"犹农夫之耕也;农夫岂为出疆舍其耒耜哉?"。周霄认为,既然士人如此急切地要做官,就应该放下身段,屈就国君,这样容易达到目的。实际情况却是士人既急切地要做官,又不肯轻易做官,这种现象令周霄备感费解。孟子言:"丈夫生而愿为之有室,女子生而愿为之有家;父母之心,人皆有之。不待父母之命、媒妁之言,钻穴隙相窥,逾墙相从,则父母国人皆贱之。古之人未尝不欲仕也,又恶不由其道。不由其道而往者,与钻穴隙之类也。"(《孟子·滕文公下》)士人求官是有道德底线的,只有合于道才会出仕。

上述两个故事说明,孟子强调忠"道"。这一思想在与景春的对话中,是通过贬斥"以顺为正"的公孙衍和赞誉"大丈夫"的方式表达的。与周霄的对话则强调,求仕应当遵循一定的"道"。为官失"道",君子宁愿不去做官,也要忠于自己理想的主体精神——忠道。"忠君"?还是"忠道"?选择起来并不容易。"忠君"往往意味着有现实的利益可图;"忠道"往往要付出更多代价,实践起来有着更大难度。因而,孔子着力强调:"志于道。"(《论语·卫灵公》)"守死善道。"(《论语·泰伯》)"君子谋道不谋食……君子忧道不忧贫也。"(《论语·卫灵公》)曾子也说:"士不可以不弘毅,任重而道远。"(《论语·泰伯》)见梁惠王时,孟子表达了同样的思想:"无恒产而有恒心者,惟士为能。"(《孟子·梁惠王上》)何也?士有忠于"道"的恒心。身为"士",既要"忠君",更要"忠道"。由于"士"与"君"在根本利益上具有统一性,"忠君"与"忠道"本质上并不矛盾。在具体的君臣关系中,两者也会有冲突。此时,士就应当放弃仕途。孔子总结得好:"天下有道则见,无道则隐。邦有道,贫且贱焉,耻也;邦无道,富且贵焉,耻也。"(《论语·泰伯》)如果社会政治黑暗,士应该放弃仕途去过隐居生活,而不是去侍奉无道君主,做所谓忠臣。

说孟子时代的人没有"忠君"思想恐亦不妥。孟子说过"民为贵,社稷次之,君为轻"(《孟子·尽心下》)之类的话,但不能指望孟子提供现代意义的民主思想。在君臣关系问题上,孟子的根本态度是忠君。他说:"人莫大焉亡亲戚君臣上下。"(《孟子·尽心上》)并斥责杨墨说:"杨氏为我,是无君也;墨氏兼爱,是无父也。无父无君,是禽兽也。"(《孟子·滕文公下》)不过,这种忠一定不是愚忠,而是"责难于君谓之恭,陈善闭邪谓之敬,吾君不能谓之贼"(《孟子·离娄上》)。要敢于向居于高位、手握权柄,可以决定臣民生死的君主发出责难,这才是真正的忠。只知道溜须拍马、阿谀逢迎，不惜损害国家利益者，是为小人。

第三，忠为忠诚，教人以善。孟子认为，忠是爱人、敬人的出发点，忠就是忠诚。出于忠诚之心，才能真正做到爱人、敬人，否则就是不忠。君子与一般人存在差异，就在于君子胸怀仁与礼。施人以爱、以敬，会获得对方同质的回应。有时情况却非如所愿，"有人于此，其待我以横逆"，遇到这种情况，"君子必自反也：我必不仁也，必无礼也，此物奚宜至哉？……我必不忠"（《孟子·离娄下》）。可以看出，君子待人总是要以仁、以礼。若是这样交往对象仍然对你"横逆"，君子就会自问：我一定不够忠诚吧？如果我是忠诚的，别人为什么还会对我这样呢？一定是我不忠诚。

孟子还提出："教人以善谓之忠。"孟子将人的德行分为三个层次：最低级的是"分人以财"，就是将有形的财物分给别人，此之谓惠。第二个层级是忠，孟子要求"教人以善"。第三个层级是仁，孟子要求"为天下得人"。关于第二个层级，涉及两个关键问题：

其一，教什么？孟子说"教人以善"。何者为善？孟子是性善论者，他认为人只要来到这个世界上就具备了善的品性。"人性之善也，犹水之就下也。人无有不善，水无有不下。今夫水，搏而跃之，可使过颡；激而行之，可使在山。是岂水之性哉？其势则然也。人之可使为不善，其性亦犹是也。"（《孟子·告子上》）人性的善恶与后天的环境有着密切联系。通过社会环境的激发，人性之善就可以显现。善的核心，孟子称之为"不忍人之心"。《孟子》书中的不忍可概括为"四心"——"恻隐之心""羞恶之心""辞让之心""是非之心"。将"四心"发扬光大，就培养而成"四德"——"恻隐之心，仁之端也；羞恶之心，义之端也；辞让之心，礼之端也；是非之心，智之端也"(《孟子·公孙丑上》)。在孟子看来，仁义礼智这样的美德"非由外铄我也，我固有之也"(《孟子·告子上》)。所以，"人皆可以为尧舜"(《孟子·告子下》)。按照这种逻辑，我们很自然会做这样一个推理——"仁、义、礼、智根于心"(《孟子·尽心上》)，故作为普通人，每一个人都具有仁义礼智的美德，每一个平常人都可以成为尧舜那样的圣人。前提是这种善要被激发出来。这就是教的意义所在。

其二，教什么人？孟子认为，人人都应该接受教育，国君也不例外。国君地位至高、至尊，但他们也是人，是人就要犯错误，就要不断学习。作为臣子、老师、朋友等都承担着教导国君、学生、朋友遵从善道的职责。孟子还提出"父子之间不责善"。父子责善，易离心离德；责善是师友间的事，非父子间的事。孟子曰："事，孰为大？事亲为大。"(《孟子·离娄上》)既然事亲是天下头等大事，父子之间责善又可能破坏父子关系，故父子之间是不以教人为忠的。

三、荀子：忠君为体，忠道为用

荀子是战国晚期赵国人，像孔孟一样游历诸国。荀子是儒家学派继承者，先秦诸子思想集大成者。他对先秦各派的思想进行了批判继承，尤其是对法家思想的批判吸收，使其思想超越了包括孟子在内的具有理想色彩的先秦儒家思想，具有更强的现实意义。如孔子之忠讲尽忠职守，对人、对事要忠；孟子更强调忠于道。孔孟均不同意忠于君主本人。荀子一改孔孟之忠，将其向着忠君的方向做出了理论上的诱导与压缩，促成了后世忠君文化的形成。荀子忠思想对于中国皇权独大社会长达两千多年的寿龄发挥了独特作用。《荀子》一书"忠信"出现频率最高，达二十五次。但其最大特色却是将"忠"与"顺""奸"放在一起进行对比研究。

第一，忠信是为人理政的根本。荀子谈忠信涉及个人修养、治国与理政，但更多还是关照了忠信的修身属性。

其一，忠信是人之为人的根本。荀子指出："忠信以为质。"（《荀子·臣道》）他发现："人之性恶，其善者伪也。今人之性，生而有好利焉，顺是，故争夺生而辞让亡焉；生而有疾恶焉，顺是，故残贼生而忠信亡焉。"（《荀子·性恶》）考虑到人之性恶造成的社会混乱与纷争，荀子认为从道德上加以改造是重要的手段。古人也正因为很好地运用忠信工具，才取得了较好的社会秩序："百姓皆爱其上，人归之如流水，亲之欢如父母，为之出死断亡而愉者，无它故焉，忠信调和均辨之至也。"（《荀子·富国》）既然有成功范例在先，荀子主张君主要加强忠信建设，"致忠信"，并将忠信列为做人的"三德"（礼义、辞让、忠信）之一。"口能言之,身能行之"的忠信之士,荀子赞之为"国宝";"口言善,身行恶"的人,荀子贬之为"国妖",并主张"除其妖"(《荀子·大略》)。荀子还将忠信置于人别于禽兽的高度来认识,指出:"为之,人也;舍之,禽兽也。"(《荀子·劝学》)对此类不讲忠信之徒,荀子深恶痛绝,称之为"奸人之雄"(《荀子·非相》),要求人们"体恭敬而心忠信,术礼义而情爱人",这样"横行天下,虽困四夷,人莫不贵"(《荀子·修身》)。

其二,忠信是经营天下打理政事的基础。荀子认为,在国家治理中,忠信占据着非常重要的地位。他借孔子之口说:"天下之行术,以事君则必通,以为仁则必圣。立隆而勿贰也,然后恭敬以先之,忠信以统之。"(《荀子·仲尼》)在荀子看来,古人之所以能够取得良好的治政效果,百姓之所以能够亲爱他们的上司,像流水一样纷纷亲附,其亲爱之情宛如之于父母,并没有特殊诀窍,而是基于忠信的魅力。即忠信是贯穿于君主整个治国理政过程的红线,是近在身边信手拈来的得力工具,在治国的各个环节均少不了忠信。如一个国家获得良好的治理效果,君主手握的三大利器就包括忠信。"先王明礼义以壹之,致忠信以爱之。"(《荀子·富国》)君主固然需要借助礼仪制度、等级安排来打理民政,但仅有这些硬手段还是不够的,以忠信爱护人民确属不可或缺的柔性驱动力。当然,在群雄逐鹿、统一曙光乍现的政治背景下,荀子不能忘记君主们最关心的大事:实现一统。他指出:"百里之地,足以竭势矣;致忠信,著仁义,足以竭人矣。"能不能一统天下，取决于谁能推行忠信与仁义。"两者合而天下取。"（《荀子·王霸》）荀子强烈要求君主"慎礼义、务忠信"（《荀子·强国》），如此则"下亦将綦辞让，致忠信"（《荀子·君道》）。大臣们就可以"忠信而不谀"，荀子赞之为"事中君之义也"（《荀子·臣道》）。

第二，"忠顺"方为臣道。荀子忠思想可以概括为：忠唯事君，事君必忠。换言之：忠就是忠君。《荀子》与之前思想家谈忠具有重大区别。其书大量用忠，核心是忠君，足见荀子法家思想倾向极为明显。

从形式上看，荀子继承了孔子关于忠的理论。"忠者，惇慎此者也。"（《荀子·君子》），忠就是办事惇慎。但是，在界定忠的时候，荀子则紧紧围绕臣子对君主的"忠顺"展开："从命而利君谓之顺，从命而不利君谓之谄；逆命而利君谓之忠。""敬而不顺者，不忠者也。"乍一看，荀子思想有些自相矛盾。既然"敬而不顺"是不忠，是不是可以这样考虑：敬而顺就是忠？答案却是否定的。原来，臣子采取"逆命"行动，目的还是"利君"，这正如"忠言逆耳利于行"。无论是"顺命"，还是"逆命"，目的只有利君（忠君）。对于通过"逆命"形式表达忠君之志的忠臣，荀子有过专门研究。他以"进言"为例，分四个层次展开探究：其一，"谏"。荀子认为："大臣、父兄有能进言于君，用则可，不用则去，谓之谏。"其二，"争"。荀子指出："有能进言于君，用则可，不用则死，谓之争。"其三，"辅"。荀子认为："有能比知同力，率群臣百吏而相与强君矫君，君虽不安，不能不听，遂以解国之大患，除国之大害，成于尊君安国，谓之辅。"其四，"拂"。在荀子看来："有能抗君之命，窃君之重，反君之事，以安国之危，除君之辱，攻伐足以成国之大利，谓之拂。"荀子认为，无论何种形式帮助君主改正错误，使国家免于危难，都是国家之"宝"："谏、争、辅、拂之人，社稷之臣也，国君之宝也。"对于这些大臣，"明君所尊厚也"，而那些昏聩者，则"以为己贼也"（《荀子·臣道》）。

　　这里谈到的臣子，无论是"谏""争"，还是"辅""拂"，虽形式不同，但都是做忠臣者对国君所承担的义务，是臣子们应尽的职责，这样做的目的就是"成国之大利"，就是"利君"。荀子之忠与孔子之忠的差别就此显现：在对君主的态度上，孔子主张"从道不从君"，强调忠于职守、职责、职事；荀子则强调从君、忠君、利君，为君主负责。荀子骨子里已经接受了法家的为君计理念。所以，他很重视为臣者的"忠顺"。如《君道》篇中，荀子两次谈到了"忠顺"问题："请问为人臣？曰：以礼待君，忠顺而不懈。""其待上也，忠顺而不懈。"为了厘清忠在为人臣之品性体系中的地位，荀子设计了一个由低级到高级，逐层递进的阶梯："事人而不顺者，不疾者也；疾而不顺者，不敬者也；敬而不顺者，不忠者也；忠而不顺者，无功者也；有功而不顺者，无德者也。"（《荀子·臣道》）荀子的思路，用图示标示就是：事人→疾→敬→忠→有功→有德，从"事人"到"有德"，"顺"是必备条件。"忠"虽然已经处于较高层次，但如果不"顺"，同样不能上升到

"有德"层次,因为只"忠"不"顺",尚不能达到"有功",自然不能跃上"有德"的最高层次了。是不是对君主唯命是从就是忠且顺呢?荀子不这么认为。毕竟君主的素质存在很大差异,如果一味强调对君主唯唯诺诺式的忠、顺,有可能误了国事。荀子主张的忠顺绝不是毫无主见的传话筒。

荀子之"顺"乃是"通忠之顺":"通忠之顺,权险之平,祸乱之从声;三者非明主莫之能知也。争然后善,戾然后功,出死无私,致忠而公,夫是之谓通忠之顺。"(《荀子·臣道》)荀子列举了一个"通忠之顺"的典型——信陵君。信陵君窃符救赵说明臣子如果能从国家长远的、根本的、全局性的利益出发,对忠的理解与践行是可以变通的。为进一步阐明自己的观点,荀子将君主划分为三种类型,即君主有"圣君""中君""暴君"之分。臣子对待这三种类型君主应当以不同的态度尽忠。在《荀子·君道》中他做了细致说明:第一,"事圣君","有听从无谏争"即为"忠顺"。第二,"事中君",这样的君主,大臣不仅要"有谏争",且要"无谄谀",如此方为"忠顺"。第三,"事暴君",要求"有补削无挢拂"。可见,对于圣君,臣子只要听从就可以了(也是忠的表现);对于水平中等的君主,臣子就应当调动自己的聪明才智,以策略的方式尽忠;对于暴君,臣子则需调动全部智慧,才能将忠实践到位。

第二,"忠奸"映衬更显忠。《左传》等典籍中有大量"忠"和"奸"字,但将忠、奸放到一起系统研究,荀子当是第一人。

《致士》一开篇，荀子即将招贤纳士的基本主张和盘托出：选拔人才的基本办法是广泛听取各种有益的建议，并善于区分辨别流言蜚语，罢黜奸邪的小人，举用贤德之才，形成良好的选人用人局面："奸言、奸说、奸事、奸谋、奸誉、奸愬莫之试也；忠言、忠说、忠事、忠谋、忠誉、忠愬莫不明通方起以尚尽矣。"

除了帮助君子营造"退奸""进良"的政治局面，荀子还进一步分析了忠臣与奸臣在治国为政中的不同影响。"人臣之论：有态臣者，有篡臣者，有功臣者，有圣臣者。"（《荀子·臣道》）忠臣分为圣臣和功臣；奸臣分为态臣和篡臣。

首先看忠臣。荀子认为，"圣臣"指那些"上则能尊君，下则能爱民；政令教化，刑下如影；应卒遇变，齐给如响；推类接誉，以待无方，曲成制象"的大臣，代表人物是伊尹、周太公。

"功臣"指那些"内足使以一民，外足使以距难；民亲之，士信之；上忠乎君，下爱百姓而不倦"的大臣，代表人物是管仲、咎犯、孙叔敖。

其次分析奸臣。奸臣之中，最危险的是"态臣"。荀子认为，"态臣"是指那些"内不足使一民，外不足使距难；百姓不亲，诸侯不信"，"巧敏佞说，善取宠乎上"的大臣，代表人物是苏秦、张仪。

"篡臣"指那些"上不忠乎君，下善取誉乎民；不恤公道通义，朋党比周，以环主图私为务"的大臣，代表人物是张去疾、孟尝。

荀子将这些人分为两类的标准就是"忠"。忠是荀子衡量不同大臣政治道德等级的标尺。荀子以此标尺，把忠划分了四个层次：

第一个层次，"大忠"。荀子指出"以德覆君而化之"谓之"大忠"。"若周公之于成王也，可谓大忠矣。"大忠之臣应当用"德覆君"，且应襄助国君成为有德之君。大忠之臣，即前文提到的"圣臣"。

第二个层次，"次忠"。荀子认为"以德调君而辅之"谓之"次忠"。"管仲之于桓公，可谓次忠矣"，就是用"德"调整国君的言行，使君之言行符合"德"的要求。这是二等的忠，这种次忠之臣，也就是前文提到的"功臣"。

第三个层次，"下忠"。荀子指出"以是谏非而怒之"谓之"下忠"。"子胥之于夫差，可谓下忠矣。"敢于直言以"是"谏君，是下等的忠。下忠之臣，如伍子胥。

第四个层次，"国贼"。荀子认为"不恤君之荣辱，不恤国之臧否，偷合苟容以持禄养交而已耳"谓之"国贼"。"若曹触龙之于纣者，可谓国贼矣。"（《荀子·臣道》）

可以看出，荀子忠思想的主体是三个内容：忠信、忠顺、忠君。归结为一点就是引导人们去忠君。荀子虽然强调忠君，但绝不是后世所谓愚忠。这一点在他关于臣道的论述中有明显表现。在他关于忠的划分中，就隐含着忠道的思想。另外，他"忠于国"还是"忠于君"的论述也体现了这样的思想。比如，"君者，善群也。群道当，则万物皆得其宜，六畜皆得其长，群生皆得其命。"（《荀子·王制》）这是要求君主要善于组织，运用恰当的规则推动社会发展。"君者,仪也,仪正而景正。"(《荀子·君道》)这是要求君主为臣民做出表率。要之,荀子的忠思想可以表述为:忠君为体,忠道为用,忠道是为了更好地忠君。

第三章

秦对"忠为忠君"的压缩

前208年,咸阳闹市,以"愿忠者"自诩的秦相李斯因谋反罪遭腰斩。这一幕的谋划者竟然是"以忠得进"的赵高。"李斯竭忠,胡亥极刑"?还是另有缘由?这要到秦对忠君内涵的进一步压缩中去找原因。

一、忠在秦的早期发展

秦史涉及忠字,最早出现于秦穆公和西戎使者由余的对话中。戎王派由余出使秦国。这位使者的祖先原为晋国人,为逃避祸乱避难于西戎。由余在与秦穆公的对话中指出,礼乐法度等在治国中不能发挥根本作用。如黄帝这样的圣君,运用礼乐法度也只不过取得了小太平,其后各时期君主越来越骄奢淫逸,运用强制手段约束、监督臣民,民众疲惫不堪之余自会怨恨统治者,希望君上能够以仁爱之心治理天下。上下之间形成的隔阂与怨愤,导致弑君、屠杀事件不断发生。西戎等地区由于采取了不同于中原各国的策略，收到了良好的治政效果。"上含淳德以遇其下，下怀忠信以事其上。"为上者，胸怀醇厚仁爱之心对待臣民，臣民就会以忠信情怀对待君上。上下良性互动一旦形成，执政者就不必考虑什么治国方法了，国家治理就如同人们支配自己的身体一样自在、自如、自然，毫无矫饰。"此真圣人之治。"（《史记·秦本纪》）

从由余介绍的情况看，戎夷之忠强调的是"下事其上"应当遵循的一种行为规则，而上对下则行"淳德"。这种上行"淳德"、下行"忠信"的文化，造就了戎夷地区政治上的安定。由余的夸耀之言无疑深深打动了奉行拿来主义的秦穆公。于是秦穆公用离间计迫使由余降秦。

这段记载也可以说明，秦远离东方诸国，与西方各部族联系颇为紧密，其思想受戎狄文化影响很深。秦文化的这个特点，使得它不像东方诸国那样，背负过多传统包袱。正因为秦与戎狄的交流远胜过它与中原诸国的交流，它能够不断从异质文化中吸取营养，促进自身发展壮大。另外，秦一直被东方诸国轻视，没有基于传统优势而形成的妄自尊大的优越感，也没有保持老祖宗香火的重任，这就使得秦能够以开放的姿态去对待各种异质文化，博采众家之长，以补自家之短。对待忠思想，秦穆公的做法很能体现这种胸襟和拿来主义的传统。一旦秦穆公发现忠思想有利于自己追求"光美"（《史记·秦本纪》）事业的需要，他就毫不犹豫地接受它，并把为他带来这种观念的人也据为己有。秦穆公的这一做法，也为后世商鞅变法奠定了思想基础。

忠思想一旦被引入秦国，很快就在这个西部国家生根发芽并迅速成长壮大。秦国的贵族、官僚、政客……无不热衷于谈忠。比如，张仪和陈轸都获得秦惠王重用。但张仪担心陈轸有朝一日专宠于己不利，于是，他在秦王面前抹黑陈轸，说陈轸将秦国的机密出卖给楚国。秦惠王很生气，将陈轸找来说："我听说你要去秦而之楚？"陈轸给出了肯定的回答。秦惠王很生气地对陈轸说："仪之言果信也。"真相大白了，是张仪在捣鬼。陈轸回答说不仅张仪知道他要去楚国，即便是路上的行人也是无人不晓。他说："孝己爱其亲，天下欲以为子；子胥忠乎其君，天下欲以为臣。卖仆妾售乎闾巷者，良仆妾也；出妇嫁乡曲者，良妇也。"陈轸引用这段话的核心旨在说明孝子忠臣自古以来受到人们的青睐和尊敬，为自己表达忠心埋下了伏笔："吾不忠于君，楚亦何以轸为忠乎？忠且见弃，吾不之楚，何适乎？"（《战国策·秦策》）陈轸的话打动了秦惠王，他制止了陈轸离秦赴楚的举动。显然，这段话的"忠"就是臣子对君王之忠，即"忠君"。

"忠"为"忠君"的思想在蔡泽与范雎的一段争论中表现尤为突出。

蔡泽原是燕国人，在诸侯间游说多年未被任用。他听说范雎（应侯）任用的郑安平兵败降于赵国，河东郡守王稽私通诸侯而遭弃市，范雎处境尴尬。蔡泽扬言，秦昭王要罢黜范雎，举蔡泽为相。范雎将蔡泽召到府中，质问他可有此事？蔡泽坦然承认，并与范雎展开了步步为营的对话。蔡泽列举了三个曾经叱咤风云，身后又褒贬不一的人物——"秦之商君，楚之吴起，越之大夫种"。范雎看清了蔡泽所设圈套，说："公孙鞅事孝公，极身毋二，尽公不还私，信赏罚以致治，竭智能，示情素，蒙怨咎，欺旧交，虏魏公子卬，卒为秦禽将，破敌军，攘地千里。吴起事悼王，使私不害公，谗不蔽忠，言不取苟合，行不取苟容，行义不固毁誉，必有伯主强国，不辞祸凶。大夫种事越王，主离困辱，悉忠而不解，主虽亡绝，尽能而不离，多功而不矜，贵富不骄怠。若此三子者，义之至，忠之节也。"通过强调商鞅、吴起、文种为所事君主建功立业的成就，范雎向蔡泽表达了这样一种态度："君子杀身以成名，义之所在，身虽死，无憾悔。"(《战国策·秦策三》)给"忠"在国家政治生活中以崇高的定位。

蔡泽认为"忠"固然可贵，但只能扮演从属角色："君明臣忠，国之福也。""比干忠，不能存殷。子胥知，不能存吴。""有忠臣孝子，国家灭乱，何也？无明君贤父以听之。故天下以其君父为戮辱，怜其臣子。夫待死而后可以立忠成名，是微子不足仁。"蔡泽的这段言论，基本精神与范雎并不矛盾，即二人都认为"忠"是人臣应当具备的优秀品质，忠在治国安邦方面不可或缺。蔡泽的优势在于，作为后发者，他既将对方的结论纳入自己的论证过程，同时又对结论做了延展、演绎，说明"忠"固然可贵，必须以君贤为前提。离开贤德的君主，即便有比干、伍子胥这样的旷世忠臣，国家也难逃覆亡的命运。

如果故事到此为止，蔡泽的目的显然无法达到。他抓住机会又对范雎说:"商君、吴起、大夫种,其为人臣,尽忠致功,则可愿矣。闳夭事文王,周公辅成王也,岂不亦忠乎?以君臣论之,商君、吴起、大夫种,其可愿孰与闳夭、周公哉?"应侯曰:"商君、吴起、大夫种不若也。"蔡泽曰:"然则君之主,慈仁任忠,不欺旧故,孰与秦孝公、楚悼王、越王乎?"应侯曰:"未知何如也。"蔡泽曰:"主固亲忠臣,不过秦孝、越王、楚悼……"(《战国策·秦策三》)后面的故事不再交代,结局是范雎乖乖听从了蔡泽的劝说,向秦昭王交出了相印。

《战国策》《史记》对此事的记载,都着意突出了蔡泽与范雎对忠的使用,他们所探讨的忠,核心就是"忠君"。范雎对忠君问题的认识水平较之蔡泽要逊色得多。范雎所讲的忠,愚忠成分更多一些。诚如他第一次见秦昭王时所言"愿效愚忠而未知王之心也"(《史记·范雎蔡泽列传》)。虽然这是谦辞,但在与蔡泽的辩论中,其对忠的认识却是可以与这句谦辞呼应的。蔡泽所说的忠并非愚忠。蔡泽认为"忠"作为一种行为规则若要发挥约束臣子为君王尽忠的功能,君王必须是"圣"或"明"者,否则,即便有忠臣,其作用同样无法得到充分发挥。

可以看出,忠思想已经在当时秦国社会生活中占据了非常重要的地位。忠不仅是人们应当普遍遵循的行为规则,且是国富民强、个人事业飞黄腾达的必要条件。臣子尽忠足以"为主安危修政,治乱强兵,批患折难,广地殖谷,富国足家,强主,尊社稷,显宗庙,天下莫敢欺犯其主,主之威盖震海内,功彰万里之外,声名光辉传于千世"。忠得到秦人特别关注也就不足为奇了。

二、商鞅：忠为忠法

商鞅极力反对儒墨诸家所宣扬的仁义道德。在他眼里，忠孝节义等都是非常有害的。《商君书》一方面充满了对礼乐道德的贬斥，另一方面又确确实实在谈忠。这是一种怎样的忠呢？

商鞅对忠的理解可以概括为两个字："忠法"，即"有明主忠臣产于今世，而能领其国者，不可以须臾忘于法"(《商君书·慎法》)。

商鞅认为，人人都要趋利避害，臣子也不例外。德教很难使人向善，朝廷中能够真正为君王尽忠的臣子少得可怜。只要忠对人有害或者利小害大，臣子们就会设法不尽忠。让臣子为君王尽忠的最有效方法是法治，而不是仁义教化。商鞅建议君王"自恃不恃人"，主张：

第一，君王应当依靠手中掌握的人财物及控制权，诱使臣民尽忠。"明君之使其民也，使必尽力以规其功，功立而富贵随之，无私德也，故教流成。如此，则臣忠君明"(《商君书·错法》)，就是说善用君权伴随的控制权，以赏罚驱使臣民效果更为明显。"今欲驱其众民，与之孝子忠臣之所难，臣以为非劫以刑，而驱以赏莫可。"(《商君书·慎法》)

第二，不恃忠臣尽忠，乱臣无诈，依靠刑、法迫使臣民尽忠。

"壹刑者，刑无等级，自卿相将军以至大夫庶人，有不从王令、犯国禁乱上制者，罪死不赦。有功于前，有败于后，不为损刑。有善于前，有过于后，不为亏法。忠臣孝子有过，必以其数断。"（《商君书·赏刑》）要之抛弃仁义道德，采用法治。商鞅相信"治主无忠臣，慈父无孝子"。法治足以使臣子尽忠，如此，"义"成为顺理成章的结果。"义者，为人臣忠，为人子孝……此乃有法之常也。"（《商君书·画策》）对此，商鞅从两个方面做了说明：

其一，人性恶决定了用"名利"诱导臣下尽忠的可操作性。商鞅指出："授官予爵，不以其劳，则忠臣不进。"（《商君书·修权》）商鞅认为，人们的一切行为都是在利欲之心推动下围绕着利、名展开的，忠臣尽忠也是为了自己的"利"，而不是为了"利"君王。君臣之间主要是利害关系，都以利己为核心。"使民之所苦者无耕，危者无战。二者，孝子难以为其亲，忠臣难以为其君。"（《商君书·慎法》）对于孝子和忠臣而言，如果没有外力推动，忠孝都是很难办到的。这并不可怕，恰恰可以为君王所用。商鞅说："人君而有好恶，故民可治。""好恶者，赏罚之本也。"实行法治正是针对"人情好爵禄而恶刑罚"的弱点设计的。如此就可以"以御民之志而立所欲"（《商君书·错法》），即顺应民情趋利避罚的行为取向，因势利导，实现统治天下的政治目标。在引导人们主动选择求利的过程中，忠臣自然就会产生。

其二，对"忠臣"也要信赏必罚。商鞅认为，法、信、权是治国的三大法宝。其中，法是人们的行为规范，权是国家的统治力量，信则是法之权威、权之威力得以实现的保证。如果失去信，不仅法会丧失权威，政权的威力也会随之下降。所以，商鞅特别注意"法"之"信"。为了树立法的威信，商鞅在秦国颁布变法令之前，搞了一个"南门徙木"的宣传活动，以立法之"信"，而后才"下令"（《史记·商君列传》）。仅靠这些还不足以立"法"之"信"。要真正在全体国民面前树立法的威信，如何对执法者（包括君王）行赏用罚成了问题的关键。商鞅认为，"信者，君臣之所共立也"。为了树立法之威信，行赏时应当"不失疏远"，用罚时亦应"不违亲近"（《商君书·修权》）。要求君王无论赏罚都应依法行事，任何人都是"功立而富贵随之"（《商君书·错法》）。商鞅提出一个"三壹"理论——壹赏、壹刑、壹教。其中，"壹刑"的要求是："自卿相将军以至大夫庶人，有不从王令、犯国禁乱上制者，罪死不赦。有功于前，有败于后，不为损刑；有善于前，有过于后，不为亏法。忠臣孝子有过，必以其数断。"（《商君书·赏刑》）一句话，法律面前忠臣和其他人一样没有任何特权。

　　商鞅这种对法的无限忠诚，赞之者评价为"极身无二虑，尽公不顾私"（刘歆《〈新序〉论》）；反对者，讥之谓"刻薄寡恩"，且滥用刑罚。虽然身后褒贬不一，甚至商鞅自己也成了其"忠法"思想与实践的牺牲品，"作法自毙"，但其思想却在后世产生了深远影响，成为秦国甚至秦王朝治国思想的主流。

三、《吕氏春秋》:"大忠""小忠"在纠结中迈向忠君

《吕氏春秋》是秦相吕不韦看到秦国统一天下曙光已现,为迎接新时代进行理论准备的著作,是为即将诞生的大一统帝国而制定的治国纲领。汉代学者高诱评价该书"以道德为标的,以无为为纲纪,以忠义为品式"[1]。该书以忠为篇名的有两篇——《至忠》和《忠廉》篇,说明《吕氏春秋》对忠思想的重视度是颇高的。

第一,"小忠"实为"大忠"之贼。《吕氏春秋》将忠分为两个等级——"大忠""小忠":"利不可两,忠不可兼。不去小利则大利不得,不去小忠则大忠不至。故小利,大利之残也;小忠,大忠之贼也。"(《吕氏春秋·权勋》)"大忠"就是忠于国家、君王、事主的根本的、长远的、全局的利益,即"大利";"小忠"是着眼于非根本的、短期的、局部的、表面的利益,即"小利"。《吕氏春秋》将"小利"与"小忠"、"大利"与"大忠"通过对举的方式表达出来,指出行"小忠"是追图"小利",行"大忠"才是着眼"大利";"小利"是"大利"之"残","小忠"是"大忠"之"贼"。圣人应善取"大忠""大利",抛开"小忠""小利",这反映了作者求大忠、图大利的追求。在当时条件下,秦人最大的"利"是建立大一统的秦帝国。这种宏愿悄悄隐藏在《序意》篇中,在这里吕不韦提出要建立一个"清世"世界,表明《吕氏春秋》的思想取向和秦人"大利""大忠"的最终归宿。

---

[1] 许维遹:《吕氏春秋集释》,中国书店1985年版,第3页。

吕不韦发现，秦王嬴政"少恩而虎狼心""得志于天下，天下皆为虏矣"(《史记·秦始皇本纪》)。为实现并长保秦国大利，《吕氏春秋》着意强调了"公天下"思想："天下非一人之天下也，天下之天下也。"(《吕氏春秋·贵公》)这一思想显然受了慎到"立天子以为天下，非立天下以为天子也。立国君以为国，非立国以为君也"(《慎子·威德》)的影响，并明确了"天下"属"公"的性质，告诉包括君主在内的所有统治者，天下属于所有人，绝不是某一个人的私有财产。《吕氏春秋》要求君主统治必须遵循公平原则："万民之主，不阿一人。"作为百姓领袖，君主应该对所有人一律平等。因为只有"公"字在先，才会有"平"字在后——"先圣王之治天下也，必先公，公则天下平矣。平得于公。"(《吕氏春秋·贵公》)治理天下，必须首先强调公而后才会平。"公"是成功的先决条件。"置君非以阿君。"(《吕氏春秋·恃君》)人们不是为了巴结君主才推选出这么一个人统率自己，更不是为了让他用手中的权力谋取私利，而是让他为民众服务，"凡主之立也，生于公"(《吕氏春秋·贵公》)。否则，君主时时处处只顾私利，那么"私视使目盲，私听使耳聋，私虑使心狂"(《吕氏春秋·序意》)。齐桓公因为徇私情而任用竖刁，不是弄得自己不得善终吗？"智而用私，不若愚而用公。日醉而饰服，私利而立公，贪民而求王，舜弗能为。"(《吕氏春秋·贵公》)因此，为国家长远利益考虑，公待天下是最大的忠。

第二，启发诱导以劝忠。《吕氏春秋》的忠君思想非常明显。

该书七十个忠,用于表达臣子对君王尽忠的有五十二个。不过,其表达方式相当含蓄,比如《至忠》篇虽然兜售忠君思想,但主体却是两则故事。

第一则故事是关于楚庄王和申公子培的。楚庄王在云梦泽打猎,射杀了一只随兕(传说中的恶兽)。申公子培竟然抢在庄王之前将随兕夺走。庄王非常生气,命人诛杀申公子培。大臣们进谏说:"子培,贤者也,又为王百倍之臣,此必有故,愿察之也。"过了不到三个月,申公子培得病死掉了。后庄王兴兵与晋在两棠交兵,大胜。回国后论功行赏,申公子培的弟弟提出赏赐要求。庄王很奇怪,问其缘由。申公子培的弟弟说:"臣之兄犯暴不敬之名,触死亡之罪于王之侧,其愚心将以忠于君王之身,而持千岁之寿也。臣之兄尝读故记曰:'杀随兕者,不出三月。'是以臣之兄惊惧而争之,故伏其罪而死。"庄王派人查阅古籍,果然有这样的记载,"乃厚赏之"。对此,《吕氏春秋》评点说:"申公子培,其忠也可谓穆行矣。穆行之意,人知之不为劝,人不知不为沮,行无高乎此矣。"(《吕氏春秋·至忠》)这则故事与孙叔敖的事迹颇具相似性,孙叔敖为了双头蛇不再祸害他人(传说见了双头蛇的人会死)挺身杀蛇,体现的正是以爱己之心爱于众人的精神。申公子培则是为楚庄王的安危不计自己生死。这与墨子"爱人不外己,己在所爱之中。己在所爱,爱加于己"(《墨子·大取》)具有异曲同工之妙。

第二则故事是关于齐闵王与名医文挚的。闵王患了忧郁症,宋国名医文挚应邀前来诊治。文挚详细检查齐闵王的病症后告诉太子:"王之疾必可已也。虽然,王之疾已,则必杀挚也。"太子很是不解,欲闻其详。文挚说:"非怒王则疾不可治,怒王则挚必死。"太子闻听,顿首强请。文挚为太子的孝心打动,说:"请以死为王。"文挚与太子约好诊视时间,三次均未按时前来。文挚的爽约已经令闵王怒火上冲了。文挚终于来了,他穿着鞋直接上了闵王的床,踩着他的衣服询问病情。闵王很生气地不予理睬。"文挚因出辞以重怒王。"闵王终于按捺不住怒气坐了起来……瞬间,闵王的病好了,文挚的死期也就到了。"王大怒不说,将生烹文挚。"无论太子母子如何苦劝,闵王一定要杀了文挚。"果以鼎生烹文挚。"奇怪的是,文挚在锅中被煮了三天三夜竟然颜色没有发生改变。文挚说:"诚欲杀我,则胡不覆之,以绝阴阳之气。"闵王将锅盖上了,"文挚乃死"。对于这段更具悲剧色彩的故事,《吕氏春秋》评价说:"夫忠于治世易,忠于浊世难。文挚非不知活(治)王之疾而身获死也,为太子行难以成其义也。"(《吕氏春秋·至忠》)

  上述故事说明,作者宣传忠君思想用了一种比较高明的办法——启发诱导。虽然讲忠君的道理,但不是生拉硬扯地灌输,而是把忠君思想寓于故事中,激发读者思考的积极性,让读者自觉去接受忠君理念。故事的评论则是在启发读者独立思考的同时,指明了思索的路径,启迪读者得出正确结论——将思想与作者统一起来。这并不是一种偶然现象,实际上,《吕氏春秋》在推广忠思想方面，特别注重忠教育的重要性，并且这种对忠的推广往往是与孝捆绑进行的。如："先王之教，莫荣于孝，莫显于忠。忠孝，人君人亲之所甚欲也。"（《吕氏春秋·劝学》）这种情况的出现，其实是当时政治发展现实的无奈反映。《吕氏春秋》借助孝推广忠的动机显而易见，但最终效果还是强化了孝的地位。无论怎样，忠思想地位的提升是不容争辩的事实，"先王之教，莫荣于孝，莫显于忠"，是最好的说明。

四、韩非：为人臣不忠当死

韩非是战国晚期著名的法家思想代表人物，其思想主要集中于《韩非子》一书。《韩非子》是先秦讨论忠思想最多的政治学著作，忠臣、忠信、小忠、大忠、忠顺、愚忠、公忠、忠君、忠法、忠良、忠言、尽忠、忠谏、忠直、忠诈、忠爱等在《韩非子》中都有讨论。最为特殊之处，书中专门设有《忠孝》篇，集中探讨忠孝问题。

第一，献身君主与国家就是"公忠"。韩非认为，君臣是一种基于利害考虑而产生的交换关系。这种以自我利益为核心建立的关系，缺乏牢固的黏合剂，化解之道就是臣子"弃私为公"。公、忠一起使用，兼有公和忠两个字的含义。韩非认为，献身于君主和国家不行"私道"乃是"公忠"，是公义，值得提倡，而对父孝、对友信属个人私义，"私义行则乱，公义行则治"（《韩非子·饰邪》)。大臣们由国君这里获得俸禄,理应为君主效忠,否则,与光天化日之下公然劫掠没有什么区别。"群臣持禄养交,行私道而不效公忠,此谓明劫。"(《韩非子·三守》)故韩非指出:"居官无私,人臣之公义也。"(《韩非子·饰邪》)可见,韩非之公忠,强调的是对君主和国家的忠,体现了对君国根本利益切实的关照。他的君本论思想一提出,立即受到统治阶级的热烈欢迎,在中国推行了两千余年。

将对君主和国家之忠说成是天下公义,韩非还是下了一番功夫的。公,表示与私相背、相反。甲骨文"公"写作"𡗗",由"八"(分割)与"口"(村落)组成。金文"公"写作"公",小篆写作"公"。东汉许慎《说文解字》说:"公,平分也。"高树藩指出:"金文公从八从口,口为古宫字,即公从宫声。八作'分'解,凡分物必求平正允当,公之义为'平分'故从八。小篆公从八从厶,八作'背'解,是相反的意思。厶为古私字,对物不据为私,有而适宜分人为公,故其本义作'平分'解,乃与人相分,而无偏颇高低之意。"[1]可知,远古时代人们就已经认识到了公私之对立。而当时很多思想家也主张:"天下非一人之天下也,天下之天下也。"(《吕氏春秋·贵公》)

韩非自己也说:"古者仓颉之作书也,自环者谓之'私',背'私'谓之'公'。公私之相背也,乃仓颉固以知之矣。"(《韩非子·五蠹》)传说仓颉造字,古"私"字写作"厶",是指自

[1] 高树藩:《中文形音义综合大字典》,中华书局1989年版,第115—116页

己在居室外修一道墙。即韩非所说"自环"。"公"字是在"厶"字上加"八","八"犹背,意指背"厶"为"公"。在君权独揽的政治条件下,一个难题出现了:忠于天下?还是忠于君主和以君主为代表的国家?在这一点上,韩非之前的答案是确定的:在天下面前,君主处于从属地位。但是,新兴地主阶级及其总代表——君主——是绝不能容忍这一既有答案的,他们强烈要求把本阶级之"公"、国家之"公"变成天下之"公",就此而言,荀子和前期法家为韩非做了大量理论铺垫。比如,荀子曾经指出:"君者,民之原也。"(《荀子·君道》)什么意思呢?君主是天下黎民百姓的首领,是天下公共利益的集中代表。显然,君主也必然是臣子尽忠的直接对象。这一点在韩非为臣子确立为政事务方面表现尤为突出。

韩非认为,臣的作用就是在君主领导之下,从事具体的事务性工作。具体而言也就是做好三件事情:

其一,竭诚事君,切实将君主的治国思想原原本本地落到实处——"贤者之为人臣,北面委质,无有二心。朝廷不敢辞贱,军旅不敢辞难;顺上之为,从主之法,虚心以待令,而无是非也。故有口不以私言,有目不以私视,而上尽制之。为人臣者,譬之若手,上以修头,下以修足;清暖寒热,不得不救入;镆铘傅体,不敢弗搏。"(《韩非子·有度》)

其二,揭发不轨,善谏君过。韩非指出:"人主以一国目视,故视莫明焉;以一国耳听,故听莫聪焉。"作为最高领导者,不可能以一己之力洞悉国家角角落落的一切事情，所以，必须依靠大臣充当耳目，向自己传达各类信息。包括"谓过"（《韩非子·定法》）和"君有过则谏"（《韩非子·难一》）。

其三，遵行法度。韩非强调法制，但法律规章制定出来不可能自己施行，必须由大臣具体操作。如何操作以及操作的水平，直接关系到君主治国思想能不能得到不折不扣的贯彻实施。韩非主张："人臣循令而从事。"（《韩非子·孤愤》）"法也者，官之所以师也。"（《韩非子·说疑》）从这个角度讲，大臣就是君主意志得以实现的工具。

第二，"专心于事主者为忠臣"。忠臣是韩非关注的重点。何谓忠臣？韩非认为，只有"以忠信事上""以清廉事上""尽力竭智以事主""陈其忠而不弊""尽力以致功，竭智以陈忠"（《韩非子·奸劫弑臣》）的人，才称得上是忠臣。作为忠臣必须"夫介异于人臣，而独忠于主"（《韩非子·外储说左》），"忠主忧国以争社稷之利害"（《韩非子·三守》），"尽忠于公"（《韩非子·难三》），韩非甚至认为"为人臣不忠，当死"（《韩非子·初见秦》）。在韩非看来，为人臣必须具备忠的品质，并且应当把为君主尽忠看作自己人生的最高政治追求："人臣毋称尧舜之贤，毋誉汤武之伐，毋言烈士之高，尽力守法，专心于事主者为忠臣。"韩非提出，为人臣子不应当对先古圣王表示赞誉，歌颂上古圣王的实质是"谤其君者也"，"而非其君者天下皆贤之，此所以乱也"（《韩非子·忠孝》）。韩非坚决反对尚古之风，要求臣子一心一意为君主服务，心无旁骛，"厚今薄古"，专务忠君。"人臣守所长，尽所能，故忠；以尊主，主御忠臣，则长乐生而功名成。"(《韩非子·功名》) 于是，一种君尊、臣忠，天下太平，长治久安的良性政治局面便营造成功了。反之，臣子不胸怀忠君之志，不践履忠君之行，国家政治、经济、军事就很危殆了。"兵甲顿，士民病，蓄积索，田畴荒，囷仓虚，四邻诸侯不服，霸王之名不成。此无异故，其谋臣皆不尽其忠也。"对于这种"谋臣"，韩非主张斩之"以为王谋不忠者戒也"(《韩非子·初见秦》)。政治实践中还会出现另一种情况——不遵法令，虽然其行为与法令相违背，但却获取忠名。对此，韩非主张："虽有忠信，不得释法而不禁，此之谓明法。"(《韩非子·南面》)"法令所以为治也，而不从法令，为私善者，世谓之'忠'。""上宜禁其欲，灭其迹而不止也，又从而尊之，是教下乱上以为治也。"(《韩非子·诡使》)就是说，忠作为政治行为规范应当符合法的要求，不得与法抵触，更不能成为任何人肆意破坏法制的借口。如果忠与法有冲突，忠应当遵循法的准则。对于那种借忠之名行一己之私的人，应当坚决制止，任其发展，就是以下乱上。如此君主才能做到"明法"。显然，韩非虽然强调忠思想的实践意义，但在德与法的关系问题上，韩非"以法为本"的思想没有因其强调忠而有丝毫动摇。为了澄清人们在这个问题上的模糊认识，他甚至提出了"忠法"概念："明主之道忠法，其法忠心。"(《韩非子·安危》)极大地突出了严格依法行政治国的重要性。

当然，韩非同时看到政治实践中，臣子之忠与诈和君主本人各方面的综合素质也有很大关系，甚至君主的政治品格、治国能力、言谈举止、心理结构、性格气质都会影响乃至决定着臣子的"忠""诈"与否。"臣之忠诈，在君所行也。君明而严，则群臣忠；君懦而暗，则群臣诈。"（《韩非子·难四》）诚然，也有另外一种情况——君主骄横昏乱。碰上这样的君主，往往会造成这样一种局面："忠臣危死于非罪，奸邪之臣安利于无功。忠臣之所以危死而不以其罪，则良臣伏矣；奸邪之臣安利不以功，则奸臣进矣。"（《韩非子·有度》）在《人主》篇中，韩非还通过关龙逄、比干、子胥的典故予以反复说明："此三子者，为人臣非不忠，而说非不当也，然不免于死亡之患者，主不察贤智之言，而蔽于愚不肖之患也。"韩非通过总结历史经验教训，向人主暗示：为人君既不可懦弱昏暗，也不能骄横昏乱，只有英明、威严，群臣才能尽其忠。对于忠臣之言，君主应当善辨忠奸，从善如流。否则，我行我素，同样会犯政治上的错误。关于这一点，韩非在《十过》篇中做了分析。"过而不听于忠臣，独行其意，则灭高名为人笑之始也。"那么，什么是"过而不听于忠臣"呢？韩非认为齐桓公不听管仲之言任用易牙的悲剧故事堪为典型。"桓公之兵横行天下，为五伯长，卒见弑于其臣，而灭高名，为天下笑者，何也？不用管仲之过也。故曰：过而不听于忠臣，独行其意，则灭其高名为人笑之始也。"很显然，齐桓公的可悲下场正是"不用管仲之过"造成的。韩非总结这段历史经验而提出君主要听于忠臣的结论是很有见地的。

　　第三，"小忠"害"大忠"。"小忠"实际上是一种不讲原则的形式上的忠，是"上不能说人主使之明法术度数之理以避祸难之患，下不能领御其众以安其国"（《韩非子·奸劫弑臣》）的忠。它只是貌似、形似忠，具有强烈的迷惑性，本质上是"大忠"之害，绝非真正意义的忠。韩非将这类忠列为"十过"之首："一曰行'小忠'，则'大忠'之贼也。"（《韩非子·十过》）既然"小忠"有如此危害，那么，到底什么是"小忠"呢？在《十过》篇中，韩非通过一则故事做了说明：司马子反是楚共王的重要将领，军事才能出众却喜好饮酒。晋楚鄢陵之战，"楚师败，而共王伤其目。酣战之时，司马子反渴而求饮"。军中大将酣战之际返回营帐饮水，司马子反已经有错在身。其助手竖谷阳不仅未予制止，反而"操觞酒而进之"。此时的司马子反还算清醒，说："退，酒也。"竖谷阳却说："非酒也。"于是司马子反"受而饮之。"由于司马子反本就嗜酒，加之战斗的激烈与自身生理上的需求，于是乎"甘之，弗能绝于口，而醉"，已经无法继续出战。整顿军马之后的楚共王意欲再战，"令人召司马子反，司马子反辞以心疾。共王驾而自往，入其幄中，闻酒臭而还，曰：'今日之战，不谷亲伤。所恃者，司马也，而司马又醉如此，是亡楚国之社稷而不恤吾众也。不谷无复战矣。'于是还师而去，斩司马子反以为大戮"。司马子反魂魄归西，死于楚共王之手，根本原因在于"竖谷阳之进酒"。竖谷阳"不以仇子反也"，他了解司马子反好酒，清楚战事的艰辛，进酒之举体现了对司马子反的关心和爱，恰恰是这种表面的、浅层次的"关心"和"爱""适足以杀之"。竖谷阳进酒司马子反成了"小忠"的典型，在后世屡屡为人们提起并引以为戒。韩非评价道："竖谷阳之进酒也，非以端恶子反也，实心以忠爱之，而适足以杀之而已矣。此行'小忠'而贼'大忠'者也。故曰：'小忠'，'大忠'之贼也。若使'小忠'主法，则必将赦罪以相爱，是与下安矣，然而妨害于治民者也。"（《韩非子·饰邪》）

可见，忠不等于无原则地服从。竖谷阳在两国交战的危急时刻，不以国家、民族大义为重，不考虑司马子反身肩之重任，一味考虑满足司马子反嗜酒的爱好，其后果"是亡楚国之社稷"，"适足以杀之而已矣"。司马子反因竖谷阳的"忠爱"，为满足一时的口腹之欲——贪杯，付出了生命的代价。对于国君来说，如果不能善于识别这样的臣子，其"小忠"之为必然会"妨害于治民"。韩非告诫君主，忠绝不是无条件地服从。

另外一则故事是关于豫让的。韩非对人才在立政致治中的价值是充分肯定的，即便如尧这样的圣人，如果没有左膀右臂的帮助尚且不能建功立业，何况一般的执政者呢？乌获是古代著名的大力士，如果没有别人在各个方面的帮助，他同样不能举起超凡的重量。作为君主必须充分认识大忠之臣之于治国活动成败与否的重要意义。"故有忠者，外无敌国之患，内无乱臣之忧，长安于天下，而名垂后世，所谓忠臣也。"他同时指出，小忠之臣尤不足取:"若夫豫让为智伯臣也,上不能说人主使之明法术度数之理以避祸难之患,下不能领御其众以安其国;及襄子之杀智伯也,豫让乃自黔劓,败其形容,以为智伯报襄子之仇。是虽有残刑杀身以为人主之名,而实无益于智伯若秋毫之末。此吾之所下也,而世主以为忠而高之。"(《韩非子·奸劫弑臣》)韩非认为,"忠臣"应当是能够帮助君主"广地""强兵""一匡天下",使国家"外无敌国之患,内无乱臣之忧,长安于天下"的人,而豫让却没能做到这一点。他虽然在智伯死后,"乃自黔劓,败其形容,以为智伯报襄子之仇",但这一切"实无益于智伯若秋毫之末"。对智伯来说并没有太大的实际意义。因为不管你如何"残刑杀身",国亡了,君死了,这样做又于事何补呢?韩非认为这是一种非理性的、不值得提倡的"忠"。而且,天下的忠臣如果都像豫让那样做,实在是无益于君主安邦定国,君主也无法实现"地广主尊"的宏愿。这种忠臣韩非名之曰"誉臣"。"忠臣不听而誉臣独任,如是者谓之壅于言,壅于言者制于臣矣。"(《韩非子·南面》)也就是说,如果君主不重用忠臣,而去重用"誉臣",到头来,君主必然受制于臣子,君主的命运也就掌握于臣子手中了。

韩非一方面重忠,却又指名批判孔子:"孔子本未知孝悌忠顺之道也。"那么,韩非的"孝悌忠顺之道"是什么呢?曰:"人生必事君养亲,事君养亲不可以恬淡;治人必以言论忠信法术,言论忠信法术不可以恍惚。恍惚之言,恬淡之学,天下之惑术也。"

既然儒道诸家"事君养亲"的理论都是"恍惚之言,恬淡之学",韩非所谓不惑天下的"言论忠信法术"又是什么呢?那就是"三顺"——"臣事君,子事父,妻事夫,三者顺则天下治,三者逆则天下乱,此天下之常道也"(《韩非子·忠孝》)。即便君主无道,韩非也不接受儒家"诛一夫"(《孟子·梁惠王下》)的观点,"人主虽不肖,臣不敢侵"。在韩非看来,"忠臣不危其君"(《韩非子·忠孝》)是无论如何不能破坏的原则。韩非的"三顺"思想在西汉被董仲舒发展为"三纲",其明确提出君为臣纲、父为子纲、夫为妻纲,并把这种尊卑从属关系说成是道德的根本,并要求臣民对君主要绝对地忠。这样,忠君便成为天经地义、永恒不变的原则。后世历代统治者和部分思想家鼓吹愚忠,使忠君成为传统政治思想的重要内容。

可以看出,韩非基于天下统一之势即将完成的新的历史条件,对前人忠思想做了批判总结,并从法家的立场出发,对忠做了新的界定,使得原本内涵相当丰富的忠几乎完全归结于忠君。不仅如此,韩非还将伦理性质的忠纳入法的轨道,强调在政治参与中固然应该重视忠,但更应"明法"。忠、法并举思想无疑对秦国政治产生了深远影响。秦国所以能够兼并六国,实现空前的大一统,建立影响其后两千余年的政治体制,应该说与韩非大力鼓吹忠君是不无关系的。

五、秦王朝时代"忠"字内涵被进一步压缩为"忠君"

前221年,秦王嬴政建立了中国历史上第一个统一的中央集权大帝国。一统天下的辉煌业绩使嬴政根本不会接受《吕氏春秋》关于爱民的思想,秦统治者此时所能接受的只有溢美之词和臣民们的忠心了。

前219年,秦始皇东巡登琅玡,作《琅玡台》以留念(见图3-1)。这段碑文的核心内容是秦始皇的自我标榜,对自己为大秦帝国的创制表现出无与伦比的骄傲。特别是"端直敦忠"四字,是秦始皇对广大臣民提出的思想要求。也就是说,作为秦国的臣民必须奉行包括忠在内的一系列规范。忠是为人臣子的最高规范,而不忠则是对臣子最严厉的谴责,在关于地方政府制度是搞郡县制还是分封制的一次争论中获得了体现。当时,秦始皇"置酒咸阳宫",七十名博士向始皇敬酒。仆射周青臣称颂始皇的功绩"自上古不及"。对于这样的溢美之词,始皇帝当然愿意接受,博士淳于越却对周青臣进行了批判,指斥其"面谀以重陛下之过,非忠臣"(《史记·秦始皇本纪》)。争论的结果已经成为历史,郡县制代替分封制,淳于越遭罢黜。

还比如赵高、李斯合谋逼迫秦始皇长子扶苏、蒙恬自杀,也是训斥其"不孝""不忠":"扶苏与将军蒙恬将师数十万以屯边,十有余年矣,不能进而前,士卒多耗,无尺寸之功,乃反数上书直言诽谤我所为,以不得罢归为太子,日夜怨望。扶苏为人子不

图 3-1：琅玡台石刻

孝，其赐剑以自裁！将军恬与扶苏居外，不匡正，宜知其谋。为人臣不忠，其赐死，以兵属裨将王离。"（《史记·李斯列传》）收到这份假"诏书"，扶苏当即自杀。蒙恬在阳周狱中自杀。

蒙恬、蒙毅兄弟的荣辱都与"忠"紧密联系在一起。始皇时代，蒙氏兄弟"名为忠信，故虽诸将相莫敢与之争焉"（《史记·蒙恬列传》）。胡亥和赵高欲加害蒙氏兄弟，也是用忠的名义，斥其"不忠"。《史记·蒙恬列传》载："赵高因为胡亥忠计，欲以灭蒙氏，乃言曰：'臣闻先帝欲举贤立太子久矣，而毅谏曰"不可"。若知贤而俞弗立，则是不忠而惑主也。以臣愚意，不若诛之。'"于是，胡亥"令蒙毅曰：'先主欲立太子而卿难之。今丞相以卿为不忠……乃赐卿死。'"可见"不忠"在当时已成为君王赐死臣子的得力工具。当然，这种现象是与社会上流行的"不忠者无名以立于世"的观念密切相关的。这一点在《史记·李斯列传》的一段记载中有充分反映："先公子高欲奔，恐收族，乃上书曰：'先帝无恙时，臣入则赐食，出则乘舆……臣当从死而不能，为人子不孝，为人臣不忠。不忠者无名以立于世，臣请从死，原葬郦山之足。唯上幸哀怜之。'"胡亥可其书，赐钱十万以葬。

"不忠"所形成的精神压力和精神枷锁效应不仅反映在臣子身上，就是胡亥发动政变前，也担心自己的行为"不忠"。赵高援引史事怂恿说："臣闻汤、武杀其主，天下称义焉，不为不忠。"这样胡亥才"喟然叹"而首肯。政变的另一个主要人物——李斯在拒绝赵高政变计划时的托词也是"忠"："夫忠臣不避死而庶几……人臣各守其职而已矣。"但是，以"愿忠者"自诩的李斯最终还是参与了沙丘政变，并因此而在秦二世时代一度权倾朝野。李斯就这样因玩弄了忠而左右逢源。"李斯……辅始皇，卒成帝业，斯为三公。"叛忠之后，李斯"持爵禄之重"。他自己说："当今人臣之位无居臣上者，可谓富贵极矣。"(《史记·李斯列传》)由此说明，判断一个人忠与不忠的标准是掌握在君王手中的。这不仅反映在指忠为非，也表现于对不忠的肯定。如赵高策划沙丘政变的诡计，竟然称为"忠计"(《史记·蒙恬列传》)，赵高因此飞黄腾达竟然是"以忠得进"(《史记·李斯列传》)。

显然，什么是忠，什么是不忠，完全由君王一人定夺。臣子若想"立于世",只有选择绝对顺从君王——忠君。如其不然,只有自取灭亡。前208年,"关东群盗并起,秦发兵诛击,所杀亡甚众,然犹不止。盗多,皆以戍漕转作事苦,赋税大也"。诸臣谏胡亥"且止阿房宫作者,减省四边戍转"。他们的行为在胡亥看来就是不忠。他训斥说:"今朕即位二年之间,群盗并起,君不能禁,又欲罢先帝之所为,是上毋以报先帝,次不为朕尽忠力,何以在位?"于是,"案责他罪"(《史记·秦始皇本纪》)。

虽然君王掌握着判断大臣"忠"与否的标尺,但指鹿为马式的判断并不能改变忠本身固有的内涵。关于这一点,李斯在狱中经过反省,似乎也意识到了:"不道之君,何可为计哉!"恶人李斯竟然想到了史上三位大忠臣:关龙逢、比干、伍子胥。李斯反思:"此三臣者,岂不忠哉,然而不免于死,身死而所忠者非也。"对于自己和身处的境地,李斯认为:"智不及三子,而二世之无道过于桀、纣、夫差,吾以忠死,宜矣。"如此作恶多端的李斯此时似乎已经看清了赵高和胡亥的恶劣本质,甚至恬不知耻地将自己列入忠臣行列,并为自己大加洗脱:"二世之治岂不乱哉!日者夷其兄弟而自立也,杀忠臣而贵贱人,作为阿房之宫,赋敛天下。吾非不谏也,而不吾听也。凡古圣王,饮食有节,车器有数,宫室有度,出令造事,加费而无益于民利者禁,故能长久治安。今行逆于昆弟,不顾其咎;侵杀忠臣,不思其殃;大为宫室,厚赋天下,不爱其费:三者已行,天下不听。今反者已有天下之半矣,而心尚未寤也,而以赵高为佐,吾必见寇至咸阳,麋鹿游于朝也。"(《史记·李斯列传》)李斯的这段反思,集中反映了忠在秦代社会生活——尤其是政治生活——中的重要地位,也通过实例对忠的内涵做了明确。同时,通过"古圣王""善行"与秦二世"恶行"的对比,李斯预见了秦王朝必然灭亡的历史命运——"吾必见寇至咸阳,麋鹿游于朝也。"另外,李斯的话还告诉我们,忠思想经过上千年的发展已经具备了相对稳定的内涵——忠君。

至于李斯本人忠与不忠,有人曾说:"李斯竭忠,胡亥极刑。"(《史记·鲁仲连邹阳列传》)太史公的一段评价或许更能给后人一些有益的启示:"斯知六艺之归,不务明政以补主上之缺,持爵禄之重,阿顺苟合,严威酷刑,听高邪说,废適立庶。诸侯已畔,斯乃欲谏争,不亦末乎!人皆以斯极忠而被五刑死,察其本,乃与俗议之异。不然,斯之功且与周、召列矣。"(《史记·李斯列传》)将李斯列为穷于逐利的小人、恶人,似乎更与历史事实相符。

秦王朝统治不过十数年,但忠思想竟然在社会各个层面上产生了极为深刻的影响。如秦末农民大起义时,"陈王使魏人周市徇魏地,魏地已下,欲相与立周市为魏王。周市曰:'天下昏乱,忠臣乃见。'"(《史记·魏豹彭越列传》)司马贞认为,周市所谓"天下昏乱,忠臣乃见",就是取老子"国家昏乱有忠臣"之说。这段话的意义不仅在此,更在于周市以平民身份在功名利禄面前首先想到的是以忠臣的角色规范要求自己。这就足以说明忠思想的普及程度已达到相当高的水平,并已内化为人们一种自觉的德行。秦王朝以"苛察为忠"的管理作风在陈胜所建立的张楚政权中也得到贯彻:"陈王以朱房为中正……以苛察为忠。其所不善者,弗下吏,辄自治之。"(《史记·陈涉世家》)陈胜缘何失败姑且不论,但陈胜以"蹑足行伍之间,崛起阡陌之中"(《新书·过秦上》)的身份继承了秦王朝不近人情的行政作风,突出反映了忠在当时已经成为社会各阶层共同遵守的行为规则。

  总的来看,历史上内涵曾经相当丰富的"忠",在秦王朝已经演变并最终定型为"忠君",这一点在未来历史发展过程中几乎为各朝各代所继承。嗣后的部分思想家虽然也在一定程度上发现了这种弊端对人们思想的钳制,并试图加以避免和改良,在一定程度上和一定范围内也取得了一定效果,但并没有因此从根本上改变"忠"就是"忠君"的模式。其原因就在于君主制度本身内在就要求臣子们"忠君",而这种不合理的模式只有随着君主制度的灭亡才能随之消失。

第四章
两汉时期渐成主流政治思想

进入汉代，思想领域最突出的特色是儒学由于汉武帝"罢黜百家、独尊儒术"政策的推行而占据了统治地位，其他学派则受到排挤，百家争鸣的学术自由局面一去不复返。在这样的文化氛围中，忠思想受到特别推崇并上升为社会政治生活中具有指导意义的原则性规范。这种局面的出现，既与儒学历来重视忠的传统有关，更与大一统政治体制的确立密不可分。

一、贾谊："爱民为忠"

西汉是在农民大起义摧毁秦王朝基础之上建立的新王朝。秦始皇专任刑罚与刻薄寡恩并没有带来他梦想的皇帝之位为嬴氏垄断，相反，秦王朝只有短短十五年的寿命！对此，西汉王朝早期的思想家——陆贾、贾谊、贾山等——进行了深刻总结，尤以贾谊为代表。

贾谊的忠思想集中体现在《新书》中。贾谊忠思想与孔孟学说一脉相承,就忠的研究层次来说要在荀子之上。特别是他提出的"忠君子者,无以易爱民也","君子不得民,而不能称矣"(《新书·大政下》)的思想,第一次把"忠""爱民""忠君"联系到一起,实为孔孟"忠"说的新发展。

针对秦王朝二世而亡的教训,贾谊提出应当以秦为鉴,采取新的策略——爱民。在《春秋》篇中,贾谊通过卫懿公好鹤失国的教训娓娓道出爱民之于江山社稷的重要。

卫懿公好鹤成癖,有"鹤将军"的名号。他不仅养鹤数目惊人,且根据鹤的等级给以品级俸禄,享受官员一般的待遇。凡献鹤于卫懿公均能获得等级不同的赏赐。卫懿公出行,总是带上大量披以纹绣的爱鹤同行。大臣进谏,往往遭到卫懿公当面训斥。久之,也就没有什么人自讨没趣了。前660年冬天,北方少数民族翟进兵伐卫,兵锋已抵荥泽(今河南武陟县附近)。卫懿公赶忙召集文武大臣准备抵抗。早已对"鹤将军"深恶痛绝的大臣不无讥讽地说:"君亦使君之贵优,将君之爱鹤,以为君战矣。我侪弃人也,安能守战?"卫懿公无奈,只好带领少得可怜的亲信迎敌,兵败被杀,"遂丧其国"。对于卫懿公玩鹤失国的教训,贾谊认为是深刻且惨痛的,他警告那些国家的最高统治者不要因为"草木禽兽妨害人民"。如此作为,"释人民而爱鸟兽,远忠道而贵优笑",必然失去民心,失去政权最基本、最可靠的支撑力量,一旦国家面临危局,必然陷入险境甚至亡国。贾谊主张当政者应当"进忠正而远邪伪",这样方可形成"民顺附""臣下为用"(《新书·春秋》)的良好政治局面。贾谊通过援据卫懿公好鹤丧国的历史故事阐明爱民的深刻道理，可说甚为巧妙、婉曲。

《大政上》用另一种手法明白地将"民为本"的思想提了出来。贾谊指出：民，不仅是国家立足的根本，且是君主得立的根本，同时也是官吏之所以为官吏的根本，"国以为本，君以为本，吏以为本"。之所以民为本，是因为国家的安危系于民，君主的荣辱依赖于民，官吏的贵贱取决于民，"国以民为安危，君以民为威侮，吏以民为贵贱"。基于这样一种认识，贾谊得出结论："此之谓民无不为本也。"(《新书·大政上》)

贾谊换个角度，指出：对于国家的政事而言，民决定着国家、君主、官吏的命运。"国以民为存亡，君以民为盲明，吏以民为贤不肖，此之谓民无不为命也。"

贾谊还从国家政治发展的角度，论证了民是国、君、吏有所作为的重要条件。如果国能够顺应民意则兴旺发达，反之则衰败危殆；如果君主顺应民意则其势强，反之则无所凭赢弱不堪；如果官吏顺应民意则能施善政，反之则为宵小之徒。总之"国以民为兴坏，君以民为强弱，吏以民为能不能"，这就叫作"民无不为功也"(《新书·大政上》)。

《大政上》中，贾谊提出民是国家、君主、官吏依靠的主张。无论是君主还是官吏都不能自毁根本。"夫民者，万世之本也，不可欺。"如果君主、官吏欺民、侮民，民虽畏之，但民亦敌之。君民、官民变成敌对关系，国将如何安？君将如何威？官将如何贵?自古以来"与民为敌者,民必胜之"。贾谊认为,与民为敌就是"不仁",亦即"不忠"。对民不忠的直接后果是伤及民本,更严重的会最终导致国家覆亡。

基于上述认识,贾谊特别强调"保民"为"忠"的第一要务。事实证明,民以为本这样的思想并不是执政集团天然具备的,治国理政首先必须解决民本思想的教化问题。贾谊指出:"有道然后教也,有教然后政治也。"(《新书·大政下》)古之圣王的成功之道与失败君主的缘由也就在于此:"道者,圣王之行也;文者,圣王之辞也;恭敬者,圣王之容也;忠信者,圣王之教也。"尧舜禹汤这样的圣君治理天下,"士民乐之";桀纣这样的暴乱之君,不以民为意,"士民苦之"。说明一个算不上艰深的道理:"诸侯者,士民皆爱之,则国必兴矣;士民皆苦之,则国必亡矣。"(《新书·大政上》)可惜的是,这样的浅显道理总有人在手握权力的时候搞不清楚,贾谊就不得不再把其中的道理讲明:

第一,贾谊强调了国君率先垂范的重要性。孔子曾将执政者比喻成"北辰",贾谊继承了这一思想,强调"君能为善,则吏必能为善矣;吏能为善,则民必能为善矣"。反之,民不善,是官吏的罪过;官吏不善,是君主的罪过。天下百姓、文武官员的善抑或不善,最终的决定性要素在君主。贾谊指出:"夫士民者,率之以道,然后士民道也;率之以义,然后士民义也;率之以忠,然后士民忠也。"(《新书·大政上》)后世三国人桓范所谓"善治国者,不尤斯民而罪诸己,不责诸下而求诸身"[1]与此论具有一脉相承的意味。

第二,贾谊强调了人臣在贯彻民以为本中的地位。贾谊认为"民者,唯君者有之"。人臣作为君主的辅弼其职能是"助君理之"。在贾谊看来,爱民、理民最有效、最直接、最根本的手段是"富民","以富乐民为功"。这显然是继承了孔子的富民主张。能够让百姓过上富裕的生活,"故君子之贵也,士民贵之,故谓之贵也。故君子之富也,士民乐之,故谓之富也。故君子之贵也,与民以福,故士民贵之。故君子之富也,与民以财,故士民乐之"。这就是最大的爱,就是忠,故曰:"吏以爱民为忠。"(《新书·大政上》)

第三,在君与臣的角色互动中,贾谊主张君明臣忠。贾谊认为:"国丰且富,然后君乐也,忠臣之功也。"(《新书·大政下》)能不能选择这样的忠臣并将之安排在理民的重要岗位上,其责在君。知贤、举贤、任贤并不是一件简单的事情。"知人者智"(《老子》第三十三章),说明做到知人,需要君主具备高超的智慧,才能对潜在人才的内在素质和外在表现有准确而全面的把握,而不是囿于偏见或为表象所迷惑。度过这一关,君主就进入了贤明的境界。于是乎"臣忠君明,此之谓政之纲也。"(《新书·大政下》)

贾谊还通过粥(鬻)子之口提出一个颇具创新意义的思想——只有爱民才是真正的忠君。

---

[1]/(三国)桓范:《世要论·臣不易》,载(清)严可均编:《全上古三代秦汉三国六朝文·全三国文》卷三十七,中华书局1958年版,第1260页。

粥（鬻）子是楚君的先祖，名熊，曾师于文武二王。周成王曾经向粥子请教治国之道，粥子回答说："治国之道，上忠于主，而中敬其士，而下爱其民。故上忠其主者，非以道义，则无以入忠也；而中敬其士，不以礼节，无以谕敬也；下爱其民，非以忠信，则无以谕爱也。故忠信行于民，礼节谕于士，道义入于上，则治国之道也。虽治天下者，由此而已。"（《新书·修政语下》）可见，粥子（实际是贾谊的代言人）认为，治国的大道在于对上要忠于其主，对下要热爱其民。只有有道义才称得上是"忠"，没有道义是无法进入忠之境界的。即忠于君主就是要让君主有道义。爱其民则离不开忠信，没有忠信是无法传达其爱的，即要"忠信行于民"才是爱民。这样，贾谊就将忠君与爱民统一于"治国之道"的大旗之下，爱民与忠君获得了同等重要的地位。这在皇权独大时代无疑是理论上的重大创新。

二、董仲舒："一中谓'忠'，二中谓'患'"

董仲舒为了适应西汉大一统政治形势的需要，把忠的专一性——从一而终思想——提高到了哲学层次来认识，为在思想上论证忠君的合理性做出了独特贡献。

董仲舒认为，忠思想在古圣王时代已经有了，对古圣王治理天下发挥过非常重要的作用："五帝三王之治天下……教以爱，使以忠，敬长老，亲亲而尊尊。不夺民时，使民不过岁三日。"古圣王教民以爱、以忠、以敬、以亲、以尊，故"天为之下甘露，朱草生，醴泉出，风雨时，嘉禾兴，凤凰麒麟游于郊"（《春秋繁露·王道》）。可见，国泰民安少不得忠。但到底什么是忠呢？董仲舒指出：天上的行云出自大地形成普降的甘霖，流动的气变化为风。风和雨都是由大地生成，"地不敢有其功名，必上之于天"。通过对自然现象与社会习惯的对比性描述，董仲舒为忠君做出一系列铺垫之后，提出"下事上，如地事天也，可谓大忠矣"。换言之，居于下位的人侍奉居于上位者就如同大地侍奉上天的道理是一样的，是天经地义的事情，这样做可以称之为"大忠"。他指出："土者，火之子也，五行莫贵于土。"董仲舒将"土"的这种品质与忠臣孝子进行了比附，指出："忠臣之义，孝子之行取之土；土者，五行最贵者也，其义不可以加矣。"（《春秋繁露·五行对》）

董仲舒把忠归结于"地之义"，并借用了《荀子》《韩非子》《吕氏春秋》的"大忠"范畴。只是董仲舒所谓"大忠"，就其内涵而言已经与前人有了很大不同。他还将伦理道德赋予五行——水、火、木、金、土，认为五行之间的制约关系与人间君臣、父子关系具有一致性。木生出火，火反过来养木；当金死去，水就把金收藏起来；火爱木，于是以阳气养木；水克金，于是以阴气使之丧失；土待之于火则是竭尽忠诚。基于此，董仲舒指出："五行者，乃孝子、忠臣之行也。"按照《尚书·洪范》的观点，五行之中，土居最后。董仲舒继承了这种观点，并把这种合乎农业生产规律的排列次序按照中央集权政治的需要做了调整。在董仲舒的五行排序中，木排在首位，水排在末位，土则居于中央之位。（见图4-1）这样的一种顺序并非人为随意安排的结果，而是"天次之序"，"木生火，火生土，土生金，金生水，水生木"，这就是五行的父子承续关系。如果从上方俯瞰，则"木居左，金居右，火居前，水居后，土居中央"（《春秋繁露·五行之义》）。这种五行的排序，体现了父子的尊卑与高低。

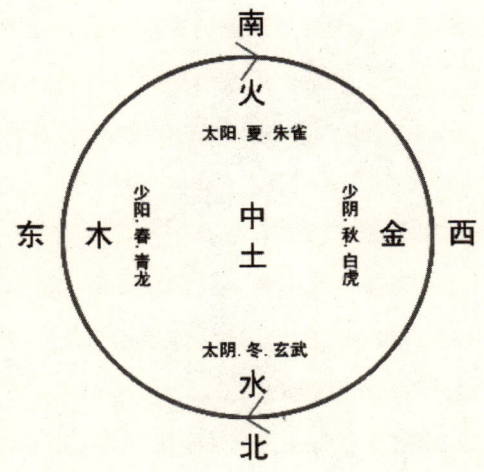

图4-1：五行方位图

董仲舒对五行的调整，目的就是说明臣民忠君为天经地义。为此，董仲舒做了反复的、不厌其烦的论证：

第一，天对自然、社会具有主宰作用。阴阳五行之气的变化正是天意的体现，通过观察阴阳五行之变，人们就可以了解天意。在董仲舒眼里，阴、阳所代表的是天意的不同内容，具有"恩""刑"两种截然不同的属性。董仲舒还将阴阳之变与人间世事联系起来，为等级制度做论证："君臣、父子、夫妇之义，皆取诸阴阳之道。君为阳，臣为阴，父为阳，子为阴，夫为阳，妻为阴。阴道无所独行，其始也不得专起，其终也不得分功，有所兼之义。是故臣兼功于君，子兼功于父，妻兼功于夫，阴兼功于阳，地兼功于天。"（《春秋繁露·基义》）这样，社会中的高低贵贱、上下尊卑、等级差别，不过是天意的表现罢了。董仲舒认为，天的意志是不可侵犯的，否则，天会因此而震怒并制造出种种人间灾异。"灾者，天之谴也，异者，天之威也。"（《春秋繁露·必仁且智》）反之，天下太平，天就会降以祥瑞——"甘露降""凤凰翔""嘉禾兴""麒麟至"（《春秋繁露·五行顺逆》）。运用神秘的谴告和符瑞，董仲舒确立了君权神授的理论根据。这就是说，地上的皇权是由天上的神权来维护的，神圣不可侵犯。作为臣子只有老老实实为皇权服务，为君主尽忠。

第二，忠是地的基本属性之一，是臣民必须遵循的行为准则。董仲舒认为，大地虽居于卑下的地位，却使地气升腾入空；它暴露出自己的形体以展示本性；它接受万物之死亡的同时又奉献着万物的新生；它成就着万事万物，却把这种功劳归之于上天从不居功。君主与臣的上下尊卑关系与天地之间的关系具有一致性，"孝子之行，忠臣之义，皆法于地也"（《春秋繁露·王道通》），故

"朝夕进退,奉职应对,所以事贵也;供设饮食,候视疢疾,所以致养也;委身致命,事无专制,所以为忠也"。对此,《春秋繁露》的很多篇章都给予反复强调,为了申明此中道理,董仲舒可谓不厌其烦。他指出:作为臣民将自身完全交出去,做任何事情都专心致志,这是履行忠的表现;竭尽自己所能,将真情实感毫无保留地表达出来,对过失毫不纹饰,这是立信的表现;为了气节、节操而不惜献出生命,毫不顾惜,这是以生命成就王家的事业;张扬王朝的荣光,帮助君主更加睿智清明;接受皇命宣扬天朝皇恩,辅弼君主成就大业,这是助力文治教化的成功;将君主的善治加以宣扬赞美,这是昌明王政;大功告成,事业已遂,将恩德归于君上,这是符合道义的表现。大地明了其中深邃的道理,所以大地成为万物之母。作为人臣,必须明了自己的职责,明白自己该做什么,为什么这样做,应该怎么做,才能成为国政的助手。董仲舒强调指出:"母不可以不信,宰不可以不忠。"作为国政助手的大臣不去尽忠,"则奸臣危其君","臣不忠,而君灭亡,若形体妄动,而心为之丧"。董仲舒还以身体为喻指出:君主就如同人体的心脏。心脏必须强大,君主一定要贤德;身体一定要忠实地按照心脏的指令行事,同理,人臣也绝不可以出现不忠诚于君主的情况。"君所以安者,臣之功也。"(《春秋繁露·天地之行》)最后,董仲舒得出结论:"是故圣人之行,莫贵于忠,土德之谓也。"(《春秋繁露·五行之义》)

当时的政治实践已经实际地向臣民提出了"尽忠"以"一"

的要求。于是，董仲舒"一中谓'忠'，二中谓'患'"的理论应运而生："心止于一中者，谓之忠；持二中者，谓之患；患，人之中不一者也，不一者，故患之所由生也，是故君子贱二而贵一。"（《春秋繁露·天道无二》）如此一来，董仲舒就把"忠"锤炼成为"从一而终"式的"忠"："忠臣不显谏，欲其由君出也。"（《春秋繁露·竹林》）意即真正的忠臣不会到处宣讲自己进谏的内容，而是让君主将臣下进谏的主张表达出来，以彰显君主的圣明。董仲舒认为这才是为人臣值得嘉许的做法。董仲舒所倡导的这种忠，对君主的关怀可谓达到了无微不至的地步，就像《礼记·坊记》所说的："子云：'善则称君，过则称己，则民作忠。'"孔子只是这样说，但在政治实践中，孔子并没有把君权绝对化。董仲舒则不然，在董氏的词典里，忠是政治思想的根本，臣民对君主之忠是确定的、绝对的、不讲任何条件的。

　　对于解决忠孝的先后问题，董仲舒的贡献最为突出。董仲舒运用阴阳五行说将忠、孝均归之于土德，指出："下事上，如地事天也，可谓大忠矣。土者，火之子也。五行莫贵于土。土之于四时无所命者，不与火分功名。木名春，火名夏，金名秋，水名冬。忠臣之义，孝子之行取之土。土者，五行最贵者也，其义不可以加矣。"在董仲舒眼里忠孝原本就是同根生，就如家国一体那样紧密相关。差别只在于国是扩大了的家，家是浓缩了的国。孝是家庭这个小国家内"天之经"（《春秋繁露·五行对》）的体现。同理，忠是国家这个扩大家庭内的"天之经"。在这个无数家庭构成的群体中,君权至高无上,忠君是臣民的不二选择。"事君,若土之敬天也。""是故圣人之行莫贵于忠,土德之谓也。"(《春秋繁露·五行之义》)因此,本质相通的忠孝只是表现形式不同而已。臣民们"退家则尽心于亲,进宦则竭力于君"[1],是对这种一体关系最恰当的处理方式。换言之,"始于事亲,中于事君,终于立身"(《孝经·开宗明义》)是思想家们为臣、为子在国、家活动中设计的标准流程。

不容回避的事实是,人们对父母尽孝的动力远大于为君主尽忠。无论政治家还是思想家,直接引导教育臣民树立对君尽忠的价值观念绝非易事。在这种情况下,受"君子之事亲孝,故忠可移于君"(《孝经·广扬名》)启发,通过推崇孝间接弘扬忠成了统治阶级灌输忠君价值观的必然选择。"明王之以孝治天下也。"(《孝经·孝治》)这样一种策略的选择,不仅符合"明王"要求,且借孝扬忠还能解决天子之忠的尴尬。董仲舒指出:"虽天子必有尊也,教以孝也;必有先也,教以弟也。"(《春秋繁露·为人者天》)劝孝扬忠,孝治天下,成了汉代国家治理思想、文化价值导向的标志性符号,且这一工具的使用无疑具有强大的感召力和亲和力,从而使忠孝并举成为汉代政治价值观一大特色。如汉灵帝"议郎"傅燮说:"忠臣之事君,犹孝子之事父也。子之事父,焉得不尽其情?"(《后汉书·傅燮传》)法典色彩浓厚的《白虎

[1] (汉)张敞:《上书自请治胶东勃海盗贼》,载(清)严可均编:《全上古三代秦汉三国六朝文·全汉文》卷三十,中华书局1958年版,第291页。

通》更是直言不讳道:"臣之于君,犹子之于父。"(《白虎通·丧服》)"导民以孝,则天下顺。"(《汉书·宣帝纪》)事实也确如思想家们所设计的,借助以孝劝忠的路径。刘汉时期忠君孝亲观念大行其道,"求忠臣必于孝子之门"(《后汉书·韦彪传》)蔚然成风,忠与孝的融合互孕使刘汉王朝的政治价值导向得以完成。

三、司马迁:"义"重于"忠"

虽身为皇家史官,司马迁却有着平民风格,其思想似乎更能反映西汉时期社会政治文化的真实一面。《史记》大量用忠,说明司马迁对忠重视度是很高的。《史记》毕竟是一部史学著作,而不是学术性的理论著作,故司马迁对忠的伦理评价标准和褒贬意识全部融合于对历史的记述中。

第一,忠是值得肯定的美德。

首先必须肯定的是,司马迁认为,忠是一种值得歌颂的美德。甚至可以说,司马迁所以能够以超凡的毅力完成《史记》这样的鸿篇巨制,或许还有司马迁对忠人格的尊重与推崇。司马谈临终之际"执迁手而泣",诉说自己的未竟之志:"今汉兴,海内一统,明主贤君忠臣死义之士,余为太史而弗论载,废天下之史文,余甚惧焉,汝其念哉!""迁俯首流涕曰:'小子不敏,请悉论先人所次旧闻,弗敢阙。'"(《史记·太史公自序》)在其记述人物身上的忠品质时,总是会加一番赞许。比如,对李广的评价就饱含了对忠实品质的赞许,而且,在这种赞许中可以窥见司马迁对李广的深怀敬重和同情之心。他曾经引用孔子的话说:"其身正,不令而行;其身不正,虽令不从。"(《论语·子路》)并指出孔子的话不正是说的李将军吗?"余睹李将军悛悛如鄙人,口不能道辞。及死之日,天下知与不知,皆为尽哀。彼其忠实心诚信于士大夫也?"(《史记·李将军列传》)他引用一句俗谚"桃李不言,下自成蹊"来表达自己对李广忠实人品的赞许,虽然这只是习见习闻的小事,其中却反映出深刻的道理。

对自己所赞许的历史人物,司马迁也乐意以忠对其品格进行评价,如:子产"事君忠厚"(《史记·郑世家》);商鞅、吴起等人"尽忠致功"(《史记·范雎蔡泽列传》);屈原"竭忠尽智"(《史记·屈原贾生列传》);邹阳"尽忠竭诚"(《史记·鲁仲连邹阳列传》)等等。对"不忠"者,司马迁也很注意发挥其反面教材的作用,甚至为了抨击其不忠之行,司马迁还运用一些文学手法予以突出,借以充分揭露不忠者的恶行。比较典型的有两则故事:

其一,关于伍子胥。吴王夫差听信谗言杀掉伍子胥之后,对齐国发起了进攻。"齐鲍氏杀其君悼公而立阳生。"吴王前去讨伐,未胜,旋即离开。两年之后,夫差召集鲁、卫两国的国君在橐皋(今安徽柘皋镇)会盟。次年,夫差借势北上,"大会诸侯于黄池",逼迫周王室承认其霸主地位。不料越王勾践借机伐吴,"杀吴太子,破吴兵"。夫差闻讯,赶紧撤兵返吴,以重金向勾践求和。九年之后,勾践攻灭吴国,杀掉夫差,并杀掉了谗毁伍子

胥的奸臣太宰嚭。"以不忠于其君，而外受重赂，与己比周也。"（《史记·伍子胥列传》）

其二，关于丁公。丁公是季布的舅舅，曾是项羽手下智勇兼备的将领。一次交战中，丁公追击刘邦到彭城西部。刘邦危在旦夕，他对丁公说："两贤岂相戹哉！"丁公放过了刘邦，撤兵而去。到项羽被刘邦消灭，丁公前来拜见刘邦。刘邦说："丁公为项王臣不忠，使项王失天下者，乃丁公也。"杀掉丁公的理由，刘邦解释为"使后世为人臣者无效丁公！"（《史记·季布栾布列传》）

这两则故事的主人公——太宰嚭和丁公都是卖主求荣者，下场也都一样——为新主子诛杀。虽然司马迁并未对这两个事件做评论，但从其行文中，还是可以体味到其感情倾向的，就是不忠者当杀。其中，看点最多的还是丁公。

刘邦立汉后对孝在忠先可以用"忿然"表述，为了强化臣民对"忠于君事"的普遍认同度，他采取非常小人的做法，杀掉恩人丁公，赦免仇家季布。这一做法虽然看似不通情理，但在政治上完全符合新兴王朝的价值导向。由于政治攻守形势的变换，什么是忠，什么是不忠的价值标准也必然随之变换。在"民无定主"时，刘邦逐鹿天下当然应该"罔罗豪杰，招亡纳叛"，"及贵为天子"之时，必须为天下之臣民明确界定忠的内涵，确立忠的准则，使忠获得确定不移的规定性，让臣子知道为人臣的政治道德标准，树立符合新兴国家根本利益的价值观念。丁公行私恩于刘邦，显然违背了做臣子的道德原则。如刘邦置之不问，甚至予以升迁，必然在大臣中产生消极影响，破坏新兴王朝的统治基础，使那些忠君观念不强的人受到感染，甚至起而效仿，对君主行不忠之举。这样的人一旦多起来，势必破坏国家的正确政治导向。为了启迪国人忠于新王朝的自觉意识，刘邦及时抓住丁公这个反面典型大做文章是十分必要的。刘邦首先抓住了丁公不忠的要害——"为项王臣不忠，使项王失天下"(《史记·季布栾布列传》)，让其他大臣认识丁公不忠的面目，对其不忠的行为有一个正确的价值判断。然后，明示天下人"使后世为人臣者无效丁公"。从而引导其他大臣自觉抵制不忠思想的诱惑，增强尽忠的自觉性。可以看出丁公不过是刘邦政治导向需要的牺牲品罢了。借助丁公一颗人头，刘汉最高统治者的政治思想取向昭然若揭。

　　值得关注的是，刘邦之举的软肋是在提升国家软实力手段上缺乏创新，依然走的是王权主义者惯用硬实力的老路。强秦速亡证明，仅仅依靠国家暴力工具根本无益于国家软实力提升，尤其是臣民的忠思想绝非威逼利诱就能树立起来。自刘汉前期向上追溯，虽然忠孝一体，忠重于孝的提法绵远悠长，但实践中忠一直未能超越孝成为臣民的最高行为准则，从而使国家利益与家族利益之间的博弈始终处于胶着状态，甚至很多情况下家族利益略占上风，导致国家利益每每受损。这一点，从《史记·淮南衡山列传》所记刘长谋反事件，以及《汉书·郦商传》所记剿灭诸吕事件都能得到清晰反映。历史把一个重大而又迫切需要攻关的课题摆在了服务于王权的刘汉思想文化界人士面前：厘清忠孝关系，确立忠先孝后的政治导向，从而增强刘汉王朝的软实力，强化国家利益的实现。只有实现这一目标，才能把普天之下的臣民从囿于家族利益的狭隘思考中解放出来，自觉参与刘汉王朝政治生态环境的营造，为国家硬实力的实现提供价值观念的支撑。在完成该课题过程中，经学家，尤其是董仲舒发挥了重要作用。

回过头来再看《史记》，司马迁是否极力倡导这种忠呢？从他对伍子胥的高度赞美看，似乎有这种倾向。不过，对历史上因忠致罪事件的记述[1]，好像又隐含着对当时政治生活中倡导的忠既肯定又存在某些不满的矛盾态度。这种心理是因司马迁本人遭遇造成的，还是受当时普通民众对忠的否定态度[2]影响造成的呢？这是一个需要进一步研究的问题。另外，对于西汉时期人们在忠与不忠问题上的分歧，司马迁也做了记录：

公孙弘见多识广，器宇不凡，他经常谈说，君主的问题往往在于心胸不够宽广，臣子的不足大多表现为不够节俭。他本人盖的被子是麻布的，正餐不会出现两道肉菜。后娘去世，公孙弘同样"服丧三年"。朝会时，他总是讲明事情原委，请人主自行决断，而不是与他人在朝堂上争来吵去。天子看出公孙弘与众不同的气质与品格，很是欣赏。仅两年时间，公孙弘就

---

[1]《史记》所载因"忠"致罪的有：《秦始皇本纪》："忠言未卒于口而身为戮没矣。"《苏秦列传》："以忠信得罪于上"；"以忠得罪"。《范雎蔡泽列传》："尽忠而身死。"《屈原贾生列传》："忠臣被谤。"《李斯列传》："以忠死。"

[2] 这种否定可以集中体现在《汉书·王贡两龚鲍传》："俗皆曰：'何以孝弟为？财多而光荣。何以礼义为？史书而仕宦。何以谨慎为？勇猛而临官。'"

官升左内史（即后来的左冯翊，三辅之一）。公孙弘有事情上奏，即便有不甚妥当的地方，也不会在厅堂上争辩。他曾经与主爵都尉汲黯希望皇上抽出闲暇时间接见，"汲黯先发之，弘推其后"，天子大都对其言听计从。公孙弘也曾与大臣们达成一致，但到了皇上面前却为顺应圣上意愿而违背先前约定。汲黯当场质问公孙弘："齐人多诈而无情实，始与臣等建此议，今皆倍之，不忠。"皇上询其缘由，公孙弘谢罪道："夫知臣者以臣为忠，不知臣者以臣为不忠。"皇上觉得公孙弘言之有理。皇上身边经常有人诋毁公孙弘，"上益厚遇之"（《史记·平津侯主父列传》）。

实际上，这里所涉及的就是前文探讨过的"忠"的性质与分类问题，对此，《史记》记述的比前人更完善，不仅有忠与不忠，还有"大忠"[1]和"小忠"[2]，乃至于"愚忠"[3]和"诈忠"。关于愚忠和诈忠的对立，从目前的资料看当首见于《史记》。汉武帝在位时，匈奴曾经派人前来请求和亲。大臣们就此事议论纷纷。博士狄山主张应当接受和亲。汉武帝问张汤的看法。张汤认为狄山纯属无知儒者。狄山反驳说："臣固愚忠，若御史大夫汤乃诈忠。若汤之治淮南、江都，以深文痛诋诸侯，别疏骨肉，使蕃臣不自安。臣固知汤之为诈忠。"（《史记·酷吏列传》）事情的结局是悲壮的，汉武帝不愿意长匈奴志气灭自家威风，同时他还要给主和者以教训。于是，派狄山去边

---

[1]《史记·老子韩非列传》有"大忠无所拂辞，悟言无所击排"。

[2]《史记·南越列传》有"吕嘉小忠，令佗无后"。

[3]"愚忠"之说最早见于春秋战国时期。如《管子·七臣七主》："愚忠谗贼此之谓也。"

塞抵御匈奴,"至月余,匈奴斩山头而去。自是以后群臣震慴。"(《汉书·张汤传》)

另外,司马迁在《史记》中还为我们提供了西汉时期忠字用于人名的情况,计十一例:

(1)郑忠。"郑忠说汉王,乃止壁河内。"(《项羽本纪》)"郎中郑忠乃说止汉王,使高垒深堑,勿与战。"(《高祖本纪》)

(2)所忠。"卿因所忠欲奏之。所忠视其书不经,疑其妄书"。(《孝武本纪》《封禅书》)"所忠言:'世家子弟……'"(《平准书》)"自是之后,王齐数上书告言汉公卿及幸臣所忠等。"(《五宗世家》)"尝欲请治上近臣所忠、九卿咸宣罪,不能服,反受其过,赎罪。"(《万石张叔列传》)"其遗札书言封禅事,奏所忠。"(《司马相如列传》)

(3)戚忠。(见于《高祖功臣侯者年表》)

(4)董忠。(见于《建元以来侯者年表》)

(5)刘忠。(见于《建元以来王子侯者年表》)

(6)刘忠[1]。(见于《建元以来王子侯者年表》)

(7)张忠。(见于《汉兴以来将相名臣年表》)

(8)尹忠。(见于《汉兴以来将相名臣年表》)

(9)孔忠[2]。"子襄生忠,年五十七。"(见于《孔子世家》)

(10)殷忠。"仲舒弟子遂者:兰陵褚大,

---

[1] 两个刘忠,一为代共王子,一为齐孝王子。

[2] 孔忠系孔子之侄,七十二贤之一。

广川殷忠。"(《儒林列传》)

（11）宋忠。"宋忠为中大夫，贾谊为博士。"(《日者列传》)

第二，"义"的价值略胜于"忠"。

忠并非司马迁最推崇的政治思想。这一点可以从其总结《史记》的写作宗旨中看出，他更看重的是义："二十八宿环北辰，三十辐共一毂，运行无穷，辅拂股肱之臣配焉，忠信行道，以奉主上，作三十世家。扶义俶傥，不令己失时，立功名于天下，作七十列传。"在这里，忠和义都受到司马迁赞美。然而，在谈到各篇主题时，司马迁更倾向于用义。如"推恩行义""崇仁厉义""黄歇之义""义足以言廉"(《史记·太史公自序》)等。这似乎反映了司马迁的一种思想趋向或是价值追求，即他本人更愿意用义来约束自己的行为，而不是用君权绝对化时代的忠。按照当时忠的要求，司马迁的《史记》就有不忠之嫌。比如写高祖刘邦，他微贱时嫂子不给饭吃，也不招父亲喜欢。功成名就了，刘邦还忘不了报一箭之仇，把他们奚落一番。《史记》之不忠远不止于此，班固指责司马迁："是非颇缪于圣人，论大道则先黄、老而后六经，序游侠则退处士而进奸雄，述货殖则崇势利而羞贱贫，此其所蔽也。"(《汉书·司马迁传》)正因为司马迁没有班固"君为臣纲，父为子纲，夫为妻纲"[1]那样的桎梏约束，才能够摆脱忠君思想的束缚，按照"义"的要求去观察社会、书写历史，《史记》也因此成为丰富而博大并有独特魅力的史学巨

---

[1] （清）陈立:《白虎通疏证》卷八，1875年（清光绪元年）淮南书局刻本，第268页。

著。不仅如此，李陵事件中司马迁的表现也证明他对忠具有与最高统治者不同的理解。

李陵叛降事件，当时有两种截然不同的态度。以汉武帝为代表的一部分人，不顾"陵军益急，匈奴骑多，战一日数十合"，"陵军无后救，射矢且尽"，"百五十万矢皆尽"，最后不得已投降匈奴，"皆罪陵"，"族陵家，母弟妻子皆伏诛"。以司马迁为代表的一部分人则认为李陵叛降情有可原，应当予以同情和理解："迁盛言：'陵事亲孝，与士信，常奋不顾身以殉国家之急。其素所畜积也，有国士之风。今举事一不幸，全躯保妻子之臣随而媒糵其短，诚可痛也！且陵提步卒不满五千，深輮戎马之地，抑数万之师旅，救死扶伤不暇，悉举引弓之民共攻围之。转斗千里，矢尽道穷，士张空拳，冒白刃，北首争死敌，得人之死力，虽古名将不过也。身虽陷败，然其所摧败亦足暴于天下。彼之不死，宜欲得当以报汉也。'"（《汉书·李广苏建传》）结果，司马迁遭到宫刑。

司马迁的态度实际上代表了一种民间意愿。按照最高统治者的观点，"国家有难而不忧，非忠臣也。夫守节死难者人臣之职也"。无怨无悔地为统治阶级卖命被誉为"为人臣者尽忠以顺职"；而政府为了满足君王开疆拓土的需要，无限制地增加民众负担，则被说成是"有司倚于忠孝之路"（《盐铁论·忧边》）。对于这种给老百姓带来不尽牺牲和灾难的忠，广大百姓并不支持。比如，"张骞言大宛之天马汗血，安息之真玉大鸟"，汉武帝闻听，心为之动。为得到这些奇珍异物，汉武帝兴大兵远征万里之外，战争还没开始,军队先折损一半。如此做法,即便得到汗血宝马,也算不上什么好计策。为了得到这些于国于民并无实际价值的东西,大批军队被送往前线,全国各地都在征兵,盗贼群起,百姓困苦不堪。"当此时,百姓元元,莫必其命,故山东豪杰,颇有异心。赖先帝圣灵斐然。其咎皆在于欲毕匈奴而远几也。为主计若此,可谓忠乎?"(《盐铁论·西域》)

当然,某些官员士大夫考虑的绝非百姓利益,而是那些对百姓而言虚无缥缈的所谓国家利益。譬如,同样是征西域,李广利(贰师将军)进攻大宛无功而返,有人建议皇上不要因怒兴师。如果按照罢兵的思路去做,西域诸国都要背叛大汉而依附于匈奴,如此会令匈奴更加强大。汉武帝抛开那些奇谈怪论,奇袭大宛,使之全面投降,归顺大汉,并献上汗血宝马。乌孙国这样的政权吓得魂飞魄散,请求成为大汉臣属。对大宛的胜利也使匈奴失魂落魄,远走他处,虽然没有臣服,却远远避开大汉锋芒,自此再也没有恢复元气。有人认为这时的匈奴"困于汉兵,折翅伤翼,可遂击服"[1]。可惜关键时刻汉武帝驾崩,如此功亏一篑,令后人喟叹不已。反战人士却认为可以就此止战了,不必再劳民伤财,大动干戈。于是有人批评说:"辍几沮成,为主计若斯,亦未可谓尽忠也。"(《盐铁论·西域》)不同派别之间的分歧由此可见一斑。

可见,李陵能够得到普通百姓甚至包括司马迁的同情也就不足为奇了。司马迁下狱受宫刑

---

[1]（汉）桓宽著,王利器校注:《盐铁论校注》增订本,天津古籍出版社1983年版,第511页。

之后所发的一番感慨，也可很好地反映太史公之忠与民众之忠的相通之处。司马迁认为李陵平日一向与将士同甘共苦，部下战时也能够拼尽全力，古代的名将也不过如此。李陵虽然对匈奴作战失败被俘投降，司马迁认为这是权宜之计，目的在于日后可以相机而动，回报大汉朝廷，借以折抵他兵败的罪过。事情已经发展到无可奈何的地步，李陵只好投入敌阵，奋勇拼杀，仅此已经表现出对天子的忠心。司马迁说："仆怀欲陈之，而未有路，适会召问，即以此指推言陵功，欲以广主上之意，塞睚眦之辞。未能尽明，明主不深晓，以为仆沮贰师，而为李陵游说，遂下于理。拳拳之忠，终不能自列。"司马迁原本是满怀忠君之情，换个角度解读李陵的投敌之举，结果未能换取汉武帝的信任，反倒落了一个欺君无上的罪名。这既非司马迁的本意，当然也非意料之中的事情。盛怒下的汉武帝自然不能理解司马迁的良苦用心，而是接受了司法官员的判决。这一判决将司马迁推入两难之中：一方面，依凭自己的家资根本不足以赎罪；另一方面，没有朋友挺身而出，仗义执言予以营救，皇帝身边的人也不肯出言相救。身处险境，司马迁想想已经叛敌投降的李陵，自己"又茸以蚕室，重为天下观笑"，深感悲怆，嗟叹"悲夫！悲夫！"（《汉书·司马迁传》）。由此观之，对于投敌的李陵，司马迁不仅没有痛恨不已，而是表现了不尽的同情，这显然与执政集团倡导的忠要求大相径庭。司马迁之所以会有如此表现，显然用"义"来理解更为简单明了。

尤其值得关注的是，两汉时期最著名的忠臣之一——苏武与李陵虽然在忠君问题上处于两极,但二人并没有因为思想原则的对立出现感情上的剑拔弩张。苏武的事迹《汉书》做了详尽记载。汉武帝派苏武以中郎将的身份出使匈奴,为表示对匈奴示好的回报,一行人带去了大量礼物。未曾想匈奴非常骄矜,远非汉朝所望。单于正要打发苏武归汉的当口儿,匈奴内部出现内乱,苏武被扣留。他拒绝了匈奴的劝降与威胁,被幽禁在大窖之中,并无饮食供应。"天雨雪,武卧啮雪与旃毛并咽之,数日不死。匈奴以为神,乃徙武北海上无人处,使牧羝。"苏武在北海牧羊,"廪食不至,掘野鼠去草实而食之。杖汉节牧羊,卧起操持,节旄尽落"。就这样一直过了十九年,"始以强壮出,及还,须发尽白"。就是这样一个闻听汉武帝驾崩"南乡号哭,欧血,旦夕临数月"、归汉后被昭帝"拜为典属国,秩中二千石,赐钱二百万,公田二顷,宅一区"、被班固称颂为"尽忠"已达极致的忠臣,对李陵变节也深为理解。对于这种理解,李陵同样报以深挚的感激。这一点集中体现在苏武即将归汉,李陵摆酒为他庆贺并送行的一段独白中:"今足下还归,扬名于匈奴,功显于汉室,虽古竹帛所载,丹青所画,何以过子卿!陵虽驽怯,令汉且贳陵罪,全其老母,使得奋大辱之积志,庶几乎曹柯之盟,此陵宿昔之所不忘也。收族陵家,为世大戮,陵尚复何顾乎?已矣!令子卿知吾心耳。异域之人,壹别长绝!"(《汉书·李广苏建传》)诀别之际,李陵无法压抑悲怆之情。"起舞,歌曰:'径万里兮度沙幕,为君将兮奋匈奴。路穷绝兮矢刃摧,士众灭兮名已聩。老母已死,虽欲报恩将安归！'"（《汉书·叙传下》）李陵的这段"歌"后人命之曰《别歌》。歌中充满了李陵追忆十八年前绝漠万里、奋击匈奴的万丈豪气。只是这种对当年雄心壮志的追忆已经显得颇为凄凉。毕竟李陵在败降之前做了最大努力以图挽回颓势，最后，"壮士从者十余人。虏骑数千追之，韩延年战死。陵曰：'无面目报陛下！'遂降"（《汉书·李广苏建传》）。过程固然壮烈，但无论如何，李陵是叛降了。其操守较之于身陷匈奴十九年而矢志不渝的苏武当然逊色很多。然而，苏武与李陵的感情并未因此受到影响。《昭明文选》收录李陵与苏武相唱和的诗歌可为凭证："良时不再至，离别在须臾。屏营衢路侧，执手野踟蹰。仰视浮云驰，奄忽互相逾。风波一失所，各在天一隅。长当从此别，且复立斯须。欲因晨风发，送子以贱躯。"这是《李少卿与苏武诗》中的第一首，表达了依依送别之情，特别是其中的"失所"传达出李陵对自己不幸遭际的怅惘与愤懑。当然，他对苏武归汉还是由衷高兴的，并希望自己能够化作清风追随苏武回到故园。第二首诗："嘉会难再遇，三载为千秋。临河濯长缨，念子怅悠悠。远望悲风至，对酒不能酬。行人怀往路，何以慰我愁？独有盈觞酒，与子结绸缪。"意在说明过去的相聚与友谊将永远逝去，胸中唯一存留的就是离别的怅惘与忧伤，化解此愁的只能是杯中的美酒了。第三首诗表达了李陵对未来的美好向往，他希望有一天还能与苏武相见，并努力修行自己的品德，不至于在苏武面前自惭形秽："携手上河梁，游子暮何之？徘徊蹊路侧，恨恨不能辞。行人难久留，各言长相思。

安知非日月,弦望自有时?努力崇明德,皓首以为期。"¹

以耿耿忠臣形象彪炳史册的苏武,对于背叛大汉天子的李陵不是横眉冷对,而是回应以痛伤离别的情愫。他回应李陵的诗被称为《苏武诗四首》,第一首写道:"骨肉缘枝叶,结交亦相因。四海皆兄弟,谁为行路人。况我连枝树,与子同一身。昔为鸳与鸯,今为参与辰。昔者常相近,邈若胡与秦。惟念当离别,思情日以新。鹿鸣思野草,可以喻嘉宾。我有一罇酒,欲以赠远人。愿子留斟酌,叙此平生亲。"²苏武一起笔,将李陵比作"骨肉",透露出他对自己与李陵朋友关系的定位,继续发展下去,不忍离别之情油然而生。后面几句则反映了苏武对造化弄人、人生际遇不堪回首的复杂心态,其中既有对自己牧羊北海的感叹,更饱含对李陵的深切同情之意。他希望李陵能够多多珍重,以另外一种形式表达了"劝君更尽一杯酒,西出阳关无故人"的惜别之情。苏武的另外三首诗³,从不同角度传达了自己与李陵的别样友情。

《文选》收录的这几首诗后人合称"苏李诗"。其诗字字发真情,很能反映苏、李二人感

---

1 /(唐)李善等:《六臣注文选》卷二十九,中华书局1987年版,第543页。

2 /(唐)李善等:《六臣注文选》卷二十九,第544页。

3 /《苏武诗四首》之二:"结发为夫妻,恩爱两不疑。欢娱在今夕,嬿婉及良时。征夫怀往路,起视夜何其。参辰皆已没,去去从此辞。行役在战场,相见未有期。握手一长叹,泪为生别滋。努力爱春花,莫忘欢乐时。生当复来归,死当长相思。"《苏武诗四首》之三:"黄鹄一远别,千里顾徘徊。胡马失其群,思心常依依。何(转下页)

情之诚挚和真切,根本看不出二人有原则性的对立——忠君与叛降。虽然诸多学者认为"苏李诗"为伪托,但其为汉代作品当无疑问。即便苏李诗不是苏、李所作,也从一个侧面向后人展示了作者与西汉统治者倡导的正统政治思想——忠,有着截然不同的评判标准。这种价值判断,或许可以说明,虽然当时的最高统治者不遗余力地大肆鼓吹忠君之道,但这种忠君规范只是人们一种道德选择的可能,并没有成为具有普遍约束力的天条。而且,统治阶级所倡导的基本道德规范,不仅忠会遇到别样的解释,其他规范,如"孝弟""礼义"等,人们都会有不同的理解。"俗皆曰:'何以孝弟为?财多而光荣。何以礼义为?史书而仕宦。何以谨慎为?勇猛而临官。'"(《汉书·王贡两龚鲍传》)

可见,虽然官方大张旗鼓地开展教育推广工作,但是,并非所有的人(特别是社会下层民众)都能够遵照最高统治者的愿望去建构自己的道德价值观。

(接上页)况双飞龙,羽翼临当乖。幸有弦歌曲,可以喻中怀。请为游子吟,泠泠一何悲。丝竹厉清声,慷慨有余哀。长歌正激烈,中心怆以摧。欲展清商曲,念子不能归。俯仰内伤心,泪下不可挥。愿为双黄鹄,送子俱远飞。"《苏武诗四首》之四:"烛烛晨明月,馥馥秋兰芳。芬馨良夜发,随风闻我堂。征夫怀远路,游子恋故乡。寒冬十二月,晨起践严霜。俯观江汉流,仰视浮云翔。良友远别离,各在天一方。山海隔中州,相去悠且长。嘉会难再遇,欢乐殊未央。愿君崇令德,随时爱景光。"(以上见李善等:《六臣注文选》卷二十九,中华书局1987年版,第544—545页。)

第五章

动荡时局下的顽强生存

魏晋南北朝时期一般指始于东汉建安年代，止于隋朝统一这段时期，历时约四百年。这时，国家长期处于割据局面，政权更迭频繁，民族矛盾尖锐，社会动乱不已。伴随着大一统绝对权威的丧失，社会思想趋于活跃，各种学说纷纷兴起，形成了自战国以来又一个"百家争鸣"的思想解放时代。即便是这样一个重视个体价值的时代，忠思想依然顽强地保持了自己在主流政治思想中的地位，并获得一定发展。

一、"忠"谥获得广泛应用

谥号确立的根据是死者生前的言行事迹，反映了确立谥号者对死者的推崇、宣传与鼓励，是对死者进行表彰的特殊形式。从谥号使用，既可以了解死者的事迹，更能一窥当时政治思想的走向。

第一，社会转型造成忠思想首遇冲击。魏晋南北朝时期战乱不断，社会政治秩序被严重破坏，国家政权的控制力极度衰弱，豪强势力觊觎国家统治权。坐大的地方势力更进一步恶化了动荡的政治局面。中央集权削弱造成的各派势力分权冲动异常增强，荼毒杀戮、血雨腥风不断。汉族政权的疲弱为少数民族入主中原提供了契机。定鼎中原的少数民族政权也大多缺乏稳定性，政治与社会的混乱不堪依然在延续。这种局面摧残的不仅是平头百姓，达官贵人同样经受着精神与肉体上的双重折磨。反映在思想上就是一度繁盛的儒学受到冷落甚至怀疑，关注生命与自身渐成主流，形成兴盛一时的玄学。玄学更多地关注"有无""本末"等问题，表现为对包括忠思想在内的主流政治思想的揶揄与冷漠。

在儒学占据统治地位的汉代出现大量以"忠"为谥者并不奇怪。在君主集权统治已经开始瓦解的魏晋南北朝时期，儒学早已失去原有的号召力，对社会大众的精神束缚也呈现土崩瓦解之势。曹操甚至在征举人才令中公然提出鼓励人们推举"不仁不孝"但却有真才实学的人。还如鲍敬言的《无君论》、阮籍的《大人先生传》都对忠表达了怀疑甚至根本否定的态度。

《无君论》只在葛洪的《抱朴子》中保留了片段。《无君论》乃后人据其文义而名。葛洪在《诘鲍》中指出，鲍敬言"以为古者无君胜于今世"。在魏晋抨击君主制度的言论中，《无君论》最为激烈。其揭露了君权神授的虚伪性，指出："儒者曰：天生烝民而树之君。岂其皇天谆谆言，亦将欲之者为辞哉！"从而告诉人们，所谓皇天为民立君，纯粹是骗人的谎言，是那些意欲为帝者编造的故事而已。针对葛洪为等级制辩护并进而维护君主制度的企图，鲍敬言从天地自然、四季及节令变化等入手，剥掉了人为附加在君主身上的神秘外衣，一针见血地指出：君主制度是恃强凌弱、智者诈愚的结果，由于弱者、愚者处于不利地位，不得不接受强者与智者强加于自己的管制，于是所谓的君臣之道、上下尊卑得以产生。其解释虽然粗糙不精，却传达了君主制度意味着等级与压迫的呼声。这显然是对强调忠于君主、效忠帝国的忠思想的反动。循此逻辑发展下去，鲍敬言必然得出帝王为万恶之源的结论："若令斯人（指帝王）并为匹夫，性虽凶奢，安得施之？使彼肆酷恣欲，屠割天下，由于为君，故得纵意也。"（《抱朴子·诘鲍》）可见，《无君论》锋芒所指，正是秦汉以来忠思想所倡导的主旨所归——君主与国家，这对于忠思想的发展无疑提出了严峻挑战。

阮籍的《大人先生传》产生于司马氏白色恐怖的政治背景下。司马家族虽然成为三国纷争的最后赢家，但其执政基础并不牢固，为巩固统治，司马氏针对政敌、下层人民采取了残酷打击的策略。黑暗腐朽的统治导致大批有识之士报国无门，深切认识到官方倡导礼教的虚伪面孔，他们纵情山水的同时，开始以自己独特的手法与统治者做斗争。《大人先生传》正是其中的代表之作。阮籍在文中塑造了一个独求大道的典型形象，其传达思想的核心就是抨击儒家学说"坐制礼法，束缚下民"。司马氏政权的本质就是"假廉而成贪，内险而外仁"，这自然与忠君要求相去甚远。

第二，从"忠"谥洞悉逆境中忠思想的顽强发展。虽然魏晋时期包括忠思想在内的传统儒家思想面临重重打击，儒学并未因此销声匿迹。事实上，彼时儒学不仅是社会政治思想的重要组成部分，且依然保持着正统的官学地位。士人们仍然要把儒家经典作为必读书籍。正因如此，忠思想在当时的影响依然巨大。比如，曹操虽然宣称"宁教我负天下人，休教天下人负我"，但曹操对忠思想却情有独钟。他曾经写信称赞王修道："忠能成绩，为世美谈，名实相副，过人甚远。"（曹操《与王修书》）王修原为袁谭手下，后降曹。同样是降曹，许攸全力辅助曹操攻伐袁氏，王修却没有这样做，他更多地把精力放在了治理国家之中。陈寿赞美王修道："为治，抑强扶弱，明赏罚，百姓称之。""王修忠贞，足以矫俗。"（《三国志·魏书·管宁传》）可见，虽然面临前所未有的挑战，忠思想依然在人群中保持了极强的生命力。

其一，"忠武"之谥的使用。

曹操曾赞田畴："文雅优备，忠武又著，和于抚下，慎于事上，量时度理，进退合义。"（《三国志·魏书·田畴传》注引）受到曹操如此赞美的田畴，其实践"忠"与"武"的经历同样复杂。田畴曾经是刘虞的从事，受刘之所遣出使朝廷。临行前，田畴提醒刘虞注意防范公孙瓒，但未被刘虞重视。待到田畴出使返回，刘虞已经死在公孙瓒手中。公孙瓒碍于田畴之名，虽将其捕获却未敢加害于他。田畴获释后率族人隐居于徐无山，势力壮大到五千户。他立法定制，开设学校，教育大众，乌丸等势力纷纷归顺。其间，他还多次拒绝了袁绍的将军印和其子袁尚的召请。建安十二年（207），田畴应曹操之请助讨乌丸获胜，并以自己实为刘虞逃兵为由，拒绝出任曹操所封官职。之后，曹操的多次封赏均遭到田畴拒绝。最后，曹操拜之为议郎。田畴死后，曹操送谥号"忠武"[1]。田畴忠否？在后人看来已经是仁者见仁的问题，重点在于以抛弃传统道德自况的曹操能够以忠赞之，表明忠思想虽遇到了颇为艰难的发展环境，但其影响却已经牢牢嵌入人们意识的深处。

"忠武"后来也成为诸葛武侯的谥号。《三国志》记载，诸葛亮留下遗命，将自己安葬在定军山，借助山势修之以坟，其坟穴仅仅能够容纳棺木而已，其中陪葬的不过是诸葛亮的一些衣服，没有什么器物。后主刘禅颁下诏书，对诸葛亮给予了高度评价，赞美他具有非同一般的天赋，聪明睿智、忠厚诚实，"赠君丞相武乡侯印绶，谥君为忠武侯"（《三国志·蜀书·诸葛亮传》）。诸葛武侯之名即由此而来。这一时期获得"忠武"谥号者还如司马师。司马师眼上长有瘤子，在一次对敌作战中因惊吓眼珠迸出。为了不致动摇军心，司马师忍住剧痛用被子蒙住头，甚至咬破了被子，左右之人竟然一点没有察觉。后来由于病情加重，将军权交予司马昭，继而病故。回到许昌后，魏帝下诏嘉奖。有官员认为，司马师"忠安社稷，功济宇内"，应当按照霍光的标准，"追加大司马之号以冠大将军"，"谥曰武公"。司马昭上表推辞说，给司马师这样的谥号，与武帝、文帝相同，令人感到惶恐。他认为，如果必须要以

---

1 /"忠武"是中国古代武将所能获得的最高谥号。

"文武为谥",可以参照萧何、张良、霍光等人。"诏许之,谥曰忠武。"俗谚:司马昭之心路人皆知。就司马师之谥的选择可以看出忠思想对于这些政治野心家的约束,至少他们还要打着忠的旗号以行不忠之举。甚至在夺取曹魏政权建立西晋之后,司马氏依然对忠表现出浓厚的倾慕,如"天子追加舞阳宣文侯为晋宣王,舞阳忠武侯为晋景王"(《晋书·景帝文帝纪》)。

又如温峤也获谥"忠武"。温峤是东晋的栋梁之材,战功卓著。他对东晋王朝贡献有二:第一,在权臣王敦意欲假借不孝之名废黜太子的危难之际挺身而出,挫败其阴谋。平乱之后,温峤又提出宽待王敦僚属,这对于稳定乱后政局发挥了积极作用。第二,谋败苏峻。苏峻因破王敦有功,获封历阳(今安徽省和县)内史,成为拥有精锐士卒逾万的强大地方势力。外戚庾亮为削减苏峻势力,强命其赴京出任大司农借以剥夺苏氏兵权。苏峻以讨伐庾亮为名,联合祖约(祖逖之弟,时任豫州刺史)起兵攻入建康。温峤联合陶侃等人经过一年多的努力最终平叛成功。由于平叛之功,温峤获封"始安郡公",达到了其政治生涯的顶峰。最可贵的是温峤婉拒了留其辅政的建议,体现了大局至上的崇高境界。温峤去世后,晋成帝为彰显温峤的丰功伟业,下旨:"追赠公侍中、大将军、持节、都督、刺史,公如故,赐钱百万,布千匹,谥曰忠武,祠以太牢。"(《晋书·温峤列传》)从温峤之于东晋王朝的贡献看,"忠武"之谥可说颇为恰当。

刘宋王朝的柳世隆擅长音乐,自我评价为"马稍第一,清谈第二,弹琴第三"(《南史·柳世隆传》),并不具备特殊的军事才能,似乎身后获谥与"武"亦当相去甚远。实际上他恰恰获得"忠武"之谥,这其中与他适逢乱世,又颇具忠诚品格密切相关。史载,刘宋明帝通过弑杀废帝(刘子业)登基,此举导致国内州郡纷纷反叛。柳世隆感念明帝曾经为柳氏家族申雪,率上庸(今属湖北竹山县)之兵勤王,兵败匿于民间。叛乱过后,明帝嘉其勤王忠心,命为太子洗马,累迁至安西司马,并与安西长史萧赜交往甚密。萧赜入朝后,柳世隆也转到郢州(今湖北武昌),代理当地事务。荆州刺史沈攸之造反率五万余人顺江而下欲过郢州进逼建康。郢州成为影响建康安危的一枚重要棋子。沈攸之的策略是丢开郢州,直逼建康。柳世隆却不顾力量悬殊,派军挑战沈攸之。沈攸之果然中计,率兵急攻郢州,昼夜不止。柳世隆率郢州守军顽强抵抗,为萧赜布局歼敌赢得了时间。最后,沈攸之的叛军四散败逃。此役,柳世隆不顾郢州城小兵弱,固守城池,解除了建康之危,朝廷赞之为"超越前勋,功著一代"(《南齐书·柳世隆传》)。柳世隆有这样的功业,凭借的正是他对国家的忠诚,他不是卓越的军事家,但有一颗尽忠之心,无论是忠于君主,还是忠于国家,抑或是江山社稷,忠弥补了柳世隆一般意义上"武"的不足,使他在国家危难之际得以建功立业,彪炳史册。"(柳世隆)永明九年卒,诏给东园祕器,赠司空,班剑二十人,谥曰忠武。"(《南史·柳世隆传》)

梁朝的萧憺,人称"始兴忠武王",不仅获谥"忠武",甚至在后世流传久远的《忠义水浒传》中再次露面。史书评价他说："夫忠为令德，武谓止戈，于以用之，载在前志。王有佐命之元勋，利民之厚德，契阔二纪，始终不渝，是用方轨往贤，稽择故训，鸿名美义，允臻其极。今遣兼大鸿胪程爽，谥曰忠武。"(《梁书·萧憺传》)《忠义水浒传》中被赞为最具男子气概的萧嘉穗，其高祖就是萧憺。萧嘉穗之所以获得荆南人的敬重，缘由则远在梁朝的萧憺。

深受汉文化影响的北魏政权，虽接触忠思想的时间较短，但在政治思想选择的倾向性上是非常清晰的，其对忠思想在国家政治生活中的价值判断是很准确的，故以忠为谥也是常见的。如元深，身后获"赠司徒公，谥曰忠武"(《北史·道武七王 明元六王 太武五王传》)。

其二，"忠烈"的使用。

据不完全统计，南北朝时期得到"忠"谥的还有很多，其中"忠烈""忠壮""忠敬""忠贞"使用频率较高。如以"忠烈"为谥号的有徐湛之、柳元景、萧恢、王茂等，其中的"烈"字，往往表明其死之刚烈、壮烈。

徐湛之在讨伐司马休之的作战中脱颖而出，在刘裕剿灭东晋残余势力的战争中阵前身亡。故"世祖即位，追赠（徐湛之）司空，加散骑常侍，本官如故，谥曰忠烈公"(《宋书·徐湛之传》)。

柳元景系行伍出身，曾经在雍州平定蛮兵，讨伐北魏中建功，也曾经在刘氏父子争夺帝位过程中扮演了平定内乱的角色。柳元景被前废帝刘子业所杀。很快，刘子业又被其叔父刘彧所杀。刘彧即位后，对柳元景进行了表彰，赞他"体局深沉，正义亮时"，尤其是在世道沦丧的时候，柳元景能够"首赞孝图，盛运开历，则毗燮皇化"。不幸的是这样的忠烈之臣，刘子业竟然将他杀害。刘彧在鞭挞了刘子业逆天暴行之后，借机自诩"朕承七庙之灵，纂临宝业"。显然，刘彧称自己的帝位乃是神灵所赐、民心所向。他君临天下之后首先要做的就是为忠臣昭雪，"痛悼弥轸，宜崇贲徽册，以旌忠懿"。刘彧下诏："追赠使持节、都督南豫……谥曰忠烈公。"（《宋书·柳元景传》）柳元景获得"忠烈"之谥有其内在的合理性，即他为刘宋王朝立下过汗马功劳，并最终为暴君所杀。刘彧将昏聩的废帝赶下台，毕竟借助了不甚光彩的手段，故而，增强政权的"合法性"是其当务之急。在当时的条件下最有效的方法就是为废帝时期的冤假错案平反昭雪，为他们不畏强暴的义举树碑立传。柳元景的"忠烈"正是这种政治斗争需要的产物。

梁武帝的异母弟萧恢死后也获谥"忠烈"。武帝在诏书中赞美萧恢："风度开朗，器情凝质。爰在弱岁，美誉克宣，泊于从政，嘉猷载缉。"可惜，天妒英才，"方入正论道，弘燮台阶，奄焉薨逝"，萧恢五十一岁即死于任上。他的去世令梁武帝"伤恸于厥心"。对于这样的股肱之才，梁武帝认为："宜隆宠命，以申朝典。可赠侍中、司徒，王如故。并给班剑二十人。谥曰忠烈。"（《梁书·鄱阳王恢传》）

梁朝的王茂以带兵多次击败北魏而起家，官至刘宋襄阳太守。

后追随萧衍灭齐,因功封护国将军,并在萧齐政权中多建奇功。王茂虽为武将,却能积极关注百姓生活,大力发展农业生产,颇得百姓拥戴。他死后梁武帝给予了极高评价:"爰初草昧,尽诚宣力,绸缪休戚,契阔屯夷。方赖谋猷,永隆朝寄。"他的死令武帝"用恸于厥心"。于是"宜增礼数,式昭盛烈。可赠侍中、太尉,加班剑二十人,鼓吹一部。谥曰忠烈"(《梁书·王茂传》)。

其三,"忠壮"的使用。

以"忠壮"为谥号,其中的"壮"表明其豪壮、刚勇,获得"忠壮"之谥的典型人物有裴之横等。

裴之横扬名于平定侯景之乱,由于功勋卓著,他被任命为吴兴郡太守。但在与齐之上党王高涣的对垒中,裴之横在未做好战斗准备的情况下遭到高涣突袭,其死颇显悲壮色彩,故"赠侍中、司空公,谥曰忠壮"(《梁书·裴之横传》)。这一谥号还是非常恰切的。

萧方等是梁元帝的长子,文武兼具,尤其擅长骑射。由于其母徐妃善妒的缘故,方等并未得到萧绎的宠爱。侯景之乱时,方等依靠萧绎配给的一万步骑取得战功,并修筑城栅,以备防卫,深得萧绎欢心。徐妃面对萧绎赞赏方等的失措表现,致使方等再次陷入窘境。太清三年(549),方等主动请缨,讨伐不服萧绎调遣的萧誉。临行前,方等对亲近的人说:"吾此段出征,必死无二;死而获所,吾岂爱生。""及至麻溪,河东王率军逆战,方等击之,军败,遂溺死,时年二十二。"萧绎初闻方等死讯并未难过,"后追思其才,赠侍中、中军将军、扬州刺史,谥曰忠壮世子,并为招魂以哀之"(《梁书·忠壮世子方等传》)。

因侯景之乱崭露头角的还有陈国的程灵洗。程灵洗先仕于梁,后追随陈霸先,战功赫赫,以"善终"走完了自己的人生旅程。"光大二年,卒于州,时年五十五。赠镇西将军、开府仪同三司,谥曰忠壮。"(《陈书·程灵洗传》)获得"忠壮"之谥且子孙满堂的程灵洗无疑是幸运的,同获此谥的陈休先经过侯景之乱得立大功,去世后每每令陈霸先唏嘘。与陈休先这个做父亲的相比,陈昙朗获谥"愍",的确是在悲壮之余让人感到些许愍伤。陈昙朗是陈休先的儿子。在陈国面对北齐强兵压境的情况下,陈霸先虽然清楚地知道"齐人无信",但为了短暂的"息肩偃武,与齐和好,以静边疆",迫于无奈,"遣昙朗,弃之寇庭"。昙朗质于齐后,齐果然背约,"复遣萧轨等随嗣徽渡江","高祖与战,大破之……齐人亦害昙朗于晋阳,时年二十八"。当时,陈与齐已经断交,昙朗已死的消息并未传到陈国,高祖陈霸先"犹以昙朗袭封南康郡王,奉忠壮王祀,礼秩一同皇子"。第二年,陈霸先得知真相"怀痛悼",下诏:"赠侍中、安东将军、开府仪同三司、南徐州刺史,谥曰愍。"(《陈书·南康愍王昙朗传》)

其四,"忠敬"与"忠贞"的使用。

以"忠敬"为谥号,除了强调获谥者对江山社稷、君主与本职的忠心、忠诚,其中也包含了恭敬的成分。"贞"字,更强调了气节和节操,代表了坚定的立场与意志。"忠贞"的使用,将臣民对君上、国家的"忠"进行了强烈的渲染。

吕僧珍作为朝廷的显贵,其"忠"更好地体现了对职事的敬畏,他通过自己的言行在官僚群体和政治参与者面前树立了一种为人臣子如何居官为公毫不徇私的行为范式。吕僧珍初为官时即保持了庄重、严肃的态度。他在"知行军众局事"的时候,每天都要经过自家门前,却从未顺便回家。正是因为吕僧珍处处体现为公的品质,朝廷破例派他回本乡做官。他的侄子原本"以贩葱为业","僧珍既至,乃弃业欲求州官"。吕僧珍说:"吾荷国重恩,无以报效;汝自有常分,岂可妄求叨越,但当速返葱肆。"吕僧珍住在街市的北面,前面设有督邮的官署,乡人都劝他把督邮官署迁走以便扩大其宅院。僧珍气愤地说:"督邮,官廨也,置立以来,便在此地,岂可徙之益吾私宅!"吕僧珍虽然极得皇帝赏识,但他"性甚恭慎,当直禁中,盛暑不敢解衣。每侍御座,屏气鞠躬,果食未尝举箸"。在城头大王旗频繁更换、主流政治文化式微、人心混乱的南北朝时期,吕僧珍能够恪尽为人臣子的规范,始终如一,尤其显得难能可贵。他死后梁高祖下诏表彰吕僧珍"器思淹通,识宇详济,竭忠尽礼,知无不为"。追赠官爵,赏赐器物,"谥曰忠敬侯"(《梁书·吕僧珍传》)。虽然说梁高祖时期的政治发展绝非吕僧珍一人之力,但萧衍政权早期取得的成就的确离不开像吕僧珍这样尽职尽责的文臣武将,尤其是其对职守之"敬"堪为模范。

忠思想的延续性和顽强生命力在陈国的蔡景历身上也有良好

表现。蔡景历以孝行、好学、善写信札。陈高祖曾经命他辅佐自己的第六个儿子陈昌,使其学会待人接物上的各种礼节。蔡景历去世后,初谥曰"敬",并享受"配享高祖庙庭"的待遇,后来"重赠景历侍中、中抚将军,谥曰忠敬"(《陈书·蔡景历传》),以示表彰。

以"忠贞"为谥号的代表人物当属韦粲和张嵊。韦粲的忠贞主要体现在侯景之乱中的青塘之战。当时,韦粲率军进驻青塘立足未稳,侯景的精兵即掩杀过来。"左右牵粲避贼,粲不动,犹叱子弟力战",最后寡不敌众,兵败而亡。此役,韦粲的儿子、三个弟弟、堂弟及亲戚战死数百人。韦粲死后,逆贼割下他的头颅"以示城内"。太宗闻听此事流着眼泪说:"社稷所寄,惟在韦公,如何不幸,先死行阵。"并下诏:"赠护军将军。世祖平侯景,追谥曰忠贞。"(《梁书·韦粲传》)

张嵊也是侯景之乱中出现的忠贞之士。侯景之乱时他任吴兴太守。太清二年,京城遭围,张嵊派其弟率郡兵赴援。次年,宫城陷落,张嵊拜见了逃难回乡的御史中丞沈浚,表达了誓死捍卫社稷的决心:"贼臣凭陵,社稷危耻,正是人臣效命之秋。今欲收集兵力,保据贵乡。若天道无灵,忠节不展,虽复及死,诚亦无恨。"于是,张、沈联合多支义兵以抗逆贼。侯景手下刘神茂派人游说张嵊说:"若早降附,当还以郡相处,复加爵赏。"张嵊怒斩其使并将刘击溃。侯景派出两万精兵进攻张嵊,"嵊遣军主范智朗出郡西拒战,为神茂所败,退归"。贼兵乘势攻入,"栅内众军皆土崩。嵊乃释戎服,坐于听事,贼临之以刃,终不为屈。乃执嵊以送景,景刑之于都市,子弟同遇害者十余人"。侯景之乱过后,"世祖追赠侍中、中卫将军、开府仪同三司。谥曰忠贞子"。

在韦粲和张嵊身上体现的正是气贯长虹的忠贞品质,这与忠思想潜移默化的影响密切相关。二人为忠舍生、捐躯殉国、视死如归的精神,让人深深感受到虽然南朝四代国祚苦短,却不乏忠臣义士,其"英风劲气,笼罩今古",令后来者"知梁代之有忠臣焉"(《梁书·张嵊传》)。

其五,其他类型"忠"谥的使用情况。

三国两晋南北朝时期给人的感觉是思想比较开放,主流政治思想传播不畅,事实却是"忠"的精神在多元价值取向文化氛围中顽强保持了主流的地位。仅从"忠"的大量使用即可见一斑。

这一时期,因功封为"忠侯"者非常普遍,如三国时期的夏侯惇、曹仁、陈祗;南朝时期的殷孝祖、萧景先、邓元起;北朝时期的秦州刺史万俟普则加封建忠王。其他以"忠"为谥者还如:嵇康谥号"忠穆",袁淑、沈文季谥号"忠宪",江湛、萧崇之谥号"忠简",徐度谥号"忠肃",刘秀之谥号"忠成",刘勔谥号"忠昭",到彦之和王神念谥号"忠公",徐孝嗣谥号"文忠",柳庆远谥号"忠惠",周文育谥号"忠愍",司马申、赵知礼谥号"忠"。

得到"忠"之美谥者,往往是些对国家、君主忠心耿耿,不惜抛头颅、洒热血者,他们要么为君、为国叱咤风云、驰骋疆场,要么匡扶社稷,鞠躬尽瘁。在他们身上无不透露着"忧国忘家，捐躯济难"（曹植《求自试表》）的崇高志向。《逸周书·谥法》说："危身奉上曰'忠'。"《唐会要·谥法上》则进一步予以细化，把忠的表现归纳为："危身惠上""让贤尽诚""危身利国""临患不反""安居不念""盛衰纯固""廉方公正"等。《经世大典·臣谥》则指出："杀身报国""世笃勤劳""善则推君""死卫社稷""以德复君""以孝事君""安不择事""中能虑外"等行为为"忠"。而对臣子此类事迹言行及时予以肯定、表彰，加以美谥，无疑在国人面前树立了学习的榜样。榜样是具体的、形象的，较之抽象的说教，更利于普通人学习与效仿。特别是在魏晋南北朝时期，天下太平之日苦短，除了东晋与北魏存续超过百年，其余王朝统治时间都不长，南朝四代其宋国最长，也不过六十年。国家的分裂、政权的不稳定，使得统治者很难在意识形态领域进行卓有成效的控制，而号召人们对国家、对君主效忠最简便、最容易奏效的方法就是在国人面前树立典型。这种典型所体现和代表的忠思想，具体、生动、形象，便于普通人理解、接受、学习、效仿，能够起到一种"润物细无声"的效果。虽然各朝各代的统治阶级都惯于使用这种方法，但在魏晋南北朝时期这种方法显得尤为重要。一方面是由于儒学在当时的社会影响已经减弱，进行说教显然效果不佳，且时势也使得这种方法在短时期内难以奏效；另一方面，由于当时政权更迭频繁，社会动乱不已，各种"忠"典型层出不穷，为统治阶级通过典型事例对民众进行忠教育显得颇为便利。从哲学角度看，典型都是共性与个性的统一。忠典型也不例外。这些以实际行动实践着忠要求的人,既代表了忠思想的一般要求,也表现出自己独特的个性特征,反映了忠思想的发展趋向,体现了统治者对广大臣民的普遍要求,可以有效地带动和激励臣民为国、为君舍生忘死,一心尽忠。树立"为人臣者,杀其身有益于君则为之"(《礼记·文王世子》)的理念。虽然中国历朝历代的最高统治者无不善于发现忠典型,但在魏晋南北朝时期这种方法更为迫切和有效。

二、始终未离"忠"字的文学

魏晋南北朝时期的文人背弃儒教,倡导老庄,不愿把个人当作君主、国家的附属物,不愿为王权社稷卖命尽忠的思想渐成气候。表现在文学上,"吟咏风谣,流连哀思"(萧绎《金楼子·立言》)成为创作主流,文学与社会政治的距离陡然拉大。不过,忠思想的影响在这一时期的文学作品中仍然得到了较为充分的反映。

第一,曹操文学作品中浸润的忠思想。曹操对儒家思想极端蔑视,但对于"忠"思想却另眼看待。这一点也深深浸透在他的文学作品中。如他在《对酒》诗中写道:"对酒歌,太平时,吏不呼门。王者贤且明,宰相股肱皆忠良。"反映了他对太平盛世的极端渴望和对忠良之臣的高度赞许。事实上,汉末动荡的一个重要原因是君不贤明,臣不忠良。那些打着救民于水火旗号的人,也是居心叵测,怀揣自己的政治野心,缺乏对天下苍生、社会稳定起码的责任感和忠诚。"关东有义士,兴兵讨群凶。初期会盟津,乃心在咸阳。军合力不齐,踌躇而雁行。势利使人争,嗣还自相戕。淮南弟称号,刻玺于北方。"所叙述的就是初平元年(190)春天,函谷关以东各路诸侯讨伐国贼董卓时的情形。这场"勤王"之战,参与各方不是将恢复政治秩序作为己任,而是希望借机扩充实力,进而觊觎皇权,其最终的失败从一开始就已经注定。对于连年征战给百姓带来的无穷灾难,曹操表现出极大的关注与同情:"铠甲生虮虱,万姓以死亡。白骨露于野,千里无鸡鸣。生民百遗一,念之断人肠。"(《蒿里行》)其对人民苦难的无限同情与对国事的深切关注与担忧得到很好的体现,其忧国忧民情怀也得到很好的展现。后人总评价曹操是奸雄,从其诗文看,他却"欲竭忠诚"(《善哉行》),览尽天下奇才异士,从而一统天下,还百姓以清平盛世。"山不厌高,海不厌深。周公吐哺,天下归心"(《短歌行》),既表现曹操以周公自况,号召天下贤士来归的宽广政治胸襟,也反映了他一统天下的雄心壮志。从这里可以看出,虽然有人按照正统儒家礼教说曹操是独夫民贼,但其诗文所反映的却绝非盗国擅权的奸雄。《三国志》评价其讨伐董卓的义举是"忠于本朝也",而《魏本纪》中的一段引文更可表明忠思想在曹操身上的影响。

建安二十四年(219),孙权向曹操上书称臣,暗示曹操废帝自立,扫平刘备。曹操看罢书信,大笑说:"是儿欲踞吾著炉火上邪!"就曹操当时的实力看,已经不是一般意义上的"挟天子以令诸侯",俨然就是太上皇,汉帝是不是可以继续坐在龙椅上全凭曹操一句话。正因如此,览罢书信,久已追随曹操的陈群、桓阶、夏侯惇劝曹操早登大宝。素以奸雄留名的曹操却没有成为拥己为帝潮流的随波者。相反,在帝王至上的环境中,曹操内心的"废帝"冲动最终没有决堤而出,他的态度是:"若天命在吾,吾为周文王矣。"可见,曹操在大好形势下没有废除汉帝以代之,并不是因为功不高、劳不苦、民不应,而是因为"忠"。忠思想在他身上的影响使得"奸雄"不得不考虑社会舆论对自己的评价,即便抛开社会舆论,忠思想在曹操身上已经形成的价值标准,也使他在进行自我评价时无法通过"忠"的审查。

第二,文学之士作品中的忠思想。三国两晋南北朝时期的文人有一种背弃儒教的叛逆精神,如阮籍曾说:"礼岂为我辈设也?"(《世说新语·任诞》)但忠思想依然在他们的诗文中不断得到体现。恰恰是这个阮籍,嘴里说自己对仁义礼智不屑一顾,而在其著名的《咏怀》诗八十二首中,仍然表达了兼济天下、报效国家的雄心壮志。如《咏怀》诗第三十九首就很能表达诗人为国尽忠之情怀。诗中写道:"壮士何慷慨,志欲威八荒。驱车远行役,受命念自忘。"显然,这里的壮士就是诗人自己,诗人想象自己在国家危难之际,慷慨赴国难,奉命"远役"。能够有机会为国家利益远征,壮士显得壮怀激烈、英姿勃发。"良弓挟乌号,明甲有精光。临难不顾生,身死魂飞扬。岂为全躯士?效命争战场。"这段描写很容易使人想起屈原《国殇》中的一段描写:"出不入兮往不返,平原忽兮路超远。带长剑兮挟秦弓,首身离兮心不惩。诚既勇兮又以武,终刚强兮不可凌。身既死兮神以灵,子魂魄兮为鬼雄。"曹植的《白马篇》,在塑造为国献身、视死如归的爱国壮士形象时也用了类似诗句:"长驱蹈匈奴,左顾凌鲜卑。弃身锋刃端,性命安可怀?父母且不顾,何言子与妻?名编壮士籍,不得中顾私。捐躯赴国难,视死忽如归。"有趣的是,虽然都在歌颂为国献身的精神,屈原和曹植都没有用忠字,恰恰是自称不受儒家思想约束的阮籍以忠、义二字总结全诗:"忠为百世荣,义使令名彰。垂声谢后世,气节故有常。"这就告诉我们,诗人所描述的壮士,其思想本质是忠义。有了忠义精神,壮士就可以流芳后世,英名远播。可以看出,虽然阮籍、嵇康等人的诗作以求隐逸、叹生死为主,但诗人内心却常怀兼济天下之志,如《晋书·阮籍传》记载:"(阮籍)尝登广武,观楚、汉战处,叹曰:'时无英雄,使竖子成名!'登武牢山,望京邑而叹,于是赋《豪杰诗》。"清人方东树认为:"《壮士何慷慨》(即《咏怀》诗第三十九首),此即《炎光》(《咏怀》诗第三十八首)篇而申之。""词旨雄杰壮阔""皆有为言之"。[1] 诗人所以"傲然独得,任性不羁,而喜怒不形于色",不过是由于"魏、晋之际,天下多故,名士少有全者,籍由是不与世事,遂酣饮为常"(《晋书·阮籍传》),明哲保身罢了。这不能不说是个悲剧。史实证明,"忠信反获罪"[2]

1/(清)方东树:《昭昧詹言》卷三,人民文学出版社1961年版,第91页。

2/(晋)刘琨:《扶风歌》诗,载(唐)李善等:《六臣注文选》卷二十八,中华书局1987年版,第537页。

在当时司空见惯。即便时世如此险恶，忠思想的影响还是不断得到体现。如鲍照的《代出自蓟北门行》就是这样的作品。

鲍照的《代出自蓟北门行》的写作时间大致在宋文帝元嘉二十七年（450）到元嘉二十八年（451）之间。当时，北魏太武帝拓跋焘率大军攻宋，在瓜步（今江苏六合东南）遭到宋军顽强抵抗被迫撤军。该诗即是对这一段历史的再创作。诗的前十六句着力描写了"分兵救朔方"之征程的艰险、边塞的严寒荒凉、壮士的勇敢无畏和思乡之情。接下来，诗人没有为读者勾画血肉横飞的战争场面，而是大力歌颂了将士们的忠君报国情怀："时危见臣节，世乱识忠良。投躯报明主，身死为国殇。"这既是广大参战将士的心声，更是作者的心声。因为这一时期，用人讲究门第，而鲍照出身寒微，是"负锸下农"[1]，故而很难在政治上崭露头角。但作者又是一个建功立业愿望非常强烈的人，面对忠奸不分的政治现实，他仍然热切希望"时危""世乱"为他这样的忠良之臣得明主发现创造机会。诗中虽描写的是戍边将士为国捐躯的壮烈情怀，寄予的却是作者"投躯报明主，身死为国殇"的忠君之志。

第三，梁元帝萧绎对忠思想的传播。萧绎是侯景之乱后以湘东王身份登基的。特殊的政治背景使得这位独目皇帝对"忠"多了一份常人无法理解的深情。萧绎在位时间不长（552—554），留下的文字作品却不少。他为《忠臣传》所作序、赞及《上〈忠臣传〉表》在传播

---

[1] /（南朝）鲍照：《谢秣陵令表》，载（明）梅鼎祚编：《宋文纪》卷十，文津阁《四库全书》第467册，商务印书馆2005年版，第499页。

忠思想方面的建树应该引起关注。

《忠臣传》序说："天地之大德曰生，圣人之大宝曰位，因生所以尽孝，因位所以立忠，事君事父，资敬之理宁异，为臣为子，率由之道斯一，忠为令德，窃所景行，且孝子烈女逸民，咸有别传，至于忠臣，曾无述制，今将发箧陈书，备加论讨。"[1] 从行文看，萧绎为之作序的这部《忠臣传》当是我国历史上第一部以忠臣为基本内容的传记。这部书已经失传，从《艺文类聚》的记载可知，《忠臣传》至少应包括：《记托篇》《陈争篇》《执法篇》《死节篇》。萧绎为其中三篇所作的赞语《艺文类聚》卷二十都有记载，如："子政铿铿，诚存社稷，朱云折槛，遂其婞直。"从文意看，《陈争篇》所记当为忠臣直谏的故事。"子政铿铿，诚存社稷"说的是刘向。刘向对汉王朝忠心耿耿，勤谏不辍。他为此得罪了权贵被投入牢狱，但其忠君进谏的志向一直未曾改变。朱云是汉成帝时期的槐里令，屡屡上书抨击朝臣，甚至进谏指称丞相张禹为宵小之臣。皇帝怒而欲杀之。朱云紧紧抱住殿栏不肯放手，以致将殿栏折断。后来，辛庆忌（时任左将军）力争方才获得赦免。成帝下令："勿易，因而辑之，以旌直臣。"（《汉书·朱云传》）将断掉的殿栏保留下来，目的就是彰显忠臣的耿耿忠心。成语"朱云折槛"即由此来。

《死节》篇没有赞语，而有一个序言："自非识君臣之大体，鉴生死之弘分，何以能灭七尺之躯，殉一顾之感，然平路康衢，从

---

[1] （南朝）梁元帝：《忠臣传序》，载（唐）欧阳询编：《艺文类聚》卷二十，上海古籍出版社1965年版，第368页。

容之道进,危涂险径,忠贞之节兴,登平路者易为功,涉险涂者难为力,从容之用,世不乏人,忠贞之概,时难屡有。"序言表达出对忠贞之臣的赞许与渴求。《上〈忠臣传〉表》中,梁元帝是这样说的:"资父事君,寔曰严敬,求忠出孝,义兼臣子,是以冬温夏清,尽事君之节,进思将美,怀出奉之义,羲轩改物,殷周受命,三能十乱,九棘五臣,靡不夙夜在公,忠为令德,若使缙云得姓之子,姬昌鲁卫之臣,是知理合君亲,孝忠一体,性与率由,因心致极,臣连华霄汉,凭晖日月,三握再吐,夙奉紫庭之慈,春诗秋礼,早蒙丹扆之训,宣帝褒德,麟阁画充国之形,显宗念功,云台图仲华之象。"

就《忠臣传》的序言、赞语、表记看,萧绎不但认为忠和孝是天地人生最为重要的思想,甚至直接提出"孝忠一体"说。虽然此前《孝经》曾提出:"以孝事君则忠,以敬事长则顺"(《孝经·士章》第五)和"君子之事亲孝,故忠可移于君"(《孝经·扬名章》第十四)的说法,但毕竟是把忠和孝看作两个范畴。萧绎之说则将忠和孝合二为一,直接把君臣关系与父子关系等同起来,要求臣子像儿女对待自己的父母一样效忠君主。这样一来,《礼记·表记》提出的爱护人民之说,演变成了人民要做统治者的孝子忠臣。后世统治者都喜欢把自己称作百姓的"父母官",无疑是"孝忠一体""君父一体"思想的必然结果。

由于梁元帝的大力倡导,《忠臣传》在当时得以广泛传播,这一点从梁王筠《答湘东王示〈忠臣传〉笺》可以看出。毫无疑问,

《忠臣传》所宣传的这种"忠孝一体""君父一体"思想在中国历史发展过程中对引导民众的思想走向发挥了前导作用。

三、社会生活中的"忠"

虽然忠思想在社会上层和知识阶层的影响有所降低,但作为一种政治道德文化其伦理属性更为突出。道德文化与政治文化相比,其对经济社会变革的反映并不那么直接和集中。虽然魏晋南北朝时期社会动荡,然而,忠并没有如当时的社会政治状况那样风雨飘摇。特别是在民间社会生活中,忠的影响依然强大。

第一,对忠臣诸葛亮的民间崇拜。忠思想发展到魏晋时期,已经具备了相当深厚的群众基础。对忠的遵守似乎已经成了一种不需政治机器操控者特意要求而民众就能自觉遵守的行为规则。忠臣作为"忠"思想的化身,自然特别受到民众的景仰。从这种情绪中可以发现民众对忠的推崇。

这一时期出现了两个享誉后世的忠臣典范——关羽和诸葛亮。有趣的是后世忠思想发展过程中声誉扶摇直上的关羽,在当时人眼中并不是作为忠的典型而受尊崇。关羽彼时更多是以"义勇"形象出现在世俗社会中。当时即成为忠臣典范的是诸葛亮。《三国志·诸葛亮传》裴注中介绍了诸葛亮去世后人们自发追念的情形:"《襄阳记》曰:亮初亡,所在各求为立庙,朝议以礼秩不听,百姓遂因时节私祭之于道陌上。言事者或以为可听立庙于成都者,后主不从。"可见，诸葛亮死后关于是不是举行官祭，蜀汉政权内部存在分歧。以至于官祭的意见尚未出台，民间已经开始了自发的祭祀活动。这种民间自发的祭祀活动迫使朝廷不得不考虑对诸葛亮的祭祀问题。后主刘禅却违逆潮流而动，驳回了在城都立庙祭祀诸葛亮的动议。后来，大臣们纷纷上书，指出："自汉兴以来，小善小德而图形立庙者多矣。况亮德范遐迩，勋盖季世，王室之不坏，实斯人是赖，而蒸尝止于私门，庙像阙而莫立，使百姓巷祭，戎夷野祀，非所以存德念功，追述在昔者也。今若尽顺民心，则渎而无典，建之京师，又偪宗庙，此圣怀所以惟疑也。臣愚以为宜因近其墓，立之于沔阳，使所亲属以时赐祭，凡其臣故吏欲奉祠者，皆限至庙。断其私祀，以崇正礼。"这样，才有了"诏为亮立庙于沔阳"（《三国志·诸葛亮传》及裴注）。

诸葛亮身后得到广大臣民的普遍爱戴，与其对蜀汉政权的忠心紧密相连。诸葛亮说过，"侍卫之臣不懈于内，忠志之士忘身于外"，就是要求臣民遵照忠的要求，无怨无悔地顺从于君主的生杀予夺之权、全心全意地为君主卖命。诸葛亮本人也是这样做的。关羽与张飞同为刘备的结拜兄弟，为蜀汉政权的建立立下了汗马功劳，但两人均为武夫，缺乏经天纬地之才。"晚得诸葛亮，因以为佐相，而群臣悦服，刘备足信、亮足重故也。及其受六尺之孤，摄一国之政，事凡庸之君，专权而不失礼，行君事而国人不疑，如此即以为君臣百姓之心欣戴之矣。"正是以这样的忠信之行，"鞠躬尽瘁，死而后已"的精神，让诸葛亮赢得了普遍尊重。

即便与诸葛亮有杀父之仇的陈寿也不能不在《三国志·诸葛亮传》对诸葛亮做出公允且颇高的评价。这就不难理解为什么诸葛亮死后在官方之于是否立庙问题上仍在犹豫时,人民能够自发"因时节私祭之于道陌上"。正是在民间力量的推动下,蜀汉最高当权者出于"断其私祀,以崇正礼"的考虑决定"立庙"。无疑,当权者的目的是切断民间对忠思想实践履者的追念之路。从当权者的这种妄想中,可以看出忠思想在民间的影响之深远。

第二,忠思想对童蒙教育的渗透。梁武帝时期,出现了流传后世、影响深远的蒙学课本——《千字文》。"是时,高祖以三桥旧宅为光宅寺,敕兴嗣与陆倕各制寺碑。及成俱奏,高祖用兴嗣所制者。自是《铜表铭》《栅塘碣》《北伐檄》《次韵王羲之书千字》,并使兴嗣为文;每奏,高祖辄称善,加赐金帛。"(《梁书·周兴嗣传》)可见,周兴嗣所编《千字文》很得梁高祖赞赏。该书内容系拓取王羲之遗书中不同的一千个字,编成四言韵语,叙述了有关社会、历史、伦理等问题。其中可以看到关于忠思想的宣传:

> 资父事君,曰严与敬。
> 孝当竭力,忠则尽命。
> 临深履薄,夙兴温凊。
> 似兰斯馨,如松之盛。
> 川流不息,渊澄取映。
> 容止若思,言辞安定。

笃初诚美，慎终宜令。

荣业所基，籍甚无竟。

学优登仕，摄职从政。

存以甘棠，去而益咏。

在《千字文》影响下，后世出现了许多续篇和改编本，如宋代胡寅的《续古千文》等。方逢辰的《名物蒙求》和王应麟的《三字经》、汪洙的《神童诗》、陈淳的《经学启蒙》都受到《千字文》影响，且都有关于忠的宣传。如《名物蒙求》中的"人生而群，不可无教。君仁臣忠，父慈子孝"；《三字经》中的"君则敬，臣则忠"；《神童诗》中的"慷慨丈夫志，生当忠孝门"；《经学启蒙》中的"言忠信，行笃敬""执事敬，与人忠"等等不一而足。

毫无疑问，《千字文》的出现，对于忠思想的传播发挥了积极作用。它对人们的忠教育是通过极其通俗的方式进行的。《千字文》用字简洁、语句流畅、朗朗上口、方便记诵，使社会大众受到潜移默化的影响，从而形成有利于统治阶级统治的忠思想。故《千字文》以及与之相类的通俗蒙学读物受到历朝历代统治者的重视。

第六章

引领隋唐主流政治文化

隋唐时期，实现了南北统一。中央集权的政治制度日益完善和巩固，大一统政治局面的恢复，使得忠思想的地位重新得以巩固和加强，忠思想已经成为通行于社会上下的主流政治思想。

一、思想文化领域中的"忠"

忠思想发展到隋唐，其内涵已基本定型。这一时期思想家关于忠的研究，大多集中于应用或称操作层面，即忠如何更好地服务于中央集权的政治需要。其中以任贤问题研究较多。

第一，王通：能"遗其身"方为忠。

王通是"初唐四杰"之一——王勃的祖父，曾胸怀济世之志，向隋炀帝上《太平策》，后发现隋炀帝非一代明君，于是回到河、汾之间讲学，有弟子千余人。著名的如李靖、房玄龄、魏徵等一批唐代开国元勋、文臣武将。其忠思想也在弟子们的治国理政实践中得到了贯彻执行。

王通的忠思想与孔子一脉相承。"房玄龄问事君之道。子曰：'无私。'"(《中说·事君》)可见，在王通看来，作为臣子事奉君主，最根本的就是祛"私"。要做到这一点，王通认为必须有"遗其身"的精神，即："夫能遗其身，然后能无私。无私，然后能至公。至公，然后以天下为心矣。"(《中说·魏相》)作为大臣，在行使权力时不把个人的私事、私利掺杂到国家公共事务中去，做到廉洁奉公、公正无私、不贪货财、以权尽责，就是谋求了天下、国家、君主和民众的最大利益，就是做到了"公忠""至公"。作为行使公权的大臣不仅本人"以清白遗子孙"(《南史·徐勉传》)，且要做广大百姓的表率、守身如玉、用权为公；否则，见利忘义、私字当头，不仅辱没自己清白，还会危及社稷安全、破坏国家稳定。"私者，乱天下者也。"(《管子·心术下》)所以，臣子应当视至公（就是"忠"）为最高行为准则，并将其作为自己毕生的政治追求。有了这种精神，就可以胸怀天下，"以天下为心"。显然，王通的思想与前面提到的先秦儒家忠思想具有密不可分的血缘关系。

前面谈到的"大忠""小忠"，"大忠""次忠"与"下忠"，"诈忠""愚忠""忠君""忠道"等，王通也在师徒问答中阐释了自己的看法。"房玄龄问：'善则称君，过则称己，可谓"忠"乎？'子曰：'让矣。'"(《中说·立命》)可见，在王通眼里，把善统归于君主，把过失统归于自己，有问题全部自己包下来不能叫作"忠"，充其量只能算是谦让。真正的忠应当是敢于指出对方（包括君主）的过失，使之改正不再犯同样或类似的错误。即如孔子所言:"忠焉,能勿诲乎?"(《论语·宪问》)对君主之忠更要强调忠信。老子曾说过:"知人者智,自知者明。"(《老子》第三十三章)一般人往往易于认识自己之所长、所能,对于所短、不足常常认识不清,故有"知过之谓智"[1]之说。而君主要想了解自己的不足更是难上加难。大臣们为了自己的荣华富贵,往往只对君主言其善,很少直言其不足,致使君主很难了解自己的缺点、错误、不足,更谈不上自觉剖析、检查、改正了。久而久之,君主自然难以"自明"。"过而不能知,是不智也"[2],"改过不吝之谓上智"[3]。这种智慧,作为一举一动关乎天下苍生幸福与否的君主无疑都应具备。但君主们都不是圣人,且有些君主的才智甚至比不上常人,犯错误在所难免。事实上,君主犯错误并不可怕,关键是臣子要帮助君主培养"改过不吝"的精神,帮助君主勇于检讨自己,克服缺点错误,防止错误政策出台。这样的臣子能称得上"忠臣"。反之,君主有了错误不仅不自知,或是知错不改,拒绝批评建议,作为臣子则一味地为君主歌功颂德,文过饰非,这样的臣子说好听一点是"谦让",严重点说乃是"不忠"。因为他们不以天下、国家、民族大义为重,不考虑君主身兼的重任,一味考虑自己的利益或君主面子上好看,其后果是非常严重的。所以,"忠"绝不是"善则称君,过则称己"。关于这一点,汉代荀悦有一段话说得非常精彩:"违上顺道,谓之忠臣。违道

1 /(清)陈确:《陈确集》,中华书局1979年版,第426页。

2 /(宋)李觏:《李觏集》,中华书局1981年版,第45页。

3 /(清)陈确:《陈确集》,第426页。

顺上,谓之谀臣。忠,所以为上也;谀,所以自为也。忠臣安于心,谀臣安于身。"[1]这就非常明确地告诉人们,违背正义一味去顺从君主根本不是忠臣,而是溜须拍马的"谀臣";只有为了顺从正义而不惜违背君主意愿的人才能称得上是忠臣。这种观点也正是孔子所倡导的。孔子的"事君以忠"也是讲"顺道",而不是无原则地专门听命于君主。君主的命令正确,符合天下、国家、社会、人民大众的利益,就要坚决听从;君主的命令不正确就不能盲从,应当大胆劝谏。如果君主违背了正义,臣子却不尽劝谏之责,就会有丧邦的危险。"善则称君,过则称己",在非原则性问题上可以表现臣子谦让、律己的良好品质,但在原则性问题上必须有"勿欺也,而犯之"(《论语·宪问》)的精神,即为了坚持正义,可以当面触犯君主,只有这样的人才称得上是忠臣、诤友,才是真正贯彻了"与人谋"而忠,"忠告而善道"(《论语·颜渊》)的要求。

第二,"忠义"成为主流政治文化的核心。

汉代以降,忠在统治阶级大力倡导下得到进一步发展和弘扬。特别是进入唐代,其时的官修正史,由于编纂者都为饱学儒者,因此,忠成了官修史书一以贯之的中心思想。

其一,《晋书》首设《忠义传》。

《晋书》出现之前的官修史书,虽然大都记载了无数忠臣义士践行忠思想的事迹,但在书中将"忠义"单列出来为传的设计始自《晋书》。

---

[1] /(汉)荀悦:《申鉴》卷四,上海古籍出版社1990年版,第28—29页。

《晋书》共一百三十卷，类传计十三种，其中十一种名目因袭前史，唯独新设"忠义""孝友"两目，说明唐朝对"忠义""孝道"重视程度之高远超前代。

《忠义传》序文中，房玄龄着力强调了"乱世识忠臣"的观点。乱世之中最能考验"忠"与"不忠"，生死关头臣民能不能为忠舍生。就生死价值问题，该序认为人的生命价值量能有几何，应该以国家所倡导的政治行为准则为标尺。有些人苟且偷生，另外一些人则毫不吝惜自己生命的陨落。这种差异的存在是因为后者坚信自己死有所值。"故能守铁石之深衷，厉松筠之雅操，见贞心于岁暮，标劲节于严风，赴鼎镬其如归，履危亡而不顾，书名竹帛，画象丹青，前史以为美谈，后来仰其徽烈者也。"后来者所景仰的正是他们这种忠贞不贰的精神。小序虽短，字里行间，处处洋溢着作者对乱世忠臣的赞美、景仰、钦敬之情。特别是"陨节苟合其宜，义夫岂吝其没；捐躯若得其所，烈士不爱其存"更是把"忠""义"两个范畴结合到一起，向世人表明为"义"而捐躯就是"忠"。换言之，符合"义"的捐躯行为就是"忠"的行为。不为"义"而捐躯，就称不上"忠"。这样，被孔子看作君子之"质"的"义"[1]便成了忠与不忠的标尺。

《晋书·忠义传》为我们提供了王育、嵇绍、王豹、焦嵩、韦忠、辛勉、刘敏元、桓雄等人的忠义事迹，其中以嵇绍、刘敏元的事迹最为典型，记述也最为详细。房玄龄所以"叙其行事以为

---

[1] 《论语·卫灵公》："君子义以为质，礼以行之，逊以出之，信以成之。君子哉！"

《忠义传》,目的就是"用旌晋氏之有人焉",并进而教育当朝当世的人学习其忠义精神。受其影响,《贞观政要》也专设《忠义》篇探讨忠义问题。

其二,贞观君臣与"忠"思想的践行。

《贞观政要》是唐代吴兢根据唐初李世民君臣对话整理而成的一部史书。编纂者吴兢即以"忠义"闻名。吴兢曾与刘知己合纂《武后实录》,该书对张昌宗引诱张说陷害魏元忠之事直书不讳。后张说为相,多次请吴兢更改,均遭拒,体现了一个史官仗义直书的高风亮节,以自己的实际行动践履了"忠义"的要求。《贞观政要》为后人提供了许多忠义之士的忠义言行,除去《忠义》篇提到的几位,魏徵等人的事迹也颇具典型意义。

魏徵以善谏、敢谏彪炳史册,唐太宗表彰其为"至诚奉国"(《旧唐书·魏徵传》)。魏徵曾前后向唐太宗上谏二百余事,谏言达数十万言,内容涉及唐太宗的施政失误,乃至其个人私事,无所不谏。"贞观之治"所以形成,离不开魏徵很好地践行了王通所谓"无私"和"能遗其身"的要求。如封德彝提出,十八岁以上的次男应该征召入伍。唐太宗表示同意。敕令到了魏徵那里一再遭到反对。唐太宗很是愤怒,将魏徵与王珪叫来,很严肃地说明坚持征召"虽未十八,身形壮大"者入伍。魏徵没有因为太宗生气、质问而退缩,而是据理力争:"臣闻竭泽取鱼,非不得鱼,明年无鱼;焚林而畋,非不获兽,明年无兽。若次男已上,尽点入军,租赋杂徭,将何取给?……陛下每云:我之为君,以诚信待物,欲使官人百姓,并无矫伪之心。自登极已来,大事三数件,皆是不信,复何以取信于人?"魏徵所言不仅句句在理,且语气坚定,尤其是后半部分包含了一连串的质问,当时场面的紧张与魏徵为李唐江山长治久安考虑的可鉴忠心似在眼前。最后一句"自登极已来,大事三数件,皆是不信,复何以取信于人?"令"太宗愕然"。(《贞观政要·直谏》)

贞观君臣的此类故事还有很多,不再赘述。正因为有魏徵及其众大臣的"忠义",唐太宗才能够成为一代明君。可以说没有以魏徵为代表的忠臣群体,就不会有创造贞观之治的唐太宗。唐太宗的贞观之治是众大臣忠义品质的结晶。总结一下中国的历史,作为手握生杀予夺大权的集权君主有几个没有专横的习气?唐太宗不是圣人,所以也难免犯这样那样的错误。而魏徵的仗义执言,则帮助唐太宗避免了一般君主的平庸,从而成为华夏数千年文明发展史上为数不多的几位圣君之一。对于魏徵等人的忠义品质与自己政治上的成功,唐太宗也有深刻认识,他曾对魏徵说:"玉虽有美质,在于石间,不值良工琢磨,与瓦砾不别。若遇良工,即为万代之宝。朕虽无美质,为公所切磋,劳公约朕以仁义,弘朕以道德,使朕功业至此,公亦足为良工尔。"(《贞观政要·政体》)在唐太宗的赞美面前,魏徵丝毫不敢居功自傲,而是很恰切地表现了"善则称君,过则称己,则民作忠"(《礼记·坊记》)的谦逊品质:"陛下导臣使言,臣所以敢言。若陛下不受臣言,臣亦何敢犯龙鳞,触忌讳也!"(《贞观政要·任贤》)

事实也正如此。魏徵等人的忠义精神能够得到充分发挥，与遇到唐太宗这样深明大义的明君有很大关系。《论语》有言："信而后谏；未信，则以为谤己也。"(《论语·子张》)就是说，敢于谏是忠的表现，但是，谏也要有针对性，要看政治互动的对象。如果对方信任你，你可以大胆进谏；如果对方不信任你，你硬是进谏，对方会以为你是在诽谤他。如果遇到的君主是后者，孔子甚至主张"乘桴浮于海"(《论语·公冶长》)。遇到这种糊涂君主，魏徵一班人即便有万千良策，也是无济于事的。魏徵说："若陛下不受臣言，臣亦何敢犯龙鳞，触忌讳也！"而这一思想，恰恰就是孔子所谓"忠告而善道之，不可则止，无自辱焉。"(《论语·颜渊》)"事君数，斯辱矣。"(《论语·里仁》)

二、唐诗的"忠"字情结

唐诗是中国今体诗歌的高峰。在唐代出现这样一个高峰不是偶然的，其中既有经济发展、民族融合、国家统一、政治改革的原因，也离不开文化繁荣为诗歌创作提供的无限丰富的养料和素材。忠思想在唐诗中扮演了非常重要的角色。

第一，忠对《全唐诗》的浸染。

从《全唐诗》所收录的诗歌情况看，共计出现忠字超过四百个。从忠字使用人群的身份看，上至帝王，如李世民、李隆基、武则天、李适等；中有达官贵人，如官居相位的张九龄、苏颋等；

下至无法知晓确切姓名的无名诗人，还有存其作品而无其署名的乐府作品，都在使用忠表达自己的政治情怀与追求。差异在于不同政治身份的人所关注问题的角度、层次各有特点。如李世民作为中国历史上少有的一代贤君，鉴于隋朝二世而亡的深刻教训，主张爱惜民力、厉行节约。为使自己免予重蹈隋炀帝覆辙，他尤其注重听取大臣的谏议，并写诗说："纳善察忠谏，明科慎刑赏。"[1]作为经历过安史之乱的皇帝，李适一度励精图治，期许大唐王朝的中兴，他对文武百官尤其信任重用，赞美他们在治国安邦中的重要作用如："成功归辅弼，致理赖忠良。"[2]宫廷御用工具——乐府部门，同样忘不了在礼节性场合使用的作品要体现忠思想的要求，借助忠来渲染天下归心的政治场面，如："忠孝本著，羽翼先成"[3]，还如"主圣开昌历，臣忠奉大猷"[4]等。

从以忠为核心的思想范畴使用看，不同政治身份背景作者的选择也有很大差异，如使用频率最高的"忠臣"，往往出现在有官宦背景的作者诗文中。杜甫诗中总计使用"忠臣"五次。杜甫曾经在朝中担任左拾遗，虽非达官，却是皇帝正衣冠的明镜，他本人履职自是全心全意，

---

[1]（唐）李世民：《帝京篇十首》诗之十，载《御定全唐诗》卷一，文津阁《四库全书》第475册，商务印书馆2005年版，第163页。

[2]（唐）李适：《麟德殿宴百僚》，载《御定全唐诗》卷四，文津阁《四库全书》第475册，第174页。

[3]（唐）《郊庙歌辞·享章怀太子庙乐章·登歌酌鬯》，载《御定全唐诗》卷十五，文津阁《四库全书》第475册，第197页。

[4]（唐）《舞曲歌辞·凯乐歌辞·君臣同庆乐》，载《御定全唐诗》卷十五，文津阁《四库全书》第475册，第198页。

但也因此遭到权贵排挤而遭贬。际遇的不幸并未改变杜甫忧国报君的情怀，其诗作中的忠情怀反复吟咏就不奇怪了。曾为国子直讲的周昙，诗文中出现"忠臣"四次。苏颋与李白、白居易的诗歌中出现"忠臣"各两次。其中，苏颋自乌程尉做起，累官至右丞相。李白虽然官运不济，但也曾经短时间进京为官。白居易官场失意，却也是食朝廷俸禄的官员。比较独特的是贯休，其诗文出现"忠臣"三次。贯休本人是画僧，雅好吟诗作画。虽为出家人，但对政治却有自己独到的看法。如钱镠获受"检校太尉兼中书令"衔的时候，贯休曾经写诗祝贺："满堂花醉三千客，一剑霜寒十四州。"[1] 钱镠眼中"十四州"显然太少，于是传令贯休将"十四州"改作"四十州"，否则不予接见。钱镠此举不仅仅是傲慢，更彰显了其勃勃的政治野心。贯休闻言，愤而离去。

忠良与忠臣存在交集，其所指范围更加宽泛。以"忠良"入诗者大多非平民身份，除李适为君王，其他以官员为主，如韦应物、韩愈、张籍、白居易等。卢仝情况稍显特殊，他勤于读书，精通诗文，性格雄豪，却无意仕进，同时对国家政治生活颇多关注。其诗文对自古以来忠臣的遭际多有着墨，如："天生圣明君，必资忠贤臣。""忠良伏草莽，无因施羽翼。""竭节遇刀割，输忠遭祸缠。"[2] 所谓"输忠"就是"献忠心"的意思。

第二，李杜诗歌与忠。

---

[1] （宋）计有功：《唐诗纪事》卷七十五，上海古籍出版社1987年版，第1089页。

[2] （唐）卢仝：《感古四首》，载《御定全唐诗》卷三百八十八，文渊阁《四库全书》第1426册，第724—725页。

李白一贯洒脱，以"诗仙"著称，有趣的是，在其诗歌中也使用忠字。据统计，《全唐诗》收录的李白诗中共用"忠"九次，其中只有一处用于人名，即《赠升州王使君忠臣》，其余八处皆为对忠思想的描述。

李白在天宝初期待诏翰林院，期间部分作品为应景之作，但也不乏颇具深度的力作。《寓言三首》当属此列。其中，"金縢若不启，忠信谁明之"[1]，反映了李白身为近臣，目睹官中有违朝纲的淫乱之事，却又无法直言表达的痛苦与彷徨。诗人只能婉曲地借周公的典故以明忠君之志。善借典故入诗表达"忠"的追求，确是李白诗作的一大特色。如借古讽今，以表达自己盛世怀才不遇的苦恼："苦战功不赏，忠诚难可宣。谁怜李飞将，白首没三边。"[2] 李广虽以"龙城飞将"彪炳史册，但其一生十分坎坷。虽有满怀忠诚，最终却未得到应有的回报。另一首诗歌最后一句"方知黄鹤举，千里独徘徊"[3]，再一次将怀才不遇的心境予以突出，彰显了时代的悲剧色彩。这种情绪在《远别离》中有着清晰表现："我纵言之将何补，皇穹窃恐不照余之忠诚。"[4] 诗中的"忠"字，反映了李白在复

---

[1]（唐）李白：《寓言三首》诗之一，载《御定全唐诗》卷一百八十三，文津阁《四库全书》第475册，第594页。

[2]（唐）李白：《古风》诗之六，载《御定全唐诗》卷一百六十一，文津阁《四库全书》第475册，第546页。

[3]（唐）李白：《古风》诗之十五，载《御定全唐诗》卷一百六十一，文津阁《四库全书》第475册，第547页。

[4]（唐）李白：《远别离》，载《御定全唐诗》卷一百六十二，文津阁《四库全书》第475册，第549页。

杂的政治权利结构中挣扎而又败出后对社会政治问题的幽思。特别是《远别离》一诗集中体现了李白对朝廷空有忠心而不得体察的困境。面对这混乱时局，人微言轻的诗人能说什么呢？即便说了，又于事何补呢？这样的朝廷显然是无法区分忠奸的，所以，诗人的忠心即便是皇天也是难以照察的。对此有人评价说："自是国权卒归于林甫、国忠，兵权卒归于禄山、舒翰。太白熟观时事，欲言则惧祸及己，不得已而形之诗，聊以致其爱君忧国之志，所谓皇、英之事，特借之以引喻耳。""诗意切直著明，流出胸臆，非识时忧世之士，存怀君忠国之心者，其孰能与于此哉。"[1]

李白对国事的关注没有因为仕途坎坷而稍有松懈。虽然有时会因为遭到排挤、打击、毁谤而心生抑郁，表现出强烈不满的情绪，但其内心深处的忠情结依然昭彰，如《雪谗诗赠友人》可以为证。该诗是李白遭谗离开朝廷偶遇杜甫时所作。诗中没有点名抨击谗谤自己的人是谁，愤懑之情与对官闱乱象的揭露却颇深刻，有些指着鼻子咒骂的意味。即便如此，李白理性犹在，对君国的忠心犹在，一番牢骚发过之后，还是回到了忠的原点："神靡遁响，鬼无逃形。不我遐弃，庶昭忠诚。"[2]

李白不仅自己深受忠思想影响，以忠来指导自己的言行与创作，且很愿意以忠为崇高品德赞美他人。如《酬裴侍御对雨感时见赠》说："平生多感激，忠义非外奖。"就是说忠义

---

[1] （清）王琦：《李太白诗集注》卷三注引萧士赟语，清文渊阁《四库全书》，第89页。

[2] （唐）李白：《雪谗诗赠友人》，载《御定全唐诗》卷一百六十八，文津阁《四库全书》第475册，第563页。

绝非外人所恩赐，而是自身所具有的品格。当然，拥有这种品质不一定就能畅行于政治舞台，历史的真实却是"螽贼陷忠谠"[1]。按照一般逻辑，一个人的政治思想发展到如此境地，似乎已经看破红尘。李白也的确有诗歌表达了这种情绪："玉不自言如桃李，鱼目笑之卞和耻。楚国青蝇何太多，连城白璧遭谗毁。荆山长号泣血人，忠臣死为刖足鬼。"[2]"公卿如犬羊，忠谠醢与菹。"[3]基于如此教训之后的大彻大悟，似乎应该抛开功名利禄、家国君臣，方为明智之举。李白选择了忠心不已，人虽然已经离开长安，心依然向往之。"渺然一水隔，何由税归鞅。日夕听猿怨，怀贤盈梦想。"[4]

可见，李白虽然仕途不济，但其忧国爱民思想却未因此泯灭，即便他被放还乡之后，依然对国事念念不忘。在《答王十二寒夜独酌有怀》等诗歌中，对李林甫、杨国忠等人把持朝政、滥杀异己予以强烈谴责，并对国家岌岌可危的政局表示了极大的忧虑。安史之乱爆发后，玄宗之子永王李璘恭请李白参与戎幕，"辟书三至"[5]。李白满怀报国忠诚毅然投笔从戎。

---

[1]（唐）李白：《酬裴侍御对雨感时见赠》，载《文苑英华》卷二百四十二，文津阁《四库全书》第446册，第335页。

[2]（唐）李白：《鞠歌行》，载《御定全唐诗》卷十九，文津阁《四库全书》第475册，第217页。

[3]（唐）李白：《经乱离后天恩流夜郎忆旧游书怀赠江夏韦太守良宰》，载《御定全唐诗》卷一百七十，文津阁《四库全书》第475册，第567页。

[4]（唐）李白：《酬裴侍御对雨感时见赠》，载《文苑英华》卷二百四十二，文津阁《四库全书》第446册，第335页。

[5]（唐）李白：《与贾少公书》，载（清）王琦注：《李太白全集》卷二十六，中华书局1977年版，第1234页。

不幸的是，李璘为肃宗李亨所杀，李白也遭流放。后遇赦放还，这时，李白已经年近六十，仍然壮志不已，于上元二年（761）再次准备参军平叛，途中因病折返，次年病故于当涂。从李白的诗歌及其行动不难看出忠思想在其身上的影响。换言之，忠思想通过李白的诗歌得到了很好的反映，获得了无限生机，进而广为传播。

杜甫一生大部分时间穷困颠沛。在四处飘零的旅途上，满望流血泣泪的大地，以对国家、民族命运的深切关注，忠实地描述了时代的面貌和内心不尽的悲哀。正是由于这种对社会、对劳苦大众疾苦的关怀，使得杜甫更加关注忠思想的价值。

杜甫诗歌中，抒发政治情怀的作品颇多，《诸将五首》即属于这样一组作品。其创作时间在安史之乱平定以后的大历元年（766），创作动机缘于边患重重的大唐朝廷，面对四伏的危机竟然束手无策。杜甫于是作诗以讽，其中直接谈到忠臣的是第四首。该诗批评朝廷贡赋不修，未能怀远，致使"越裳翡翠无消息，南海明珠久寂寥"。杜甫强烈期望处于危难边缘的朝廷能够出现忠臣，期望他们能够恤民抚远，辅弼朝廷。"炎风朔雪天王地，只在忠臣翊圣朝。"[1]

---

1 /（唐）杜甫：《诸将五首》诗之四，载《御定全唐诗》卷二百三十，文津阁《四库全书》第475册，第745页。杜诗其他描写"忠臣"的还如："壮士血相视，忠臣气不平。"（《八哀诗·赠左仆射郑国公严公武》）"霸业寻常体，忠臣忌讳灾。"（《秋日荆南述怀三十韵》）"忠臣词愤激，烈士涕飘零。"（《秦州见敕（一作除）目，薛三璩授司议郎，毕四曜除监察，与二子有故，远喜迁官，兼述索居，凡三十韵》）"周宣汉武今王是，孝子忠臣后代看。"（《承闻河北诸道节度入朝欢喜口号绝句十二首》诗之二）

杜诗中描写忠孝的作品，如《奉贺阳城郡王太夫人恩命加邓国太夫人》。该诗的写作动机有阿谀逢迎之嫌。当时的杜甫将自己在江陵的谋生机会寄托于卫伯玉（时任荆南节度使）。他获悉卫伯玉的母亲得封为邓国夫人，献诗为贺，其中写道："委曲承颜体，骞飞报主身。可怜忠与孝，双美画麒麟。"[1] 杜甫将谋生希望完全寄托于卫伯玉的情况下，以"忠""孝"赞美他，可见这两种品质是当时人们非常看重并乐于接受的崇高评价。杜甫描写忠孝的作品还如《览柏中允兼子侄数人除官制词因述父子兄弟四美载歌丝纶》的"纷然丧乱际，见此忠孝门"[2]，《暮春江陵送马大卿公恩命追赴阙下》的"自古求忠孝，名家信有之"[3]。

总体看，杜诗的"忠"字反映了他"致君尧舜""忧民爱物"的儒家政治观念。这当然与家庭给予杜甫正统的儒家文化教养有关，但更是诗人对人生信仰、政治理想执着追求的结果。杜甫不论穷与达，时时刻刻以天下、国家、百姓为念，即便是国家动乱、社会动荡，乃至行将崩溃到了"万国尽穷途"[4]的地步，杜

---

[1] （唐）杜甫：《奉贺阳城郡王太夫人恩命加邓国太夫人》，载《御定全唐诗》卷二百三十二，文津阁《四库全书》第475册，第756页。

[2] （唐）杜甫：《览柏中允兼子侄数人除官制词因述父子兄弟四美载歌丝纶》，载《御定全唐诗》卷二百二十二，文津阁《四库全书》第475册，第710页。

[3] （唐）杜甫：《暮春江陵送马大卿公恩命追赴阙下》，载《御定全唐诗》卷二百三十二，文津阁《四库全书》第475册，第756页。

[4] （唐）杜甫：《舟出江陵南浦奉寄郑少尹》，载《御定全唐诗》卷二百三十二，文津阁《四库全书》第475册，第756页。

甫仍然相信依靠大众的力量终究能够力挽狂澜，改变残酷的现实。

杜甫虽然在诗歌中大量用"忠"，但这并不表明杜甫是唐王朝统治者不折不扣的孝子贤孙。事实上，杜甫之忠可以理解为以忧国忧民为核心的忠。这一点可以从未用"忠"字却满含"忠"意的诗歌中得到印证。如《兵车行》就是在忠诚于唐王朝君主的前提下，对统治集团提出了严厉批评，表达了诗人对民生疾苦的深切关怀和对国家、民族前途与命运的深切忧虑。在杜甫看来，国君应当爱护百姓，使他们能够安居乐业，享受太平盛世；百姓应当忠诚并拥戴于君主。但严酷的事实却使诗人的爱国情怀一再遭到重创，著名的"三吏""三别"就是这种重创之后的力作，其忧国忧民之情怀得到淋漓尽致的表现。

杜甫的忧国忧民还是以"忧国"为主。不可否认，杜甫首先关注的是包括杜甫本人在内的唐王朝统治阶级的"国"。杜甫虽然没有从这个"国"中得到很大的利益，但也确实得到过依据其地位应该得到的利益。然而，国破了，这点利益也无法得到保障了。而"民"，则是这个集权王国得以存在的基础，他们从来都是被剥削、被压迫者，而安史之乱中，他们更是被推入了水深火热之中。如《新安史》："客行新安道，喧呼闻点兵。借问新安吏：县小更无丁？府帖昨夜下，次选中男行。中男绝短小，何以守王城？肥男有母送，瘦男独伶俜。白水暮东流，青山犹哭声。莫自使眼枯，收汝泪纵横。眼枯即见骨，天地终无情。"面对受苦受难的百姓，谁又能不报以同情呢？但同情归同情，诗人还是希望百姓为国家继续做出牺牲:"我军取相州,日夕望其平。岂意贼难料,归军星散营。就粮近故垒,练卒依旧京。掘壕不到水,牧马役亦轻。况乃王师顺,抚养甚分明。送行勿泣血,仆射如父兄。"还如《新婚别》塑造的深明大义的新娘、《垂老别》中"子孙阵亡尽"不算,自己还要去当兵,并说出"何乡为乐土,安敢尚盘桓"的老人形象,都表明在"忧国"与"忧民"的天平上,诗人是倾向于从国家利益考虑问题的。诗人毕竟是有良知的。在偏向忧国的同时,忧民之思又深深折磨着他的良心,他需要一个折中的良策,但面对这样尖锐的矛盾,哪里又有两全其美的良策呢?杜甫诗中的忧国显得非常痛楚。怎么办呢?他只能寄希望于君主变得贤明——"谁能叩君门,下令减征赋"[1],劝谏那些当官的"众僚宜洁白,万役但平均"[2],并热切地期望天下百姓都能过上安定的生活,不再遭受冻馁之苦——"安得广厦千万间,大庇天下寒士俱欢颜,风雨不动安如山?呜呼!何时眼前突兀见此屋,吾庐独破受冻死亦足!"[3]

第三,白居易的诗与忠。

唐朝诗人中,白居易是在诗中用"忠"最多的一位。从《全唐诗》收录白居易的诗歌情况看,他共在诗中用"忠"字四十五次。其中有二十八个用于地名——

[1]/(唐)杜甫:《宿花石戍》,载《御定全唐诗》卷二百二十三,文津阁《四库全书》第475册,第715页。

[2]/(唐)杜甫:《送陵州路使君赴任》,载《御定全唐诗》卷二百二十七,文津阁《四库全书》第475册,第735页。

[3]/(唐)杜甫:《茅屋为秋风所破歌》,载《御定全唐诗》卷二百十九,文津阁《四库全书》第475册,第697页。

忠州，占62%。究其原因，一方面是诗人曾为忠州刺史；另一方面，诗人曾经政治热情很高，胸怀兼济天下之志，时时处处关心国家大事、百姓生计，却一再遭贬官厄运，将忠州入诗，应是有所寄托，即用"忠州"之"忠"表达诗人忧国忧民之情。如："常闻仗忠信，蛮貊可行矣。自古漂沉人，岂尽非君子。"¹这是诗人忠州之行路上忠心的表白，反映了作者虽遭仕途困厄，但依然忠心不已的志向。诗人还通过忠州诗，寄托了怀忠不遇的愁思。如《寄唐生》诗。唐生就是唐衢，因为举进士不第忧怀国事日非而哭。白居易与其一见如故，作诗赠之。该诗前二十句表达了诗人对唐生缺衣少食、怀才不遇的同情，又歌颂了唐生耿直无私、为忠义而悲哭的品质；后二十八句则阐述了自己创作《新乐府》的思想动机以及《新乐府》的主旨和特色。后人诗评说："忠臣义士，欲正君定国，惟恐所陈不激切，岂尽优柔婉晦乎？故乐天《寄唐生》诗云：'篇篇无空文，句句必尽规。'"[2]

除借忠州之名表达自己忠心于朝廷的情怀，白居易还在诗中表达了对忠思想的深沉思考。如："君以明为圣，臣以直为忠"[3]，借强调君主之圣明与臣子之忠节的对应关系之名，暗示社会、臣子对君主圣明的强烈期望。虽然君圣臣忠并不是新鲜提法，但白居易在当时政治并

---

1 /（唐）白居易：《初入峡有感》，载《御定全唐诗》卷四百三十四，文津阁《四库全书》第476册，第459页。

2 /（唐）白居易：《寄唐生》，载《御定全唐诗》卷四百二十四，文津阁《四库全书》第476册，第422页。

3 /（唐）白居易：《贺雨》，载《御定全唐诗》卷四百二十四，文津阁《四库全书》第476册，第422页。

不清明的情况下提出君之圣乃臣之忠,还是很有现实意义的。

作为诗人和文学理论家,白居易认为,文学作品应当"为君为臣为民为物为事而作"[1],其忠君情怀可谓一览无余。白居易的忠君热情在元和三年(808)到元和五年(810)之间达到顶峰。其间,他不仅多次上书,反对宦官专权,指责皇帝的失误,且创作了大量政治讽喻诗,如《秦中吟》《新乐府》等。白居易的忠心似乎并没有得到大唐皇帝的认同,使其政治热情大受挫折。元和八年(813),白居易丁母忧归于下邽(今属陕西省渭南市),对自己的思绪、心事做了整理,并对历史上忠臣的命运做了考察总结,于是有诗曰:"楚王疑忠臣,江南放屈平。"[2] "季桓心岂忠,其富过周公。"[3] 他还深切地认识到,忠臣是否能够得到重用,君王的态度起着决定作用。他认为,君子与小人在国家政治生活中不应该同样对待,应当有所区分,"小人与君子,用置各有宜"。虽然理论上这是不言而喻的,但政治实践中往往并非如此,"奈何西汉末,忠邪并信之"。白居易以自己的政治遭际为经验,主张人君要么"尽信忠,早绝邪臣窥"要么"尽信邪,早使忠臣知"。人君对忠邪的犹疑态度,导致忠臣没有充分的尽忠机会,奸邪之徒也没有受到应有的惩罚,甚至会有小人得志。这种局面的出现,导致国家"盛业日

---

[1]/(唐)白居易:《新乐府序》,载《白氏长庆集·白氏文集》卷三,文学古籍刊行社1955年版,第35页。

[2]/(唐)白居易:《效陶潜体诗十六首》诗之十三,载《御定全唐诗》卷四百二十八,文津阁《四库全书》第476册,第440页。

[3]/(唐)白居易:《叹鲁二首》诗之一,载《御定全唐诗》卷四百二十五,文津阁《四库全书》第476册,第431页。

已衰"。他援引萧望之、京房等人[1]的悲剧,指出:"痛矣萧京辈,终令陷祸机。"历史的教训没有成为后来者执政的镜鉴,一个个君主还在一代又一代地重复导演着汉末的悲剧,抚今追古,"每读元成纪,愤愤令人悲",成为意欲尽忠者的不尽悲哀。无奈之下,白居易只好"寄言为国者,不得学天时。寄言为臣者,可以鉴于斯"[2]。这首诗借古讽今、借古喻今,通过对古之贤人不幸遭际的同情,抒发了自己怀才不遇、怀忠不用的愤懑和苦恼。

另外,白居易还有一首《青石——激忠烈也》诗。该诗是咏叹颜真卿和段秀实事迹的名作之一。史载:德宗时,李希烈叛乱,颜真卿以"年向八十"[3]之高龄前往劝降,为李希烈缢死。颜真卿死后,德宗"痛悼异常,废朝五日,谥曰'文忠'"(《旧唐书·颜真卿传》)。段秀实初为边将,后任泾原节度使。建中四年(783)8月,李希烈围攻襄城(今河南襄城),德宗调泾原军队以解襄城之围。10月,姚令言率兵东征,途经京师,士兵哗变,拥朱泚为帅,占长安。德宗逃往奉天。朱泚派兵攻打奉天。当时,奉天守备虚弱,危在旦夕。段秀实智退叛军,解了德宗之围。后来,朱泚召段秀实商议称帝之事,"秀实勃然而起,执休腕夺其象笏,奋跃而前,唾泚面大骂曰:'狂贼,

---

1 / 萧望之(?—前47),西汉兰陵(今山东兰陵县)人,汉元帝时遭宦官弘恭、石显等排挤,被迫自杀。京房(前77—前37),西汉东郡顿丘(今河南清丰西南)人,因弹劾石显等专权,贬为魏郡太守,后下狱而亡。

2 /(唐)白居易:《读汉书》,载《御定全唐诗》卷四百二十四,文津阁《四库全书》第476册,第423页。

3 /(唐)颜真卿:《颜鲁公文集》卷十三,上海古籍出版社1992年版,第142页。

吾恨不斩汝万段，我岂逐汝反耶！'遂击之。（朱）泚举臂自捍，才中其额，流血匍匐而走。凶徒愕然，初不敢动；而海宾等不至，秀实乃曰：'我不同汝反，何不杀我！'凶党群至，遂遇害焉"。"德宗在奉天闻其事，惜其委用不至，垂涕久之"，并三次颁布诏书表彰段秀实，"自贞元后累朝凡敕书节文褒奖忠烈，必以秀实为首"（《旧唐书·段秀实传》）。诗文写道："青石出自蓝田山，兼车运载来长安。"这块远道而来的青石能派作什么用场呢？白居易说："石不能言我代言。""愿为颜氏段氏碑，雕镂太尉与太师。刻此两片坚贞质，状彼二人忠烈姿。义心如石屹不转，死节如石确不移。如观奋击朱泚日，似见叱诃希烈时。各于其上题命谥，一置高山一沈水。陵谷虽迁碑独存，骨化为尘名不死。长使不忠不烈臣，观碑改节慕为人。慕为人，劝事君。"[1]对于这首诗，陈寅恪先生评论说："乐天志在移风匡俗，此诗自非偶然无的之作也。"其诗"取激发忠烈为主旨"，"以段颜为例者，唐世忠烈之臣无过二公"，"此篇标举忠烈，以劝事君，舍此二公，自莫属也"。[2]

由于受儒家文学理论的影响，白居易特别强调诗歌创作的政治与教化功能。可惜的是，由于君主没能理解诗人这种"为君"之忠，加上政治上屡遭挫折，元和十一年（816）之后，白居易的心思就转向问道参禅、排遣忧愁了，忠思想在白居易身上的影响也就日渐淡漠了。

第四，三大诗人作品之外唐诗的忠。

[1] （唐）白居易：《青石——激忠烈也》，载《御定全唐诗》卷四百二十七，文津阁《四库全书》第476册，第435页。

[2] 陈寅恪：《元白诗笺证稿》，上海古籍出版社1958年版，第221页。

除了李、杜与白居易的作品，唐代诗人作品涉及"忠"的还有很多。换言之，这一时期将"忠"作为核心要素予以吟咏的诗人超过了三百位。这三百多位诗人中，有广为人知的卢照邻、张九龄、宋之问、张说、王昌龄、刘长卿、孟浩然、岑参、高适、韩愈、柳宗元、刘禹锡、孟郊、元稹、贾岛、温庭筠、皮日休等；也有些知名度不是很高，甚至人生事迹有些模糊的作者，如叶元良、懿宗朝举子、灵一、临淄县主等不一而足。这些诗人，无论是身份显赫，还是隐居山林，都表现出共同的志趣：以"忠"为怀。"忠"成了这个群体表达心志，抒发情怀最乐意使用的一个字眼。比较有代表意义的如：寒山的"众喔咿斯，謇独立兮忠贞"[1]，"为事不忠直，朝朝行弊恶"[2]；卢照邻的"若有人兮天一方，忠为衣兮信为裳"[3]；宋之问的"自惟勖忠孝，斯罪懵所得"[4]，"吾生抱忠信，吟啸自安闲"[5]；张说的"忠鲠难为事，平生尽畏途"[6]，"山河非国宝，名主爱忠

---

1 /（唐）寒山：《诗三百三首》之五十，载《御定全唐诗》卷八百六，文津阁《四库全书》第477册，第467页。

2 /（唐）寒山：《诗三百三首》之二百七十三，载《御定全唐诗》卷八百六，文津阁《四库全书》第477册，第472页。

3 /（唐）卢照邻：《中和乐九章·总歌第九》，载《御定全唐诗》卷四十一，文津阁《四库全书》第475册，第283页。

4 /（唐）宋之问：《早发大庾岭》，载《御定全唐诗》卷五十一，文津阁《四库全书》第475册，第308页。

5 /（唐）宋之问：《下桂江县黎壁》，载《御定全唐诗》卷五十一，文津阁《四库全书》第475册，第308页。

6 /（唐）张说：《赠工部尚书冯公挽歌三首》之一，载《御定全唐诗》卷八十七，文津阁《四库全书》第475册，第383页。

臣"[1]；张九龄的"眷言感忠义，何有间山川"[2]，"人伦用忠孝，帝德已光辉"[3]；高适的"风霜驱瘴疠，忠信涉波涛"[4]等等。

上述引用的诗歌虽然只是《全唐诗》中用"忠"诗歌的一小部分，但是可以发现，以忠为核心构成的许多词汇已经成了唐诗的基本词汇。这从一个侧面说明，忠思想在唐代已经成为社会各个阶层普遍适用的文化符号。诗歌在唐代获得了重大发展。其诗歌创作队伍上自帝王、官僚，下至普通士人，甚至和尚、道士、尼姑、妓女……无所不包。从而使诗歌创作在唐代成为一种非常普遍、流行而又时尚的文化现象。据统计，《全唐诗》以及《全唐诗补编》共有作者三千六百多人。这样一种状况，就使得唐诗所反映的社会层面极为宽广。诗歌创作者们对当时社会现象的观察与思考、体味与领悟，人生理想和追求……都在诗歌中得到充分展现。在如此众多的各色人物参与之下，唐代诗歌创作显示了无穷魅力和无限的多样性。在这丰富多彩的诗歌世界之中，"忠"字能够得到大量诗人的使用，既可以说是个奇迹，也足以说明忠思想在当时的影响力之大。这种影响甚至能令士人对忠痴心不已。比

---

1 /（唐）张说：《奉和圣制度蒲关应制》，载《御定全唐诗》卷八十八，文津阁《四库全书》第475册，第384页。

2 /（唐）张九龄：《奉和圣制送李尚书入蜀》，载《御定全唐诗》卷四十八，文津阁《四库全书》第475册，第298页。

3 /（唐）张九龄：《和苏侍郎小园夕霁寄诸弟》，载《御定全唐诗》卷四十九，文津阁《四库全书》第475册，第302页。

4 /（唐）高适：《送柴司户充刘卿判官之岭外》，载《御定全唐诗》卷二百十四，文津阁《四库全书》第475册，第678页。

如，杜牧曾有诗说:"晁氏有恩忠作祸，贾生无罪直为灾。"[1] "当年国门外，谁信伍员忠。"[2] 虽然作者看到了晁错、贾谊、伍员因忠致祸，但诗人对忠的笃信和执着并未因此而打折扣。"处困羞摇尾，怀忠壮犯鳞"[3]，表现了虽身处困境依然敢于"犯鳞"的忠臣风范。其思想基础就是坚持了忠的品德节操与风骨，也就是张说所说的"胆由忠作伴"[4]。

三、忠字在其他领域的应用

唐代，人名、地名中使用忠字的现象非常普遍。其中，最广为人知的是祸国权臣杨国忠、河西节度使王忠嗣和代唐称帝的后梁太祖朱全忠，他们都是得皇帝赐名。杨国忠是因其堂妹杨玉环得玄宗专宠而有幸被赐名"国忠"；王忠嗣是因其父王海滨抵御吐蕃战死而得赐名；朱全忠是因叛变黄巢起义军而被唐朝皇帝赐以"全忠"之名。在皇权独大的社会，

---

[1] /（唐）杜牧:《闻开江相国宋下世二首》之一，载《御定全唐诗》卷五百二十六，文津阁《四库全书》第476册，第737页。

[2] /（唐）杜牧:《吴宫词二首》之二，载《御定全唐诗》卷五百二十八，文津阁《四库全书》第476册，第740页。

[3] /（唐）杜牧:《梁秀才以早春旅次大梁将归郊廓言怀兼别示亦蒙见赠凡二十韵走笔依韵》，载《御定全唐诗》卷五百二十六，文津阁《四库全书》第476册，第738页。

[4] /（唐）张说:《将赴朔方军应制》，载《御定全唐诗》卷八十八，文津阁《四库全书》第475册，第385页。

只有那些对皇帝有功的臣子和皇帝特别喜爱之人才有资格获得赐名的荣誉。皇帝赐名用字也是千挑万选，用的都为那些最能表现褒扬的字眼。唐朝皇帝给杨国忠等人赐名以"忠"，足见"忠"在唐代的尊贵。

新旧《唐书》中，其姓名中出现"忠"字的人还有：高宗子燕王忠、魏元忠、郑惟忠、刘忠翼、张孝忠、李忠臣、朱忠亮、李全忠、韩允忠等。另外，在上海博物馆陈列的唐代印章，也有"李忠之印"。由此可以说明，唐代以"忠"入名是非常普遍，甚至可以说是很时尚的一种社会现象。

唐代地名中出现"忠"字的也非常多。除了前面提到的"忠州"，其他还如：忠义军、忠义县、忠武军、忠国军、忠诚州等等[1]。

可见，"忠"在当时已经成了一种流行现象。由于统治阶级的倡导、思想家的推波助澜、唐诗的感染，忠在唐代演变成为社会各界人士普遍接受的文化现象。这种现象尤其在人们的精神生活领域表现特别突出。虽然唐代儒学没有获得真正的复兴，但作为儒学的重要思想——忠，在当时却得到广泛流行，并成为一种社会风气和社会时尚。由于这种流行得到了官方的支持，这种流行就带有切合时宜的标记，从而促使人们更加热情地去追随和奉行，致使了人们更加忠实地去履行忠思想的各项要求。这种影响甚至到了边远的敦煌。

[1] 复旦大学历史地理研究所、《中国历史地名辞典》编委会：《中国历史地名辞典》，江西教育出版社1986年版，第498页。

《敦煌唐人诗集残卷考释》载有马云奇的一首诗:"何事逐漂蓬,悠悠过凿空。世穷途运荣,战苦不成功。泪滴东流水,心遥北塞鸿。可能忠孝节,长遣阃西戎。"[1]

"忠"在敦煌等边远地区的影响不仅在于其入诗,还在于人们往往以忠进行自我标榜。如巴黎图书馆收藏的敦煌遗书第4640页《沙州释门索法律窟铭》说:"人驯俭约,风俗如流。性恶工商,好生去煞。忱修十善,笃信三乘。惟忠孝而两全,兼文武而双美。多闻龙象,继迹繁兴。"

边地的大臣上书,也喜欢用忠。如巴黎图书馆收藏的敦煌遗书中有:

皇帝陛下:臣闻太直者必孤,太忠者必死。(第3608页《前郑滑节度兼右丞相贾耽直谏表》)

韬黔苴职,忠孝骈联。(第4660页《唐河西节度使押衙兼侍御使巨鹿索公邈真赞》)

龙杀豪族,塞表英儒。忠义独立,声播豆卢。(第4660页《张禄邈真赞》)

不仅如此,边地人民姓名中用"忠"的现象也极为普遍,从杨际平等人的《5—10世纪敦煌的家庭与家族关系》一书来看,敦煌地区以"忠"为名者可谓洋洋大观:

安大忠 安玄忠 安忠盈 安待忠

---

[1] 马云奇:《被蕃军中拘系之作》,载高嵩:《敦煌唐人诗集残卷考释》,宁夏人民出版社1982年7月版,第58页。

曹忠　曹元忠　曹忠儿
程忠　程大忠　程思忠
邓奉忠
董元忠　董思忠
杜忠　杜怀忠　杜忠忠
泛大忠　泛思忠　泛国忠
贺赞忠
康义忠　康敬忠
孔忠诚
李怀忠
令狐大忠　令狐怀忠　令狐忠
刘大忠　刘孝忠　刘敬忠
吕忠
屈思忠
石忠
史索忠
宋国忠　宋忠忠
索大忠　索奉忠　索国忠　索忠臣　索顺忠　索忠　索景忠
唐忠
杨守忠　杨忠
张大忠　张义忠　张阿忠　张忠孝　张忠臣　张忠均

张忠纳　张忠信　张忠敬　张忠竟　张思忠
赵大忠

　　这里只是列举了以"忠"为名者的一部分，据说"以'大忠'为名者，仅张姓就不下十人"[1]。值得注意的是其中一些民间通俗用法，如"阿忠""忠儿"的提法也颇为普遍。这种称谓告诉我们，以"忠"入名在当时绝不是达官贵人的一种"雅趣"，而是相当普遍的一种文化现象。这也从一个层面暗示忠思想已经成为大众时尚。

---

1 / 杨际平等:《5—10世纪敦煌的家庭与家族关系》，岳麓书社1997年版，第292页。

第七章
文弱国势下再现光辉

10世纪60年代前后,宋太祖与宋太宗结束了五代十国的分裂局面,国家实现了除北方辽和西北西夏之外的统一。由于宋王朝成功实行了文官制度,加之中央集权制度空前完备,使得忠思想获得了新的发展。

一、范仲淹的"先天下之忧而忧,后天下之乐而乐"

1047年,范仲淹在给滕子京作的祭文中说,自己与滕子京的一生交往能够始终"忠孝相勖,悔吝相惩"[1],意即他们能够始终践履忠孝要求,从不计较个人得失。事实上,范仲淹本人的行为也确实如其所言。范仲淹生活的时代,恰处于宋仁宗即位之后,国家表面上歌舞升平,实际上积弊重重、危机四伏。范仲淹深刻体察到了国家社会的危机,不仅作为"庆历新政"的主要主持者参与了社会改革,图谋国家社会的强

[1]/(宋)范仲淹:《范文正公文集》卷十一,载《范仲淹全集》,四川大学出版社2007年版,第275页。

盛,而且把对国家、社会的关切之情,深深融入自己的作品之中。忠思想在范仲淹身上的表现是多方面的,不仅体现在"居庙堂之高,则忧其民;处江湖之远,则忧其君"[1],还体现在他有一整套与之匹配的"忠民""忠君""忠国"思想。

第一,保民为"忠"。

范仲淹认为,百姓是君主执政的根本,君主所做的一切都应紧紧围绕"民利"展开。他在《君以民为体赋》中指出:养育百姓是治国中最急切的事情,在造福百姓的问题上来不得半点马虎和怠惰。"谓国之保也,莫大乎群黎。"要保国运长久,最紧要的是保民。君主应当时刻把百姓的疾苦挂在心上,时时关注民生,让国家的政治机器紧紧围绕"为百姓服务"的中心来运转,向天下百姓展示自己圣人一般的仁爱之心,"得天下为心之要,示圣王克己之仁政"。而要做到这一点,君主必须善于"审民之好恶,察政之否臧。有疾苦必为之去。有灾害必为之防",要深入了解百姓的好恶,因其好恶决定国家的方针政策——"彼惧烦苛,我则崇简易之道;彼患穷夭,我则修富寿之方"。这样,即可谓推行了"顺民"之道,百姓就能深切感悟君主之恩而大受鼓舞,天下自然太平无事——"荡荡洽大同之化"[2]。凝结成一句话就是一切政府行为皆以百姓利益的实现为转移。

范仲淹的顺民思想并非泛泛而谈,而是包含了一系列"护民""养民""富民"的具体措施。

---

[1] (宋)范仲淹:《范文正公文集》卷八,载《范仲淹全集》,第195页。

[2] (宋)范仲淹:《范文正公文集》卷一,载《范仲淹全集》,第20页。

他建议君主首先保证百姓的基本生存安全需要,在自然灾害面前也能应对自如。他特别提到了农业生产过程中抗旱能力提升的问题,如《水车赋》说道:"弗驰弗驱,自解成汤之旱。"[1] 范仲淹尤其关心抗旱问题,与延续到今天依然存在的农业生产靠天吃饭的特点密不可分。范仲淹建议,君主应当善养其民:"育兆民而道,本无疆"[2],"王者广育黔首,诞布皇明","振穷恤贫,必俯从于众望"[3],要求君主对广大百姓遍施恩泽,不要有所偏颇。对于那些特别贫穷困苦的群体,要给予特殊的照顾。就具体措施来说,范仲淹认为首要的在于加强农业生产,满足百姓基本的生存需要,"谓养民而可取,必重谷而无舍"[4]。只有在治国思想上重视粮食生产,在政策上支持粮食生产,在政策措施上保护粮食生产,才能获得君国粮食生产的良好成效,解决百姓的基本生存问题。在范仲淹看来,这只不过解决了百姓低层次的温饱要求,继而他还提出了富民的主张:"思阜财于吾民。"[5] 范仲淹的"富民"思想很容易使人联想起孔子的一段"富民"学说:"子适卫,冉有仆。子曰:'庶矣哉!'冉有曰:'既庶矣,又何加焉?'曰:'富之。'"(《论语·子路》)孔子的"富民"强调"惠而不费",就是既要让老百姓富裕起来,国家又不做支出。范

---

[1]（宋）范仲淹:《范文正公文集》卷一,载《范仲淹全集》,第20页。

[2]（宋）范仲淹:《范文正公别集》卷二,载《范仲淹全集》,第489页。

[3]（宋）范仲淹:《范文正公别集》卷三,载《范仲淹全集》,第503页。

[4]（宋）范仲淹:《范文正公别集》卷三,载《范仲淹全集》,第500页。

[5]（宋）范仲淹:《范文正公文集》卷一,载《范仲淹全集》,第6页。

仲淹的"富民"则强调君主应当为民谋富创造条件，比如要求君主为百姓提供必要的生产工具，帮助他们实现富裕的梦想等。不难看出，范仲淹之于民事关心的迫切，同时他也深切认识到国家在发展农业生产，实现富民追求上所担当的一份政治责任。一句话，百姓衣食无忧，可以更好地维护君主统治。

第二，强君权。

范仲淹"忠民"思想的价值指归是"忠君"。也就是说，忠民是手段，忠君是目的。范仲淹认为，天人是相互感应的，君臣要法于天地，遵照天地的上下尊卑安排名分："刚而上者宜乎主，柔而下者宜乎臣。"[1] 君臣之间的这种尊卑"抑亦出乎自然"。臣子应当义无反顾地拥戴君主，如"北辰之居，众星拱矣"，"东溟之位，百谷朝焉"[2]。也就是说臣子们有义务保君主之尊。君主居于尊位，臣下居于卑位听命，这是天下治理的必然模式。范仲淹认为，君主仅仅居于尊位还是不够的，要实现君权正常有效运作，强化君权尤其必要，"必先安之于位，然后崇之以德"[3]。如何强化呢？范仲淹指出："立夫《乾》也，所以体乎高明；为彼金焉，所以尚乎刚健。"[4] 就是说，《周易》设立"乾卦"的目的是体现天道之高明，乾（天）具有崇尚刚健的本性。实际上是说，君主应当握有"区别邪正，进退左右，操荣辱之

---

1 /（宋）范仲淹:《范文正公别集》卷三，载《范仲淹全集》，第491页。

2 /（宋）范仲淹:《范文正公续补》卷一，载《范仲淹全集》，第750页。

3 /（宋）范仲淹:《范文正公别集》卷二，载《范仲淹全集》，第484页。

4 /（宋）范仲淹:《范文正公别集》卷二，载《范仲淹全集》，第488页。

柄，制英雄之命"的大权。这种权力君主必须牢牢把握，"不可尽委于下"[1]。这样，君主才能做到"善守于域内，乃化成于天下"[2]。

臣子身份决定了他的主要职责是辅助君主理朝政、定社稷、安天下。设官分职的目的，是协助君主实现对天下的治理。"乃武而乃文，各从其理体；亦同心而同德，共辅于文明。"[3]官员分为文与武，则是根据国家机器职能配备的需要所做的制度性安排。对于"辅"的内容，范仲淹也做了明确规定：其一，"安上治民"，"见危致命"[4]；其二，"克勤于邦"[5]，"不出其位"；其三，"外兼济于黔首，内尽忠于王者"[6]。总之，作为臣子必须竭尽心智效忠于君，兼济天下黎民百姓。为尽此忠，臣子应具备"虽死而告，为凶之防"，"宁鸣而死，不默而生"[7]的精神。

范仲淹在强调"强君权"的同时也主张君主善纳"忠谏"："从忠谏而弗逆方""纳贤以虚""由是忠说咸臻"[8]。他告诫君主，应当敢于面对自己的过失，虚心接纳贤人的"忠谏"，借助贤人的智慧和谋略兴

---

1 /（宋）范仲淹：《范文正公文集》卷七，载《范仲淹全集》，第 156 页。

2 /（宋）范仲淹：《范文正公别集》卷二，载《范仲淹全集》，第 489 页。

3 /（宋）范仲淹：《范文正公别集》卷二，载《范仲淹全集》，第 480 页。

4 /（宋）范仲淹：《范文正公文集》卷一，载《范仲淹全集》，第 14 页。

5 /（宋）范仲淹：《范文正公别集》卷二，载《范仲淹全集》，第 479 页。

6 /（宋）范仲淹：《范文正公别集》卷二，载《范仲淹全集》，第 486 页。

7 /（宋）范仲淹：《范文正公文集》卷一，载《范仲淹全集》，第 9 页。

8 /（宋）范仲淹：《范文正公别集》卷二，载《范仲淹全集》，第 484 页。

邦定国。

范仲淹作为一位文学家，第一个把忧国忧民情怀引入了被人们称作"艳科"的词创作中，其中有一首《渔家傲·秋思》词，很能反映范仲淹"忠国""忠君""忠民"要求激烈冲突时的矛盾心理和最终抉择。作品通篇没有一个"忠"字，但作者的爱国忠君之情早已跃然纸上。正如"先天下之忧而忧，后天下之乐而乐"[1]一样，忠君之情、报国情怀全部融合于这一"忧"一"乐"之中了。忠思想在《渔家傲·秋思》词中也是这样体现的。词中，范仲淹用"塞下秋来"表述镇守边关之劳苦，用"孤城闭"，反映宋军军事实力的薄弱，用"浊酒一杯家万里"和"征夫泪"，表达作者与戍边官兵的思乡情怀。军旅生涯无论多么辛苦，乡愁无论如何浓重，也不能冲淡了国家大事——"燕然未勒"。在爱国激情与乡愁浓重中，作者选择了爱国。虽然其中包含了复杂和矛盾的情绪，毕竟忠于国家的情怀是第一位的。在当时的历史条件下，爱国与忠君是很难截然分开的，爱国往往意味着忠君。在民之苦与君之安的天平上，范仲淹虽则经历了选择的痛苦，但他毕竟选择了"忠君"，其"忠"的阶级性、时代性、局限性也就暴露无遗了。

二、欧阳修的"文忠"

欧阳修曾以"醉翁"自号，借酒与政治环境的压力抗争，至晚年隐退闲居，更号"六一居

---

[1]（宋）范仲淹：《范文正公文集》卷八，载《范仲淹全集》，第195页。

士",以志对政治的淡泊。但忠思想在欧阳修身上还是留下了深深的烙印。欧阳修是政治家兼文学家,他并不像一般人那样直露地去表达忠心。其忠思想正如"文忠"谥号一样是通过"文"委婉展现的。

北宋文官制度虽完备,政治上却非常腐败,加之外患不断,国家危机日迫。以范仲淹、欧阳修为首的一部分比较清醒的士大夫不断提出改革主张。由于他们的政治改革主张触犯了保守派官僚的既得利益,双方矛盾日益激化。宰相吕夷简攻击范仲淹"越职言事,离间君臣,引用朋党"[1]。左司谏高若讷逢迎吕夷简,诋毁范仲淹,致使范仲淹遭贬饶州知州。欧阳修写信痛斥高若讷不仅没有尽到谏官职责,反而曲意逢迎,于是联系史实,以古类今:"昔汉杀萧望之与王章,计其当时之议,必不肯明言杀贤者也,必以石显、王凤为忠臣,望之与章为不贤而被罪也。今足下视石显、王凤果忠邪?"[2]通过反问,欧阳修不仅为范仲淹的耿耿忠心正了名,而且使忠奸真伪更加分明,从而指出何谓"忠",何谓"不忠"。那种欺世盗名、蔑视正义之徒,"是直可欺当时之人,而不可欺后世也"[3],也就是说历史将无情地证明他们的耻辱。

欧阳修当时任馆阁校勘,官职卑微。他却胸怀治国安邦的宏伟抱负和对国事日非的忧

1/(明)冯琦:《宋史纪事本末》卷五,明万历刻本,第123页。

2/(宋)欧阳修:《欧阳修全集》(第三册)刊本外集卷十七,上海中央书店版,第132页。

3/(宋)欧阳修:《欧阳修全集》(第三册)外集卷十七,第132页。

虑。他能够在危急关头挺身而出、仗义执言。这种精神在其后来的政治生涯中,并未随着官职的升迁而有所削弱,而是历久弥坚。只是由于朝廷内的保守势力过于强大,欧阳修虽然满腔忠诚,还是失败了,于1045年由河北都转运按察使左迁到滁州做知州。

对君主、朝廷忠诚,青云得志时尚好理解,困顿愁怨、坎坷失意时仍然痴心不已就难能可贵了。欧阳修就是这样一个人。1046年,即欧阳修遭贬的第二年,他写了一篇被称作《醉翁亭记》姊妹篇的优秀散文——《丰乐亭记》。文章中,欧阳修大力歌颂了国家的"丰乐"和大宋王朝的"功德"。文章既有对宋太祖结束五代纷争的感慨,又有对宋王朝一统天下的感激之情。而这种对大宋君主的无限深情,使作者油然而生对"丰乐"的庆幸,于是以"丰乐"名之。虽然《丰乐亭记》不是政论,但文章向人们传达的就是作者对国、对君、对民的一片赤诚之心。后人评价说:"欧阳永叔丰乐亭记之类能画出太平气象。"[1] 诚然,欧阳修也不仅仅是大宋升平气象的歌手,他也深知"以社稷为国家大事"[2]。至和元年(1054),欧阳修重回京师后,几欲改革弊政。但由于保守势力阻挠终未成功,"为大计既迟久而莫待,收细碎又无益而徒劳"[3]。对此,欧阳修认为是"其力之所不及""其智之所不能"[4] 所

---

1 /(宋)李耆卿:《文章精义》,文津阁《四库全书》第495册,商务印书馆2005年版,第801页。

2 /(宋)欧阳修:《欧阳修全集》奏议集卷十四,世界书局1936年(民国二十五年)版,第867页。

3 /(宋)欧阳修:《欧阳修全集》(第三册)外集卷十八,第143页。

4 /(宋)欧阳修:《欧阳修全集》(第二册)居士集卷十五,第5页。

造成的,致使"忧国心危百箭攻"[1],"感事悲双鬓,包羞食万钱"[2]。由此不难看出欧阳修以国计民生为怀的拳拳忠心。

事实上,欧阳修并不像他自己说得如此糟糕。单就"贡贤"的理论与实践而言,欧阳修的作为就不同凡响。欧阳修的"贡贤"思想主要集中在《准诏言事上书》中。欧阳修认为,君主在治国过程中,应"以细务而责人,专大事而独断"。就是说,君主不要事必躬亲,大事必须独断,小事则可交给臣子去办理。否则,"虽有纳谏之明,而无力行之果断,则言愈多而听愈惑"[3]。君主只要做好三件事就可以了:其一,号令必须严格,令行禁止,言必信,行必果;其二,赏罚必须分明;其三,必须让臣子拿出实际成绩,完成交办的事务。显然,做到这三点,"非材且贤者,不能为也"[4]。故而,欧阳修主张用人应当不拘一格,唯才是举:"臣又闻古语曰:'将相无种。'故或出于奴仆,或出于军卒,或出于盗贼,惟能不次而用之。"[5]同时要做到"进贤而退不肖",从而使人才队伍合理流动起来。否则,"干者进矣,贪浊者亦进矣,请求者亦进矣,不材者亦进矣","贤愚混杂","三载一迁,更无旌别"[6]。一旦国家急需,则无可用之才。

[1]/(宋)欧阳修:《欧阳修全集》居士集卷十三,第98页。

[2]/(宋)欧阳修:《欧阳修全集》(第一册)居士集卷十四,第249页。

[3]/(宋)欧阳修:《欧阳修全集》(第二册)居士集卷四十六,第233页。

[4]/(宋)欧阳修:《欧阳修全集》(第三册)外集卷十六,第119页。

[5]/(宋)欧阳修:《欧阳修全集》(第三册)居士集卷四十六,第236—237页。

[6]/(宋)欧阳修:《欧阳修全集》(第二册)居士集卷四十六,第238页。

欧阳修不仅这样说,在可能的范围内,他也这样做了。如梅尧臣、苏舜钦、曾巩、王安石、三苏等人,都是因为得了欧阳修的帮助才得以脱颖而出,成为国家的栋梁之材。欧阳修生前曾两次获得朝廷"忠"的嘉奖,一次是嘉祐七年(1062),赐"推忠佐理功臣"[1],另次是嘉祐八年(1063),赐"推忠协谋佐理功臣"[2]。

三、王安石的用人以"忠"

王安石曾在许多地方担任官吏,也在中央部门任过职。对国家的弊病了解颇深。他认为,面对外族压迫、国力虚弱、财用匮乏的困境,唯有改革一条出路。而改革需要人才,所以,王安石忠思想的一大特色是围绕用人而展开的。

王安石认为,人才是国家兴衰荣辱的根本。人才是栋梁,得到人才国家就能安定、繁荣;失去人才国家就衰弱,乃至败亡。在《材论》一文中,王安石指出:"材之用,国之栋梁也。得之则安以荣;失之则亡以辱。"[3]另一篇文章《兴贤》也表达了同样的思想:"国以任贤使能而兴,弃贤专己而衰。此二者,必然之势,古今之通义,流俗所共知耳。"因此,作为国家,不仅拥有人才,且能够

---

[1] (宋)欧阳修:《欧阳修全集》(第二册)居士集卷三十八,第182页。

[2] 《宋大诏令集》卷五十一,中华书局1962年版,第259页。

[3] (宋)王安石:《材论》,载《王安石全集》卷三十二,上海古籍出版社1999年版,第279页。

极大地发挥人才的作用和优势，使人才能够做到人尽其用、各得其所，是国家的福分；反之，虽然拥有人才，但不能发挥他们的作用，这样就与没有人才毫无两样。即："有贤而用，国之福也。有之而不用，犹无有也。"[1] 故此，君主必须下大力气发现贤才，为国所用。

在人才任用上，王安石建议君主善于区别"忠"与"不忠"、"能"与"不能"："常人之性，有能有不能，有忠有不忠。知其能，则任之重可也；谓其忠，则委之诚可也。"就是说，君主用人应当知人善任，用其忠，待以诚，"使上下之诚相照，恩结于其心"。很明显，王安石的"忠"就是"忠诚"，他所希望看到的君臣关系应当是一种"上下相信"的关系。这样，君主所用的大臣必然"荷恩尽力"。在这里，王安石向人们传达了这样一种信息：臣子忠与不忠，君主能否对臣子取"诚"之态度颇为重要。可以说"人君待之之意"[2] 决定臣子的忠节。实际上，吴兢在谈论君臣上下应诚信问题时也有类似观点。不过，吴兢是从反面做的论证："上不信，则无以使下"，"言而不行，言无信也；令而不从，令无诚也。不信之言，无诚之令，为上则败德，为下则危身"。基于此，王安石主张君主一定要待臣以诚，从而激发臣子的"忠君"情怀。

关于臣子忠君，王安石主张："臣事君，苟心知其甚不可，则宁得罪而有不从。"就

---

1 /（宋）王安石：《兴贤》，载《王安石全集》卷三十二，第282页。

2 /（宋）王安石：《委任》，载《王安石全集》卷三十二，第283页。

是说，如果君主之命是不正确的，臣子宁可得罪君主也不能屈从。这虽然算不上荀子所谓的"大忠"，但也算得上"次忠"，是"忠道"的一种表现。而王安石强调的是"真忠"，即"臣事君以忠，忠者不饰行以侥荣，信者不食言以从利"[1]。即作为大臣，其忠君之心必须出于真诚。真诚则不虚假，忠诚则不虚饰。同时，王安石提醒君主，治理国家必须任用这样的忠诚之士。

王安石还主张，朋友之间交往也要从"忠"。他在给友人的信中说："教我以义命之说，此乃足下忠爱于故旧，不忍捐弃而欲诱之以善也。"[2]王安石这里所说的"忠爱"也就是友人之"诱之以善"，意即帮助朋友向善。忠的这种用法应该说是王安石的一个创举。他以一个忠字道出了朋友交往的道德本质。《周礼·地官·大司徒》有言曰："联朋友。"郑注云："同师曰朋，同志曰友。"[3]现在一般把那些志趣相投、有着共同理想和追求的人称作朋友。毛亨在评论《诗经·小雅·伐木》诗时说："《伐木》，燕朋友故旧也。自天子至于庶人，未有不须友以成者。"[4]说明朋友在人生旅途中的重要地位。而《周易·系辞上》更是直接道出了朋友之益："二人同心，其利断金。同心之言，其

---

1 /（宋）王安石：《辞同修起居注状》之四，载《王安石全集》卷十七，上海古籍出版社1999年版，第141页。

2 /（宋）王安石：《答李资深书》，载《王安石全集》卷八，第68页。

3 /（汉）郑玄注：《周礼注疏》卷十，山东画报出版社2004年版，第276—277页。

4 /（汉）郑玄笺，（唐）孔颖达疏：《毛诗注疏》卷十六，文津阁《四库全书》第23册，商务印书馆2005年版，第188页。

臭如兰。"[1] 是说两个人只要志同道合，就像锋利的利器可以截断金属，能够克服一切人间困难，散发出如兰的芳香。孔子说："与朋友交，言而有信。"（《论语·学而》）实际上是要求朋友之间交往应相互理解信任、心志相一。而这一切都可以归结于一个字——忠。有了忠，朋友之间就能"同声相应，同气相求"[2]，有了忠就可以赢得朋友的信任和认可，对方才可能以诚相待。

四、《资治通鉴》与"忠"的总结

《资治通鉴》是由司马光主持编写的一部编年体史书。其编纂的目的是为北宋最高统治者提供"国家兴衰""生民休戚"的镜鉴，从而使北宋统治者能够鉴往知今，王朝君国能够长治久安。这部鸿篇巨制同样对忠思想做了不遗余力的宣传。

第一，从正面积极弘扬忠思想。

《资治通鉴》涉及忠使用频率最高的词语是"忠臣"，其他出现次数较多的还有"尽忠""不忠""忠直""忠言""忠节"等。不难看出，司马光的关注焦点在于：为人臣就要做"尽忠"的"忠臣"。那么，司马光所说的是一种什么样的"忠"呢？

从对蒙恬"忠而被诛"事件的评论看，司马光所谓"忠"就是臣子对君主要绝对服从。不论君主对或错，臣子有罪还是无罪，只要君叫

1 /（汉）郑玄：《周易郑注》卷七，中华书局1985年版，第88页。

2 /（汉）郑玄：《周易郑注》卷九，中华书局1985年版，第110页。

臣亡，臣必须"守死不贰"，即司马光坚持"愚忠"论。有人曾经针对蒙恬"忠而被诛"提出质疑，认为既然对君主尽忠存在丢命的可能，作为臣子又如何尽忠呢？言外之意，蒙恬的"忠而被诛"在告诫后人，还是不要尽忠的好。针对这种认识，司马光提出了自己的看法："始皇方毒天下而蒙恬为之使，恬不仁可知矣。然恬明于为人臣之义，虽无罪见诛，能守死不贰，斯亦足称也。"[1]这是一段不同观点的理论碰撞。西汉学者扬雄认为，蒙恬奉秦始皇之命主持修建长城，耗费大量民力、财力，给百姓造成无数苦难，能不能称为"忠"是个值得商榷的问题。司马光认为，秦始皇不惜动用无数人力、财力修建长城，蒙恬奉旨行事，虽然其间有劳民伤财之弊，这只能说明蒙恬不仁。蒙恬没有罪过而遭秦二世赐死，并能奉旨自杀，堪称"忠"，值得后人尊敬。换言之，对于蒙恬之死，司马光还是认为其尽到臣之"忠"道，并加以赞许。

对于其他能够为国家、民族利益而奋不顾身，甚至献出生命者，司马光对其"忠"事迹做了详尽记载，借以宣扬其忠精神，彰显其忠品格。事实证明，司马光所选择的这些忠典型，的确在社会各个阶层发挥了极大的道德感召力。如苏武杖节牧羊，祖逖闻鸡起舞、中流击楫的故事早已脍炙人口、家喻户晓，成为"忠臣""无私"者的典范。其本身所蕴涵的深邃哲理性和超越时空界限的稳定性，使其所反映的忠品质及至今日仍然在道德教育中发挥着不可替代的作用。

---

1 /（宋）司马光：《资治通鉴》卷七，上海古籍出版社1987年版，第49页。

对于那些不忠者的劣迹，司马光不仅做了记载，而且针对其劣迹发表评论，借以传达正义之声，如丁公。司马迁对丁公之死只是做了记载，并没有系统评论；而司马光则序、议兼济。细细品味，丁公事件的发生与刘邦为新兴帝国确立忠君的舆论导向密切相关。

刘汉立国之前，孝以及脱胎于孝之母体的忠已经有了极长的发展史，忠与孝不可避免地存在矛盾，甚至是尖锐冲突。就孝而言，强调"身体发肤，受之父母，不敢毁伤"（《孝经·开宗明义》）。一句话，善保己身是最基本的孝。忠则主张臣民"临患不忘国"（《左传·昭公元年》）、"尽忠极劳以致死"（《国语·晋语一》）。换言之，能够为君主的宏图大业尽忠效死，将自己的生死交付于君主是王权主义者对臣民的角色期待。但人的生命只有一次，是为父母尽孝而保全生命，还是为君主献身而亡成为一个两难选择。臣与民两种角色内部冲突激烈。刘汉之前，思想家们较多主张"孝在忠先"。如："齐宣王谓田过曰：'吾闻儒者亲丧三年，君与父孰重？'过对曰：'殆不如父重。'王忿然曰：'曷为士去亲而事君？'对曰：'非君之土地，无以处吾亲；非君之禄，无以养吾亲；非君之爵，无以尊显吾亲。受之于君，致之于亲。凡事君，以为亲也。'宣王悒然无以应之。"[1] 齐宣王之"忿"代表了广大王权主义者的共同心声，但遗憾的是齐宣王之后数百年间理论界未能有效为他们解决忠与孝的冲突问题，从而使家与国的

1 /（汉）韩婴：《韩诗外传》卷七，《四部丛刊》景明沈氏野竹斋本，第43页。

关系处理上时时出现背离,国家的政治导向受到极大挑战。刘邦登上皇位后,对"孝在忠先"同样"忿然"。司马光通过记述其杀丁公,赦季布的史实,揭示了刘汉王朝忠君文化塑造的路径。

第二,通过正反对比劝导人们奉行忠思想。

对于不忠者的记载,《资治通鉴》有很多,比较典型的有五代时的政治"不倒翁"——冯道。

冯道政治上的"不倒翁"形象,除他本人自鸣得意外,很多人也艳羡其左右逢源的所谓"政治智慧"。而这样的人获享积极正面的评价,显然会给君主统治造成消极影响,腐蚀臣子对君主的忠心,具有很大的危害。对于这样的不倒翁必须进行批判,消除其恶劣影响和破坏作用。司马光以冯道为靶子,不惜笔墨,展开有理、有据的分析、批判,借以教育臣民。司马光认为,冯道虽然有"清俭宽弘"等为人称道的品质,但那些都是小节,不足以从根本上决定一个人的政治品格。要对冯道做出恰当评价,必须抓住其政治人格的本质——"为臣不忠"。在剖析冯道现象时,司马光引用了欧阳修的言论,运用具有普遍影响力和约束力的"廉耻"范畴,否定冯道的政治人格。"欧阳修论曰:'礼义廉耻,国之四维。四维不张,国乃灭亡。'礼义,治人之大法;廉耻,立人之大节。况为大臣而无廉耻,天下其有不乱、国家其有不亡者乎!"

众所周知,知耻,在中国历史上历来被看作"立人之大节"。《孟子》更是指出:"人不可以无耻,无耻之耻,无耻矣。"(《孟子·尽心上》）冯道就是这种无耻至极的人。司马光对他进行了无情的鞭笞。虽然五代时期天下纷乱，价值观念扭曲，但司马光在书中指出"于五代得全节之士三，死事之臣十有五"，这些人"皆武夫战卒"。这是为什么呢？难道饱读圣贤之书的儒者，竟然没有节操高尚者？还是"得非高节之士，恶时之乱，薄其世而不肯出欤？抑君天下者不足顾，而莫能致之欤？"司马光通过一个小故事给出了回答。五代时的王凝，是虢州司户参军，卒于任上。王凝家境一直贫寒，孩子尚小，他的妻子李氏携子负骸返乡。路过开封的时候，意欲在旅店住下。店主人不肯。"李氏顾天已暮，不肯去，主人牵其臂而出之。"于是李氏"引斧自断其臂"。[1]见此一幕的人们无不为她叹息流泪。开封府尹将此事汇报给朝廷。朝廷"厚恤李氏而笞其主人"。司马光感叹说："士不自爱其身而忍耻以偷生者，闻李氏之风，宜少知愧哉！"司马光认为天地间有方位，人世间有准则，这是制定礼仪、法律的规矩。家庭之中分为丈夫、妻子，国家之中有君主、大臣。"妇之从夫，终身不改；臣之事君，有死无贰。此人道之大伦也。"如果这种规矩被打乱了，"乱莫大焉"。后世对于冯道的评价就存在这种混乱的情况。司马光对不分是非黑白的评价非常愤怒，指出："正女不从二夫，忠臣不事二君。为女不正，虽复华色之美，织纴之巧，不足贤矣；为臣不忠，虽复材智之多，治行之优，不足贵矣。"之所以这样判断，是因为大节已亏！冯道经历了五个王朝，向八个姓氏的君主称臣。

[1]（宋）司马光：《资治通鉴》卷二百九十一，第2025页

"若逆旅之视过客,朝为仇敌,暮为君臣,易面变辞,曾无愧怍,大节如此,虽有小善,庸足称乎!"

当时还有人认为,大唐王朝覆亡之后,群雄竞相争夺帝位,王朝更迭太快,国运长的十几年,短的只有三四年。面对这种走马灯般的王朝变换,"虽有忠智,将若之何!"。在这种动荡的政治环境中,"失臣节者非道一人,岂得独罪道哉!"。针对这种危险论调,司马光同样进行了严厉批判,指出:"忠臣忧公如家,见危致命,君有过则强谏力争,国败亡则竭节致死。智士邦有道则见,邦无道则隐,或灭迹山林,或优游下僚。"冯道既非忠臣,也非智士,而是不折不扣的奸臣。他在国存时闭着嘴,不为国建言出力,尸位素餐,无功受禄;国亡时苟且偷生,一副奴才相去迎接甚至劝进新主子登极。司马光鄙夷地说:"君则兴亡接踵,道则富贵自如,兹乃奸臣之尤,安得与他人为比哉!"

对于冯道之举,也有人认为,在乱世中他能够远离灾祸,保全自己,也算得上贤人了。司马光却认为:"君子有杀身成仁,无求生害仁,岂专以全身远害为贤哉!"评价一个人是否为贤者的标准是忠义。"盗跖病终而子路醢。果谁贤乎?"

对于冯道现象,司马光认为不能把板子全部打在他一个人身上,"时君亦有责焉"。究其原因在于"不忠之人,中君羞以为臣"。冯道之为人"相前朝,语其忠则反君事仇,语其智则社稷为墟"。接踵而至的君主似乎没有意识到这一点,对冯道"不诛不弃,乃复用以为相"。既然前后的君主都是这样不明是非,冯道

"又安肯尽忠于我而能获其用乎"。所以说"非特道之愆也,时君亦有责焉"[1]。

通过司马光的解析,冯道为"奸臣之尤"的形象已经跃然纸上,其不倒翁的得意已经演变为丑恶的嘴脸。这样,司马光借批判冯道,为普天下的臣民重申了"忠君"文化的道德标准——"臣之事君,有死无贰!"

在《资治通鉴》中,诸如此类的记载还有很多,且大多数事例司马光都会用恰当的形式对其"忠"思想做出道德分析,通过其言行与"忠"标尺的对照,不失时机地进行说教。甚至可以这样说,《资治通鉴》通篇充满了政治教化,而尤以事君要"忠"最为突出。究其原因,除了司马光本人作为具有远见卓识的政治家深刻认识到忠思想在维护君主统治中的作用之外,同样也是当时政治、军事环境的必然要求。

五、理学与忠

理学开创于北宋初期,大力倡导复兴仁义礼乐之学,宣传儒家道统。奇怪的是,理学家(甚至包括后世理学家)们的著作,都没有对"忠"这个重要的思想范畴予以深入研究。这样,就使得忠思想在理学领域的影响显得不甚明显。然而,仔细考究理学家们对"忠"不多的探讨,依然可以发现忠思想在理学领域的演进轨迹。

[1]/(宋)司马光:《资治通鉴》卷二百九十一,第2026页。

第一,"忠"思想的理学释义。

忠思想发展到宋代,其政治色彩愈加浓厚。司马光在《资治通鉴》中,更是把"忠"直接看作"忠君不贰"之"忠",使其政治意味得以强化。但在理学家那里,这种政治色彩却淡化了,他们似乎更愿意把"忠"看作一种个人修养或者某种心性,没有赋予"忠"特别的政治内涵。如,程颐认为,"忠"是"知性""知天"的前提,可以解释为"尽己""尽心""尽诚"。"尽己"就是要做到"无所不尽",也就是竭尽自己所能、毫无保留,这是忠的第一层含义。"尽心之谓'忠'"[1],这是忠的第二层含义,即全心全意。"尽诚",也就是诚心实意,这是忠的第三层含义。于是有人不解,问道:"尽己之谓'忠',莫是尽诚否?""既尽己,安有不诚?尽己则无所不尽。如孟子所谓'尽心'。"曰:"尽心莫是我有恻隐羞恶,如此之心能尽得,便能知性否?"对此,程氏的解释是:没有必要对忠做出如此拆解,只要明了"尽心"就足够了。"只是尽心便了。才数著,便不尽。大抵禀于天曰'性',而所主在心。才尽心便是'知性',知性即是知天矣。"[2] 简而言之,忠就是忠诚不欺,诚实不虚妄。程氏自己的概括是:"忠者,无妄之谓也。"[3] 从程颐对忠的解释,我们看不到"忠"为"忠君"之意,更看不出"愚忠"的半点影子。忠的内涵并不像前代那样背负着沉重的政治

---

[1]/(宋)程颢、程颐:《二程集》,中华书局1981年版,第208页。

[2]/(宋)程颢、程颐:《二程遗书》卷十八,上海古籍出版社2000年版,第258页。

[3]/(宋)程颢、程颐:《二程遗书》卷二十一下,第329页。

责任，看上去更像在讨论社会生活中的一般行为规则。

事实上，理学之谓"忠"的确表现出更多通俗化倾向。如，朱熹认为："忠，只是实心，直是真实不伪。"[1]"为人谋时，竭尽自己之心，这个便是'忠'。"这样的解读，自然让人想到"'忠'只是个待人底道理"，如此理解也确实有其合理之处。不足在于朱子认为："自家事亲有不尽处，亦是不忠。"[2]忠不仅对人且对己；不仅对他人之事，且对自家之事。意即"忠"在其生发处强调的就是"尽己"，"'忠'，只是朴实头白直做将去"，"忠"是质朴的、原生的、浑然天成的、不加任何文饰的。君臣之间相待的规则即是如此，"君臣之间一味忠朴而已"[3]。

陆九渊对"忠"的解释也选择了忠实不欺的角度："'忠'者何？不欺之谓也。""人而不欺，何往而非忠？"[4]不难看出，朱熹和陆九渊对忠的解释是非常平易朴实的，没有任何精深难懂之处。忠的意义也显得非常通俗，如此就向人们提出这样一个问题：在理学家心目中，君主等级制度及其纲常伦理就是天理。"上下之分，尊卑之意，理之当也。"[5]"宇宙之间，一理而已。""其张之为三纲，其纪之为五常，盖皆此理

---

1 / （宋）黎靖德：《朱子语类》卷十六，《朱子全书》第 14 册，上海古籍出版社、安徽教育出版社 2010 年版，第 552 页。

2 / （宋）黎靖德：《朱子语类》卷二十一，《朱子全书》第 14 册，第 720 页。

3 / （宋）黎靖德：《朱子语类》卷二十四，《朱子全书》第 14 册，第 866 页。

4 / （宋）陆九渊：《陆九渊集》卷三十二，中华书局 1980 年版，第 374 页。

5 / （宋）程颢、程颐：《二程集》，第 749 页。

之流行，无所适而不在。"[1] 谁违背了这种等级制度和纲常就是违背了天理。这是绝对不能允许的。那么，为什么理学家们没有把"忠"进行拔高处理呢？这是理学家在论证君主制度合理性和神圣性时的疏忽吗？还是有意为之？根据朱熹的见解，忠属于性情修养范畴，属于意识修养类初级阶段的功夫，算不上高深的理论思考。他曾经说过："忠信孝弟之类，须于小学中出。"[2] "古者初年入小学，只是教之以事，如礼乐射御书数及孝弟忠信之事。自十六七入大学，然后教之以理，如致知、格物及所以为忠信孝弟者。"[3] 而小学属蒙童刚上学时就要涉猎的学问。朱熹把"忠"列入小学范畴，说明在他看来，"忠"属于思想建设的基础工程，是需要加以普及，令其广泛深入人心的。正因为在理学家那里"忠"是思想建设的基础，才足以见其在理学体系中占据着举足轻重的地位。也正因为"忠"是思想修养的较低层次，所以，作为臣民应当"尽忠"，无疑成为人之为人必须具备的品德了。

第二，理学家眼中的"忠信"与"忠恕"。

"忠信"和"忠恕"是备受孔孟及其后学重视的范畴。以复兴"圣人"之道为己任的理学当然对这两大范畴也投以特别的关注。

其一，理学家眼中的"忠信"。

在二程眼里，忠信不仅是做人的根本，且是"礼之本"。"人无'忠信'，则不可以为

---

[1]／(宋)朱熹:《晦庵集》卷七十,《朱子全书》第23册,第3376页。

[2]／(宋)黎靖德:《朱子语类》卷十四,《朱子全书》第14册, 第422页。

[3]／(宋)黎靖德:《朱子语类》卷七,《朱子全书》第14册, 第268页。

学。"¹ "忠信者以人言之,要之则实理也。""忠信者,实也。"²

比较而言,朱熹对忠信的研究多于二程。朱熹认为,包括忠在内的规范都是理的表现,或者说这些范畴本身就是理。在朱熹眼里,人之所以为人的根本在于理、气的结合,"天理固浩浩不穷"。如果离开了"气",没有"气"的加入,即便是存在着"理"也无法形成人。"故必二气交感,凝结生聚,然后是理有所附著。"人在社会生活中所表现出的一切言语动作、思想追求等都是"气",而"理"是蕴含于其中的。"故发而为孝弟忠信仁义礼智,皆理也。"³

细细考究这个"气",有人发现禀气是有清浊之分的。朱熹的看法是"气禀之殊,其类不一,非但'清浊'二字而已。"禀气不同,人们的表现也就各不相同。"今人有聪明,事事晓者,其气清矣,而所为未必皆中于理,则是其气不醇也。有谨厚忠信者,其气醇矣,而所知未必皆达于理,则是其气不清也。推此求之可见。"⁴

就"理"而言,只有一个"天理"。"理"获得伸张,那就万般皆备了。"且如言著仁,则都在仁上;言著诚,则都在诚上;言著忠恕,则都在忠恕上;言著忠信,则都在忠信上。"也就是说,"理"是仁、诚、忠恕、忠信的灵魂。只要具备了"理","自然血脉贯通"。⁵ 一方面说明,

1 /(宋)程颢、程颐:《二程集》,第352页。

2 /(宋)程颢、程颐:《二程遗书》卷十一,第169页。

3 /(宋)黎靖德:《朱子语类》卷四,《朱子全书》第14册,第194页。

4 /(宋)黎靖德:《朱子语类》卷四,《朱子全书》第14册,第204页。

5 /(宋)黎靖德:《朱子语类》卷六,《朱子全书》第14册,第237页。

理对仁义礼智信、忠孝节义具有统领性；另一方面说明，诸种德目不过是理的外在表现而已。"诚者实有之理，自然如此。忠信以人言之，须是人体出来方见"[1]，将这一逻辑关系做了非常清晰的说明。又如，"道"是人们所共同遵循的，"德"则是每一个独立的个体所拥有的。"诚、忠、孚、信：一心之谓诚，尽己之谓忠，存于中之谓孚，见于事之谓信。"[2]

有人向朱熹请教："'恭敬'二字，以谓恭在外，功夫犹浅；敬在内，功夫大段细密。"朱熹回答说："二字不可以深浅论。恭敬，犹'忠信'两字。"[3] 怎么理解呢？朱熹说："忠自里面发出，信是就事上说。忠，是要尽自家这个心；信，是要尽自家这个道理。"[4]

从朱熹的言论看，忠是发自内心的一种品质。"忠信"合而为"礼"之根本，但在"忠信"这个复合范畴内部，"忠"又是根本，换言之，"忠"是根本的根本。

陆九渊也赋予"忠信"以极高的地位。他曾经就忠信问题专门撰文——《主忠信》，探讨忠信的道德价值。陆九渊甚至把忠信抬高到以划分人与禽兽之分的高度，指出："'忠信'之于人亦大矣。""'忠信'之于人，如木之有本，非是则无以为木也；如水之有源，非是则无以为水也。人而不'忠信'，果何以为人乎

---

[1] (宋)黎靖德：《朱子语类》卷六，《朱子全书》第14册，第242页。

[2] (宋)黎靖德：《朱子语类》卷六，《朱子全书》第14册，第238页。

[3] (宋)黎靖德：《朱子语类》卷六，《朱子全书》第14册，第265页。

[4] (宋)黎靖德：《朱子语类》卷六，《朱子全书》第14册，第266页。

哉？""人而不'忠信'，何以异于禽兽者乎？"[1]可见，在陆九渊眼中，如果人不讲"忠信"，那就不是人，而是自甘堕落，将自己贬低到与禽兽同类了。

其二，理学家看"忠恕"。

对于"忠恕"，理学家也非常关注。二程认为，所谓"忠恕""犹曰'中庸'，不可偏举。"[2]但作为一个复合范畴，忠与恕又是什么关系呢？有人问："'忠恕'可贯道否？"程氏答曰："'忠恕'固可以贯道，但子思恐人难晓，故复于《中庸》降一等言之，曰：'忠恕违道不远。'"可见，忠恕固然可以载道，但子思担心人们无法理解其中的道理，所以在《中庸》一书中，他降了一个等次来谈这个问题。实际上"'忠恕'只是体用，须要理会得。""'忠'，天道也；'恕'，人事也。'忠'为体，'恕'为用。"又有人问："'恕'字，学者可用功否？"程氏回答说："恕"是个很大的概念，不可以单独使用，"须得'忠'以为体"。对于其中的缘由，程氏做了下述解读："不'忠'何以能'恕'？看'忠恕'两字，自见相为用处。孔子曰：'君子之道四，丘未能一焉。''恕'字甚难。孔子曰：'有一言可以终身行之者，其恕乎！'"[3]这种认识是否准确？朱熹提出了异议："伊川解经，是据他一时所见道理恁地说，未必便是圣经本旨。"[4]

[1]／（宋）陆九渊：《陆九渊集》卷三十二，第374—375页。

[2]／（宋）程颢、程颐：《二程集》，第1173页。

[3]／（宋）程颢、程颐：《二程遗书》卷十八，第232页。

[4]／（宋）黎靖德：《朱子语类》卷一百五，《朱子全书》第17册，第3445—3446页。

在朱熹看来，忠与恕的差别在于一内一外，他说："主于内为忠，见于外为恕。忠是无一毫自欺处，恕是'称物平施'处。"[1] 也就是说，忠是由行为主体自己掌控的。只有做到没有丝毫自欺方能谓之忠。恕则相对复杂，它是在别人身上表现出来的行为主体对之所采取的态度。这种态度的正取向显然取决于忠。故而朱熹有言："忠者天下大公之道，恕所以行之也。忠言其体，天道也；恕言其用，人道也。"[2] 对于这种体、用关系，朱熹作了如下解释："忠者，尽己之心，无少伪妄，以其必于此而本焉，故曰'道之体'。恕者，推己及物，各得所欲。以其必由是而之焉，故曰'道之用'。"[3]

朱熹在解剖了忠、恕之别的基础上，又对二者的一体性进行了分析。"忠是本根，恕是枝叶。""忠因恕见，恕由忠出。""忠只是一个忠，做出百千万个恕来。"在朱熹看来，忠就是树根，深埋于地下不为人见；恕就是枝叶，摇曳于世人眼前。枝叶是由本根生发出来的，没有本根就没有枝叶，恕之于忠亦然；本根的价值是借助于枝叶展现的，没有枝叶就无法实现本根的价值，忠之于恕亦然。此即"非是别有枝叶，乃是本根中发出枝叶，枝叶即是本根"。所以，朱熹说："（忠恕）便是一个物事，犹形影，要除一个除不得。"[4]

---

[1]/（宋）黎靖德：《朱子语类》卷二十七，《朱子全书》第15册，第968页。

[2]/（宋）程颢、程颐：《二程集》，第360页。

[3]/（宋）黎靖德：《朱子语类》卷二十七，《朱子全书》第15册，第993页。

[4]/（宋）黎靖德：《朱子语类》卷二十七，《朱子全书》第15册，第968页。

从二程和朱熹的解释可以看出，在"忠恕"这个复合范畴内部，"忠"是所谓"大本""本根"即"体"，而"恕"则是用，二者是"体"与"用"，"根"与"叶"的关系。

从总体上看，忠思想在理学家改造之下，其通俗性得到进一步加强，直接效果就是使"忠"的影响更加普及，更加深入人心，成为"天下之理"[1]"一个公共道理"[2]，从而为巩固君主统治打下了坚实的社会思想基础。

六、关羽成为"忠"传播的象征

将关羽作为传播忠君思想的政治象征始自北宋。这就产生了一个问题：为什么关羽死后在政治舞台上寂寥了数百年之久，恰恰是尚文抑武的北宋推崇生前仅有"汉寿亭侯"一爵的武将关羽，并将其作为主流政治价值的象征符号大力传播呢？

第一，北宋特殊的"国情"令关羽脱颖而出。

北宋是一个备受外族欺凌的王朝。无论是统治者还是普通百姓，大都胸怀民族自强的急迫愿望。抑武国策的实施，固然可以帮助赵家皇帝避免黄袍加于他人之身，却也导致宋人眼前难以出现可以依赖的英雄人物。在面临异族军事压迫的时候，人们自然容易选择把目光投向过去。历史上一直以"义薄云天"、武艺绝伦形

1／（宋）朱熹:《晦庵集》卷四十,《朱子全书》第22册，第1810页。

2／（宋）朱熹:《晦庵集》卷四十一,《朱子全书》第22册，第1853页。

象出现的关羽成了最佳候选人。同时，北宋的弱势国运以及从未实现真正一统天下却要强为正统的尴尬，与关羽所属的蜀汉政权颇为相似，特别是关羽之于蜀汉政权与刘备的"忠心"，更是统治者比以往任何时代都迫切需要广大臣民忠君爱国际遇中的难得典范。于是，关羽此前被津津乐道的立身之本——"义"，由于北宋王朝统治者的政治需要，开始在官方解读中退居次位，对其政治价值观念的核心进行重塑和再编码，使之更加贴合王朝的政治状况，进而形成统一的政治价值观，成为北宋时期主流政治价值体系构建的当务之急。因实事的需要，开始将关羽"忠"品质的发掘工作提上议事日程，并迅速进入实际操作。

关羽由人而神、由毫无政治思想建树到成为忠君爱国的典型和官方传播主流政治思想的载体，首功当推书画皇帝宋徽宗。宋徽宗登极之前，关羽的形象已经在官方和民间以及宗教团体的加工之下悄然改变，由早期的厉鬼、凶悍可畏的关三郎演变为弱势群体的保护神、佛家弟子而被广为接受。关羽与刘备的蜀汉也在北宋军中、民间闾巷获得广泛推崇。这种现象的出现，实际上是文昌武弱的宋人在外族压境的窘迫环境中，借助关羽的朗朗英气作为心灵寄托。换言之，对关羽与蜀汉政权的推崇与同情，并非宋人思想的实质，而是宋人在特殊"国情"下的一种独特心理表征。符号化的关羽已经不再是五虎上将历史中的真实关羽，他已经嬗变为宋代社会政治文化中的象征符号。关羽一旦成为象征符号，即担当起存储、传递象征意义的任务。

隐藏在关羽现象中的象征意义是异常丰富的，对于不同阶层的人而言可以通过"转喻""隐喻"等方式各取所需、各予所思，做出迥异的解读。这也是稍后上至皇帝、下至草根大众都崇拜关羽的内在根据。从政治性象征来说，最高统治者首先考虑的是"忠君"。"忠君"也正是关羽精神的首要内容。关羽对刘汉之忠堪称楷模，不论顺境还是逆境都能做到矢志不渝。这种忠君意识对于维护以皇帝为代表的皇权国家利益无疑是弥足珍贵的。忠，可以让皇帝的权威成为真正的绝对，让大臣的效力无怨无悔，让黎庶的屈服心甘情愿。北宋皇帝选择关羽作为政治象征符号予以加封，目的就是宣传忠君，强化君臣上下尊卑，让臣民自觉接受被统治的地位，维护赵宋天下"既寿永昌"。

第二，关羽由人而神的演变。

作为皇帝，宋徽宗归属无道昏君之列。他一方面希望自己能够得道成仙，另一方面又希望有忠义之士为他保疆卫土。要达到这一目的，宋徽宗必须寻找一个政治统治集团、文化精英集团、宗教势力，以及普通民众都能接受，各股势力的心理期待与诉求都能蕴含其中的政治符号。此时，关羽在民间已经获得很高的信仰度，已经具有了正义、仁爱、勇猛的象征意味，而且是佛道两大宗教的神祇，加之"羽好《左氏传》，讽诵略皆上口"[1]，日益受到儒生的推崇。官方对关羽虽然不甚重视，毕竟自唐代起关羽已经成为某些地方官员进行政治教化的工具。能够综合各

1／(晋)陈寿：《三国志》卷三十六，中州古籍出版社1996年版，第423页。

种优势条件于一身的政治象征人物的确非关羽莫属。于是，政治上颇为灰暗低能的宋徽宗做出了算得上可圈可点的决定：加封关羽。其用意显然是试图借助关羽这样一个典型人物，在君、臣、民、宗教势力之间设立一种稳定的权利义务关系，以达到孔子所谓"君君，臣臣，父父，子子"（《论语·颜渊》）的治理效果。

由宋徽宗扮演"伯乐"，担纲关羽崇拜的第一政治推手，以进行主流政治价值观念（"忠"）的传播，具有强烈的偶然性。

崇宁元年（1102），宋徽宗赐封关羽"忠惠公"[1]，以表彰关羽对蜀汉政权与刘备的耿耿忠心。通过当朝天子加封方式，将关羽彪炳日月的精神内核——忠君凸显出来，弘扬关羽痴心忠君品质之意昭然若揭。由于时隔数百年之久始才获得帝王确定无疑的褒扬式封谥，关羽由"侯爷"晋升为"公爷"显得特别引人注目，并产生了强烈的政治广告效应。虽然宋徽宗不能直接面对每一个臣民教导其忠君，却可以通过褒扬忠臣等手段影响臣民关注的目光及其政治价值取向。他不能强迫臣民"应该怎么想"，但可以暗示臣民想什么才对他们更有利。宋徽宗的举动在现实性上为其臣民政治价值观的养成进行了"议程设置"。同时，宋徽宗政治上的缺陷，使他在进行"议程设置"过程中难以如成熟政治家那样深谋远虑、周密规划。这一"短板"恰恰使其借褒赞关羽传播忠君意识的强度显得并不过分，没有形成对其臣民原有政治价值理念的强势清理与借君权进行胁迫的嫌疑，反而收到了更好

---

[1] 按："忠惠"二字取自《逸周书·官人》："君臣之间，观其忠惠。"

的传播效果。当然,这一过程的顺利展开和推进,与关羽身跨政界、文化界、宗教界、世俗社会四大领域并广为接受的形象特殊性不无关联,即关羽"自身的存在的各种意象和信仰的复杂"[1],使得关羽在各传播渠道的社会互动中都极易传播包括忠君在内的价值理念。如此一来,关羽的忠臣形象很快在朝堂、庙观和乡间野店巍巍然树立起来,附着于忠惠公身上的忠君价值理念也随着关羽正面形象的确立与广为接受迅速传播开来。

作为借关羽形象传播忠君思想的最大受益者,醉心道教的宋徽宗对于有这样一位代言人帮助自己巩固皇权的合法性效果深感满意。崇宁三年(1104),宋徽宗利用解州盐池恢复生产之机又出惊人之举,他用自己的年号——崇宁为封号,道教的真君为尊号,加封关羽为"崇宁真君",迈出了关羽在官方政治舞台上成神为仙的第一步。虽说道教中的真君地位颇高,但阵容确也称得上庞大。不过,能够以当时在位皇帝的年号为封号的真君实属仅见。将如此神圣的封号赐予关羽,其直接动因在于关羽斩杀蚩尤令解州盐池恢复生产,纾解了大宋王朝面临的财政危机(徽宗朝六分之一财政收入来源于此)。政治价值层面的原因则在于,蚩尤在数千年前就是宋王朝赵家皇帝的远祖轩辕黄帝的死敌,如今出来作乱就是挑战赵家王朝。关羽之胜强化了赵宋政权的神圣性与权威性。在这场以当朝皇帝为主导掀起的"造神运动"中,关羽传播主流政治价值观的精神编码属性进一

---

[1] [英]特伦斯·霍克斯:《结构主义与符号学》,瞿铁鹏译,上海译文出版社,1987年版,第135页。

图 7-1：太原关帝庙

步强化。这一精神编码的核心就是主流政治价值所倡导的忠贞、勇毅,坚定不移地捍卫君统尊严。尤其是关羽这个传播符号特有的异常强烈的悲剧色彩与视觉和感情的冲击力,使其在"吸引注意""引起合目的变化(认知、情感、意志行为等的受动性改变)"方面较之传播渠道中的其他政治象征更具优势。

关羽拥有"以一种所喜爱的方式左右他人行为的能力"[1],可以较好地发挥"议程设置功能",加之"传播活动总是流向社会上需要它的地方"[2]。故而,关羽形象所到之处,传播行为自然而然地演变成一种官方控制下的价值观教导与灌输。

短短三四年时间,关羽迅速成为北宋王朝社会生活各个领域实现主流政治价值观传播的教科书,并能通过自己的事迹将官方教化落到实处,使政教民间各界达成观念上的向心性。关羽作为北宋各界顶礼膜拜的偶像传播忠的价

---

1 / 喻国明:《关于传媒影响力的诠释——对传媒产业本质的一种探讨》,载《国际新世界》2003年第2期。

2 /［美］威尔伯·施拉姆、威廉·波特:《传播学概论》,陈亮等译,新华出版社1984年版,第108页。

值观念。忠君的价值观念传播在广度与深度上均取得巨大进展。政治价值观传播的广度与深度是衡量该价值观能否成为名副其实的主流政治价值的重要尺度。广度侧重于衡量该价值观的普及程度,即受众在全体民众中所占的比例。深度侧重于衡量该价值观作用于受众的充分程度。无论是广度还是深度,传播中的政治价值观都要做到深得人心、深入人心。随着关羽形象的日益普及与广泛接受,忠的价值观念传播之速超过北宋之前的任何时代。

宋徽宗执政的最后几年,关羽接连受到追封,直至荣升义勇武安王。虽然此时的关王还只能从祀于"武成王庙",但地位已经直逼"资深"武圣姜子牙。虽然北宋政权在这位书画皇帝及其子手中画上了令人齿寒的句号,但以关羽为象征符号进行主流政治价值观传播的做法却延续下来,并在后世蓬勃发展,形成明朝的迭起高潮与清代的疯狂。

诚然,关羽不过是宋徽宗以及后世统治阶级宣传忠君价值观的传播工具罢了。关羽能够在政治舞台上沉寂数百年而又重新崛起,完全是统治者看中了关羽在传播忠君价值观方面的特殊价值。在统治者的装扮下,关羽俨然成为忠君政治价值的广告代言人,是启发、诱导社会各阶级学习的目标、榜样、"先进典型"。正是通过营造关羽崇拜的舆论氛围,在北宋及其之后的历史发展过程中形成人人学忠臣、人人做忠臣的价值导向,抑制了社会上不忠因素的负面影响,使广大社会成员潜移默化地接受忠思想教育。客观地说,这种教育方式显然比空洞说教和硬性灌输要高明得多。

第八章

元朝市民文化勃发背景下走向世俗

　　元朝是我国历史上第一个由少数民族建立的空前大一统的中央集权国家。虽然蒙古统治者的文明程度较汉族低，但他们接受了儒士"行汉法乃可长久"（《元史·许衡传》）的建议，从而使包括忠思想在内的以儒家文化为核心的中原文化在元朝得以延续。

一、元杂剧、散曲、诗歌与忠

　　元杂剧作家大都是些文化修养、艺术品位较高，但又失去仕进之途的儒生。他们对传统伦理思想持否定态度，主张"人生贵适意"（关汉卿《双调乔牌儿·无题》），行乐要及时，似乎有些颓废，且有强烈的小市民色彩。但忠思想所包含的社会责任感在他们身上却时时有所表现。虽然他们对江山社稷、君主国家的责任感不像官员那样具有政治属性，但却是忠思想在其内心深处扎根的一种表现。嬉笑怒骂、游戏人生的"痞性"外表下埋藏着充满辛酸、无奈、意欲振翅却不知天空所在何方的凄凉。

从元杂剧曲目看,直接以"忠"命名的有:《忠孝蔡伯喈琵琶记》(高明)、《席雪餐毡忠节苏武传》(佚名)、《忠义士豫让吞炭》(杨梓)、《忠正孝子连环谏》(罗本)、《八大王开诏就忠臣》(佚名)、《汉忠臣叠土望嗣台》(佚名)、《汉李陵撞石全忠孝》(佚名)、《尽忠孝路冲教子》(佚名)等。而以宣传忠思想为主旋律的著名杂剧则非《赵氏孤儿》和《忠孝蔡伯喈琵琶记》莫属。

第一,《赵氏孤儿》所表现的忠思想。

《赵氏孤儿》是元杂剧中的悲剧代表作。《赵氏孤儿》被法国启蒙思想家伏尔泰改编为歌剧——《中国孤儿》,尤其值得注意的是该剧被伏尔泰明确注明"五幕孔子的伦理"。可见,在西方人看来,《赵氏孤儿》是宣传中国传统伦理道德的。事实上,其宣传的重点就是一个字——忠。

赵氏孤儿的故事最早见于《左传》,所记甚略。《史记》《新序》与《说苑》记载较详。据《史记·赵世家》记载:晋景公三年(前597),大夫屠岸贾图谋杀掉风头正劲的赵氏。赵盾在世的时候,曾经梦见叔带(造父七世孙)抱着他的腰非常悲伤地哭泣;过了一会,叔带转哭为笑,边拍手边唱歌。赵盾找人做了占卜,该梦寓意走过绝境而后再续佳兆。赵国的史援占卜之后认为,此梦非常凶恶,其危害如不在赵盾身上应验,就会落在赵盾儿子的身上。到了赵盾孙子这一代,赵氏可能会更加衰落。从忠的角度分析,赵盾作为臣子最大的问题是"弑其君"(不忠)。虽然赵盾将弑君的责任推给赵穿,但他"为正卿,亡不出境,反不讨贼"

(《史记·赵世家》),所以"弑君"的帽子是无法轻易摘掉的。屠岸贾诛赵利用的正是赵家在为人臣要忠这一点上存在无法说清的污点。

屠岸贾是否真有其人争议颇多,但离开屠岸贾似乎就难以在忠奸对比中突出程婴等人的高大形象,收到弘扬忠思想的效果。所以,制造赵氏灭门案件的元凶不论是不是真实存在,这样一个屠岸贾的确必不可少。故而,人们宁愿相信确实存在过这样一个戕害忠良的大奸之臣。

屠岸贾先是得宠于晋灵公,晋景公时做了司寇。大权在握之后,屠岸贾就要以"不忠"的罪名清算赵家。他在动员手下诸将时说:"盾虽不知,犹为贼首。以臣弑君,子孙在朝,何以惩罪?请诛之。"韩厥(晋国卿大夫,后列八卿之一)却认为,弑君之事发生时,赵盾不在朝内,此事与其无关,不能给赵盾乱扣帽子。屠岸贾对韩厥之说置若罔闻,执意诛灭赵氏。韩厥无奈,只好将此事告知赵朔(赵盾之子),让他速速逃亡。赵朔认为此时逃走,恰恰会让家族背负不忠的恶名而无法洗刷,便对韩厥说:"子必不绝赵祀,朔死不恨。""韩厥许诺,称疾不出。"(《史记·赵世家》)其后,屠岸贾没有获得晋君许可,擅自率人将赵氏家族攻灭。

赵朔的妻子是晋成公的姐姐,灭门案发生时,身怀有孕的她逃到晋景公的宫中躲藏起来。公孙杵臼是赵朔的门客,他对赵朔的好友医者程婴说:"先生为什么不死呢?"程婴回答说:"朔之妇有遗腹,若幸而男,吾奉之;即女也,吾徐死耳。"不久,赵朔的妻子生下一个男孩。屠岸贾闻讯,来到官中搜索,空手而归。

屠岸贾的淫威并没有吓倒程婴,他对公孙杵臼说:"今一索不得,后必且复索之,奈何?"(《史记·赵世家》)公孙杵臼没有回答程婴的问题,而是反问:"立孤与死孰难?"程婴认为与抚养赵氏遗孤相比,死显然简单得多。公孙杵臼说:"子强为其难者,吾为其易者,请先死。"二人采取调包计,骗过屠岸贾,保下了赵氏孤儿的性命。后来,赵氏孤儿长大成人终报大仇。

《赵氏孤儿》(以下简称《赵》)的剧情基本源于这段历史,不同之处在于《赵》剧更强调了"忠"(赵氏)"奸"(屠岸贾)的对立。比如,程婴的行为用报答知遇之恩解释更恰当,但《赵》剧却解释为"尽忠"之举,而这种解释显然更符合政治寡头统治的要求——身为臣民就当为君尽忠。《赵》剧赋予程婴等人以"忠"的美誉当然不是什么理论上的创新,实际上,宋朝就曾多次为程婴、公孙杵臼、韩厥加封爵号、立庙修祠。《赵》剧不过是把这种政治表演敷衍成文艺表演罢了。

仔细分析程婴等人的忠行为,可以看出,其忠远非历代统治者一厢情愿所理解的狭隘的忠君之忠。事实上,程婴等人的行为理解为忠天下之忠似乎更接近该事件的原貌。《赵》剧中,屠岸贾灭了赵氏一家三百余口不算,还要杀尽晋国所有同龄的婴儿。为了挽救天下无辜的孩子和赵氏孤儿,程婴等人不惜牺牲自己以保全天下的无辜弱小,这就使其行为具有了超越简单报恩,而以天下为重的意味。这不正是忠天下吗?当然,这又似乎有刻意拔高之嫌。不管怎么说,为了不使晋国无辜的孩子受牵连,程婴等人选择牺牲自己利益的史实是毋庸置疑的,这种崇高的人格魅力无疑是可以光照千秋的。

元杂剧中还有许多涉及忠、奸对立的作品。如郑廷玉的《楚昭公疏者下船》:"闲时故把忠臣慢,差时不听忠臣谏,危时却要忠臣干。"这段唱词生动地道出了历史上忠臣的尴尬境遇——国家处于太平时期,忠臣不受待见;社会危机四伏时,忠臣舍命进谏却不被接受;大难临头时,却让忠臣冲在前面。不仅如此,李寿卿更是直接把忠臣的人生悲剧展现在观众面前:"怎听他费无忌说不尽瞒天谎,着伍子胥救不得全家丧。也枉了俺竭忠贞辅一人,扫烽烟定八方。倒不如他无仁无义无谦让,白落的父子擅朝纲。"反观奸臣,似乎显得潇洒快活:"别人笑我做奸臣,我做奸臣笑别人。我须死后才还报,他在生前早丧身。"[1] 虽然忠臣活得辛苦,奸臣大部分时候春风得意,杂剧往往还是以忠臣诛杀奸臣,报了冤仇作结,如上述二剧即是如此。这样的处理方式,一方面满足了观众的欣赏要求,也表现了作者对忠臣的景仰之情和对奸臣的无比愤恨。

第二,《忠孝蔡伯喈琵琶记》反映的忠思想。

忠思想借助杂剧这种通俗的娱乐形式得到了很好的传播。不过,杂剧在塑造忠臣和奸臣形象时如其他通俗艺术形式一样有脸谱化倾向,这固然有将复杂的政治矛盾表面化的缺陷,但

---

[1]/(元)李寿卿:《说专诸伍员吹箫》第一折,载(明)臧晋叔编:《元曲选》,中华书局1958年版,第647页。

对于宣传作者所推崇的价值观念还是大有裨益的。有些情况下，剧作家们甚至通过"歪曲"事实的方法塑造其心目中的理想形象。比较典型的如高明的《忠孝蔡伯喈琵琶记》。

《忠孝蔡伯喈琵琶记》（以下简称《琵琶记》）是由宋代《赵贞女蔡二郎》改编而成。在《赵贞女蔡二郎》一剧中，蔡伯喈（即蔡邕）是个不忠不孝的反面人物。这与宋代大量书生科场得意后背叛家庭、抛妻弃子、攀龙附凤的社会文化背景密切相关。这种婚变故事背后隐藏的是书生的不忠。随着"陈世美"的屡屡出现，通过文艺作品对此类不忠之举予以挞伐一时成为风尚。元代政治制度的设计，不仅让书生难以获取宋代那样优越的社会地位，甚至沦落到被人调侃为"十儒九丐"，成为社会的弱势群体，人们同情的对象。与一般百姓相比，书生知书达礼，是社会文化的传承者，加之传统文化与书生个人出身、经历、性格、价值取向各异的结合，使其人生显得多姿多彩，提供了更多可以创作的空间。书生从宋代被谴责的反面形象，摇身一变成为传播真善美的正面形象。《琵琶记》的创作，就是高明为了宣传他所信奉的忠孝观，把蔡伯喈改造成了忠孝双全的正面人物。《琵琶记》所反映的是忠、孝这两大思想在蔡伯喈这个历史人物身上的集中冲突。

《琵琶记》第一出就告诉我们，蔡伯喈有个幸福美满的家庭，尤其是其妻子赵贞女"有贞有烈"，蔡伯喈更是"全忠全孝"。此时的蔡伯喈只是在家中践行了为子之孝，悉心照料年迈的父母，至于于国、于君之忠尚处于未能实践阶段。恰在此时，天子出榜招贤，年事已高的蔡父催促蔡伯喈赴考，蔡父敦促儿子的理由就是让他做一个忠孝双全的大丈夫："人生须要忠孝两全，方是个丈夫。"要成为济世安民的大丈夫，则须登上政治舞台，"上京取应"[1]方有可能。蔡伯喈只好辞别父母、妻子赴京赶考。蔡伯喈得中状元后，牛丞相强迫其入赘，并以君命（借忠压人）和权势相逼。蔡伯喈无奈欲辞官，说道："忠和孝，恩和义。念父母八十年余，况已娶了妻室，再婚重娶非礼。"蔡伯喈不仅向牛丞相陈明道理，更是表达了坚定的态度——"待早朝，上表文，要辞官家去"[2]，并希望牛丞相能够另选佳婿。对于蔡伯喈而言，此时陷入的是多重矛盾冲突：屈从于牛丞相，就是对妻儿和家庭的不忠，对年迈父母的不孝；违逆牛丞相，就意味着得罪当朝权臣，难以为国、为君尽忠。无论是何种选择，蔡伯喈都将面临"残忠"的结局。朝堂上，蔡伯喈做出了最后努力，提出："若还念臣有微能，乡郡望安置。庶使臣，忠心孝意得全美。臣无任瞻天仰圣，激切屏营之至。"[3]但是，蔡伯喈的请求并没有被接受，得到的却是利诱与让他放弃孝道的劝导："事君事亲一般道，人生怎全忠和孝？"[4]矛盾发展到这个地步，在皇帝集权的政治背景下唯一解决的办

---

1 /（元）高明：《琵琶记》，载（明）毛晋编：《六十种曲》第1册，中华书局1958年版，第4页。

2 /（元）高明：《琵琶记》，载（明）毛晋编：《六十种曲》，第56页。

3 /（元）高明：《琵琶记》，载（明）毛晋编：《六十种曲》，第62页。

4 /（元）高明：《琵琶记》，载（明）毛晋编：《六十种曲》，第64页。

法就是圣上裁决了。于是,皇帝下旨:"所议婚姻事,可曲从师相之请,以成桃夭之化。"[1] 忠与孝的冲突最终以忠的胜出得到解决,皇帝以天下最高裁判者的身份终结了蔡伯喈深陷角色冲突的痛苦,在维护忠君为上的旗帜下,堵塞了蔡伯喈行孝的通道。最后,蔡伯喈在"能忠不能孝,能孝不能忠"[2] 的两难抉择中只能选择忠,结果使父母在饥荒中死去。

《琵琶记》在忠思想发展史上的价值在于提供了一个处理"忠""孝"冲突的蓝本,它以设问的方式告诉我们如何衡量"忠""孝"的价值量。当不能做到"忠""孝"并举的时候,当必须牺牲一种道德追求才能履行另一道德要求的时候,应当如何选择呢?《琵琶记》指出:舍孝取忠。当然,选择了忠并不意味着可以不孝,只是在鱼和熊掌之间《琵琶记》帮我们选择了价值量更大的一方。甚至在做出选择之后,尽孝的要求依然会时时闪现,如蔡伯喈的一段唱词就很能说明这一点:"我穿的是紫罗襕,倒拘束得我不自在;我穿的是皂朝靴,怎敢胡去踹?你道我有吃的呵,我口里吃几口慌张张要办事的忙茶饭,手里拿着个战兢兢怕犯法的愁酒杯。倒不如严子陵登钓台,怎做得扬子云阁上灾?似我这般样为官呵,只管待漏随朝,可不误了秋月春花也?干碌碌头又早白。"[3] 为了尽忠而不能尽孝,蔡伯喈内心表现出激烈的矛盾冲突。

1 /(元)高明:《琵琶记》,载(明)毛晋编:《六十种曲》,第63—64页。

2 /(元)高明:《琵琶记》,载(明)毛晋编:《六十种曲》,第147页。

3 /(元)高明:《琵琶记》,载(明)毛晋编:《六十种曲》,第117页。

甚至尽忠带来了旌表和升迁，蔡伯喈依然为未能尽孝而愧疚："儿不孝，有甚德蒙岳丈过主维？何如免丧亲，又何须名显贵？可惜二亲饥寒死，博得孩儿名利归……人生怕不全孝义，圣明世，岂相弃。"[1]

蔡伯喈的艰难处境，反映了忠思想在一定程度上对人性的摧残。不过，就《琵琶记》的本意，还是进行道德教化，教导人们尽忠。《琵琶记》一经问世，立即获得当权者的热烈欢迎，明朝开国皇帝朱元璋甚至认为《琵琶记》的作用要超过四书五经。

第三，散曲、诗歌对忠思想的复杂心态。

元散曲、诗歌中传统价值观念遭到无情抛弃。在散曲作家看来，自古及今的朝代更替不过是一场场的闹剧，功名利禄也是转眼成空的虚幻之物。无论谁做皇帝，百姓到头来还是百姓，永远摆脱不了受苦受难的命运，"兴，百姓苦；亡，百姓苦"[2]，人们根本没有必要按照当权者宣传的戒律去约束自己的行为，更不要为君主的家天下去卖命尽忠。甚至像屈原这样的忠臣，在散曲中也成了被奚落的对象："何须自苦风波际。"[3] "众人皆醉我独醒，众人皆醒我独醉。先生何苦与世违，醉醒之中有深意。"[4] "却有一尊春

---

[1] （元）高明：《琵琶记》，载（明）毛晋编：《六十种曲》，第166页。

[2] （元）张养浩：《山坡羊·潼关怀古》，载（元）杨朝英编：《朝野新声太平乐府》卷四，中华书局1958年版，第171页。

[3] （元）陈草庵：《山坡羊》，载无名氏选辑：《梨园按试乐府新声》卷中，中华书局1958年版，第66页。

[4] （元）仇远：《醉醒吟》诗，《金渊集》卷二，中华书局1985年版，第24页。

第八章
元朝市民文化勃发背景下走向世俗

酿在，醉眠犹胜楚三闾。"[1] 这说明，由于元朝统治者错误的政策选择，将读书人压制到社会底层的恶果开始显现。忠君意识在元朝知识阶层的市场占有率已经大大降低，很多人已经不再愿意把自己的人生追求束缚于忠君道统之上，他们更愿意冲破这种束缚去追求人生的自由与幸福。虽然知识阶层与平民大众抛弃忠的原因各不相同，但有一点应该是共同的，那就是元朝的社会大动荡打破了知识阶层的人生梦想，他们虽或有忧国忧民情怀，但无力与强大的征服者抗衡，在忍受心灵巨大痛苦的同时，他们毅然抛弃传统伦理要求，转而追求个性的自由与解放。

需要说明的是，元朝知识阶层对忠思想存在不再热衷的倾向，并不妨碍他们对历史上忠臣义士的景仰之情仍时时有所表现，尤其是对关羽的关注似乎更多一些。这又为人们展现了元朝知识阶层伦理思想的另一面，即他们通过各种形式表明自己不受传统伦理规范的羁绊，向政治体系"示威"的同时，忠思想在其内心深处的影响却总是难以完全抹掉。特别是面对元朝的国家政策，他们无力加以改变，更无力扭转社会的历史进程。知识阶层只能选择歌颂历史上忠臣的忠义精神，或对其因忠致祸的遭际深表同情，来寄托自己的忠意了。这也从一定程度上说明，宋元统治者树立的爱国忠君典范（如关羽），其忠的精神真正被发掘出来，还是应当归功于世俗社会的知识分子。不过，此时对关羽的推崇还处于起步预热阶段，关羽仍然作为一个具有高尚品德的人格

---

[1] /（元）仇远：《酒边》诗，《金渊集》卷六，中华书局1958年版，第81页。

形象存在于人们心中。比较有名的作品是胡琦所撰《关王事迹》五卷（现藏于北京图书馆）、《汉寿亭侯志》二卷（现藏于北京大学图书馆）、《汉寿亭侯志》五卷（现藏于北京师范大学图书馆）。

二、《三国演义》《水浒传》与忠

《三国演义》和《水浒传》是中国文学史上具有划时代意义的两部文学作品。章培恒、骆玉明先生认为"把这两部小说编入元代文学要更合理些。进一步说，这两部小说的形成都经过相当长的时间，就其所联系的历史背景而言，显然与元后期东南地区的经济文化形态有密切关系。所以说，尽管元后期与明初实际年份相差不多，但作为文学史的一个环节来叙述，也是把它们编入元代文学比较合理。"[1] 在研究忠思想与《三国演义》《水浒传》的关系时，我们也将上述两部作品放在元代。

第一，《三国演义》与忠思想。

《三国演义》受忠思想影响颇为深刻。据统计，《三国演义》全书一百二十回，共出现"忠"字五百六十七次，除去人名中出现的三百九十四个"忠"字，其余一百七十三个"忠"都是以"忠义""忠臣""忠贞""忠诚""忠言""忠君""忠正"等形式出现，其中居于前两位的是"忠义"（共出现五十二次）和"忠臣"（出现二十二次）。从中可以看出，"忠义"与"忠

---

1 / 章培恒、骆玉明主编：《中国文学史》下，复旦大学出版社 1996 年版，第 173—174 页。

臣"颇受《三国演义》的关注。

其一，以"忠"为准绳的人物定性。

从《三国演义》安排给人物的道德定性看，其准则就是忠。以刘备为代表的蜀汉一方所以为正方，是因为刘备或多或少有一点与汉室王朝的血统关系——"中山靖王刘胜之后，汉景帝阁下玄孙"[1]。对于刘备的血统，《三国志》是予以承认的："先主姓刘，讳备，字玄德，涿郡涿县人，汉景帝子中山靖王胜之后也。"(《三国志·蜀书·先主传》)在注重血统、讲究家世的时代，强调出身的高贵尤其是突出与皇室的血脉关系，当然不单单是闲续家谱的需要，更主要的是血统可以成为有力的政治资源，成为号召力、影响力、吸引力、凝聚力的源泉。谁获得了正统这块招牌，谁就在政治权力角逐中占据了主动。这一点，不仅刘备清楚，手中无权的皇帝同样清楚，所以才会出现"帝排世谱，则玄德乃帝之叔也"[2]的一幕。这对于刘备赢得大批忠义之士的拥戴起到了关键作用。也正是凭着这一点，刘备在《三国演义》中总是获得赞扬，从而表现出作者尊崇正统的忠君观念。

曹操对正统这块招牌同样重视，但其自身的血统条件明显处于劣势。与刘备"高贵"的出身相比，曹操出身低贱得多。他不仅由宦官抚养成人，且《三国志》说他"莫能审其生出本末"(《三国志·魏书·武帝纪》)，甚至曹操姓氏都成了谜题。有人说他姓夏侯，是夏侯惇的叔父。其曹姓，则来

1 /（元）罗贯中著，（清）毛宗岗评改：《三国演义》，上海古籍出版社1989年版，第6页。

2 /（元）罗贯中著，（清）毛宗岗评改：《三国演义》，第249页。

自宦官曹腾将其收养后的改姓。虽说曹腾有为人忠孝的名声，但宦官在当时及其之后历史中的负面形象，无疑是曹操逐鹿的负能量。与此相对应，以曹操为代表的曹魏政权，虽然在三足鼎立的军事斗争中居于主动地位并最终取代汉王室，但曹操一方却总是表现为"邪"。曹操本人虽然有作为"奸雄"的一面，同时也是一位了不起的政治家、军事家、文学家，但在《三国演义》中，曹操从头到尾都透着一股邪气。事实上，这也正是作者正统道德思想的又一种反映。换言之，作者对刘备之正和曹操之邪的塑造都是为了表达一个主题——忠，只不过刘备被塑造成正面典型，而曹操只能充当不忠的反面教材。作为政治家的曹操对此当然心知肚明，他对刘备的皇叔身份要提出质疑是情理之中的事情，也是政治利益诉求的必然选择。在他眼里，刘备不过是"沛郡小辈，妄称皇叔，全无信义，所谓外君子而内小人者也"[1]。

其二，"忠义"精神获得最高礼赞。

从忠思想的角度审视《三国演义》，"忠义"无疑是作者最关注的焦点。该书忠义范畴的使用量是排名第二的忠臣使用量的近三倍！《三国演义》重忠义获得人们的普遍认可。分析《三国演义》所谓的"忠义"，实际上更侧重于"义"。

《三国演义》第四回有这样一段：曹操刺杀董卓不成逃遁，半途为陈宫抓获，二人对话的内容即体现了《三国演义》所谓"忠义"的内涵。当时，陈宫已经察觉了曹操就是董卓正在

---

[1]（元）罗贯中著，（清）毛宗岗评改：《三国演义》，第461页。

通缉的那个人，捉还是放？陈宫当时并没有确切的把握。为了争取主动，以免当面拆穿曹操的身份会造成麻烦，于是他屏退左右，对曹操说："汝休小觑我。我非俗吏，奈未遇其主耳。"此时的曹操尚属于初涉政治舞台，胸怀一腔报国热情的壮士，小人物的政治情怀自然与其后的"奸雄"尚有距离，于是说出一番豪言壮语："吾祖宗世食汉禄，若不思报国，与禽兽何异？吾屈身事卓者，欲乘间图之，为国除害耳。今事不成，乃天意也！"作为食朝廷俸禄的地方父母官，陈宫面对天下大乱的危局，并无力挽狂澜的能力。曹操一番报国酬君的言论深深打动了他。二人在忠君报国的价值取向上取得了一致。价值观一致所产生的强烈共鸣，使陈宫对曹操刮目相看。不过，作为官场中浸淫既久的县令，陈宫还要知道曹操报国之志伸张的具体策略，这实际上是对曹操报国立场的深度检验。陈宫问："孟德此行，将欲何往？"曹操此时显然也洞悉了与这位县令价值观的一致，他回答："吾将归乡里，发矫诏，召天下诸侯兴兵共诛董卓：吾之愿也。"曹操身在亡命之途，已经将报国诛贼的思路清晰设计，给了陈宫巨大的鼓舞，而且曹操先前的所作所为，也为陈宫选择放曹奠定了基础。更何况，曹操如果真能举起兴复汉室的义旗，也等于为陈宫实现自己的政治追求提供了舞台。于是陈宫面向曹操拜了两拜，由衷赞叹说："公真天下忠义之士也！"[1]陈宫当即做出决定，弃官而走，追随曹操，以报天恩："今感公忠义，愿弃一官，从公而逃。"

1 /（元）罗贯中著，（清）毛宗岗评改：《三国演义》，第48页。

这段故事中，出现了两个忠义，其所指非常明确，就是"食汉禄"，"思报国"，"为国除害"，即《墨子》所说的"以天下为芬"。正是感于曹操的这种忠义精神，陈宫弃官追随曹操图谋大业。这时的曹操是否已经有问鼎的野心？应该说，可能性不大。即或有，也不过是闪念之间或是朦胧的想法而已。故而，刺杀董卓不成的曹操，胸怀报国之心还是有几分可信度的。逃亡途中，曹操误杀吕伯奢一家后又杀掉吕本人，陈宫很是惊异，责怪他"知而故杀，大不义也！"曹操的回答令陈宫看清了他的真面目："宁教我负天下人，休教天下人负我。"[1]陈宫默然。曹操的言行至少说明：他是一个不义之人。这与陈宫的价值观相去甚远。但陈宫又未就此杀掉曹操，究其原因也是出于忠义的考虑："我为国家跟他到此，杀之不义。不若弃而他往。"发现曹操远非自己心目中的忠义之士，陈宫断然离操而去。

有趣的是曹操宣称"宁教我负天下人，休教天下人负我"——显然是大不忠义。但他为招募义勇，寻求地方豪绅卫弘支持时，赞美对方的核心词却是"忠义"："汉室无主，董卓专权，欺君害民，天下切齿。操欲力扶社稷，恨力不足。公乃忠义之士，敢求相助！"在获得卫弘的支持后，曹操竖起招兵大旗，旗号依然是"忠义"——"起招兵白旗一面，上书'忠义'二字"。在"忠义"大旗号召下"不数日间，应募之士，如雨骈集"[2]。前来应征者的主

---

[1] （元）罗贯中著，（清）毛宗岗评改:《三国演义》，第49页。

[2] （元）罗贯中著，（清）毛宗岗评改:《三国演义》，第54页。

观目的姑且不论。在罗贯中看来,"忠义"二字显然具有极大的号召力,甚至像曹操这种蔑视传统的奸雄也不得不借助忠义大旗来达到自己的政治目的。作为罗贯中心目中的重要道德法则,赞之以忠义是级别颇高的待遇,斥之以不"忠义"则是非常严重的问题:比如,《三国演义》第十三回说:"贾诩又密谕羌人曰:'天子知汝等忠义,久战劳苦,密诏使汝还郡,后当有重赏。'"贾诩劝退羌兵,予以礼赞的核心词也是"忠义"。说明"忠义"作为一种美德、一种思想、一种文化,其影响已经远及于王朝边疆以致更为遥远的地区,并被少数民族所普遍接受,成为中原地区与西部地区共有的价值观基础。有了这种共同的价值基础,贾诩的劝退才产生出奇妙的效果:"羌人正怨李傕不与爵赏,遂听诩言,都引兵去。"[1]

又如《三国演义》第七回中,袁绍与公孙瓒阵前的一段对话:公孙瓒立马磐河桥西侧,大声斥责袁绍:"背义之徒,何敢卖我!"袁绍策马来到磐河桥东侧,指着公孙瓒回应:"韩馥无才,愿让冀州于吾,与尔何干?"公孙瓒拿出时人心目中最有力的"道义武器"——"忠义"予以回击:"昔日以汝为忠义,推为盟主;今之所为,真狼心狗行之徒,有何面目立于世间!"公孙瓒的回击,从正反两方面"捍卫"了"忠义"大旗:具备忠义品格,践行忠义之举,可以获取普天之下仁人志士的真心拥戴;反之,忠义品格残缺,不能将忠义落到实处,就是狼心狗肺,畜生不

[1](元)罗贯中著,(清)毛宗岗评改:《三国演义》,第153页。

如的家伙，根本就没有脸面混迹于世。这是非同一般的指责，于是"袁绍大怒"[1]。

可见，"忠义"在罗贯中生活的时期已经成为个人"立于世"的必备品德，而关羽在《三国演义》和民间赢得崇高地位，也与其"忠义"精神密切相关。

关羽在宋代以前还只是"义勇"的形象。从宋代开始，关羽方获得"忠"的赞誉。《三国演义》更是把关羽的忠义形象描写得栩栩如生。如《三国演义》第二十五回。当时，关羽遭曹操重兵围困，已经没有突围出去的可能，关羽本人也是抱定了必死的决心。曹操对关羽的忠义与武艺素来仰慕，于是派出张辽劝降。张辽见了关羽绝口不提劝降之事，而是以忠义为桥梁与关羽展开沟通，希望在忠义这个平台上达成曹、关的共识。张辽告诉关羽曹操是忠义之人："玄德不知存亡，翼德未知生死。昨夜曹公已破下邳，军民尽无伤害，差人护卫玄德家眷，不许惊忧。如此相待，弟特来报兄。"关羽认为张辽是前来要挟的，愤怒地说："此言特说我也！吾今虽处绝地，视死如归。汝当速去，吾即下山迎战。"张辽大笑说："兄此言，岂不为天下笑乎？"关羽说："吾仗忠义而死，安得为天下笑？"[2]可见，支撑关羽孤军奋战的正是忠义精神。张辽劝说关羽投降的道义工具同样是忠义，即所谓"三罪"：其一，关羽与刘备桃园结义，誓同生死。当时，刘备刚刚兵败不知下落。如果关羽

---

1 /（元）罗贯中著,（清）毛宗岗评改:《三国演义》, 第81页。

2 /（元）罗贯中著,（清）毛宗岗评改:《三国演义》, 第313页。

此时战死，而后刘备又复出，需要关羽相助不得，这显然违背了当初结义时的誓言。这是不义的第一个表现。其二，刘备将家眷托付给关羽。关羽如果战死，刘备的家眷将无所依靠。这是不义的第二个表现。其三，关羽武艺超群，兼通经史。如果逞一时的匹夫之勇丢掉性命，而不是帮助刘备兴复汉室，这是不义的第三个表现。关羽素来以忠义自况，面对三不义，他陷入了矛盾之中，几乎是进退无门。为了这个"义"字，关羽只好投降。关羽之降是否就是不忠呢？这是否是关羽人格的污点呢？罗贯中在《三国演义》中做了否定的回答。这主要体现在"约三事"上：其一，降汉不降曹；其二，关照刘备家眷；其三，但有刘备消息，可随时离开曹营。上述三点，应该是关羽进退维谷中"忠""义"兼顾的最佳选择了。曹操自然深知让关羽这样的人降服绝非易事，毕竟投降要遭到不忠不义的骂名。台阶要搭，面子要给，心理要关照。在成全关羽忠义追求上，曹操虽然对第三条接受得不是很情愿，但最终还是做出了巨大让步。

关羽来见曹操时，曹操颇有些受宠若惊："关公下马入拜，操慌忙答礼。"曹操仰慕关羽的，也正是其忠义："素慕云长忠义，今日幸得相见，足慰平生之望。"[1]二人见面，关羽关心的则是土山所约三事能否落实的问题："文远代禀三事，蒙丞相应允，谅不食言。"面对"义士"，曹操也不甘于示弱："吾言既出，安敢失信？"关羽又说："关某若知皇叔所在，虽陷水火、必往从

[1]（元）罗贯中著，（清）毛宗岗评改：《三国演义》，第315页。

之。此时恐不及拜辞，伏乞见原。"曹操回答："玄德若在，必从公去；但恐乱军中亡矣。公且宽心，尚容缉听。"[1] 显然，两人的对话与心理交流都与"义"密切相关。只是关羽之"义"是真实的，始终如一；曹操之"义"则颇有些虚情假意、矫饰，隐含更多欺诈成分。这从他"班师还许昌"，"于路安歇馆驿"，"使关公与二嫂共处一室"，以及"既到许昌，操拨一府与关公居住"的设计都可以反映出来。不过，曹操的心计，还是为赢得关羽真心投降而设，无论是赠纱囊以护美髯，还是赠赤兔马等皆属此列。

整部《三国演义》，能够让曹丞相表现出低声下气之态的，恐怕只有关羽了。这种情况的出现均是源自关羽的忠义所染。甚至关羽不辞而别，曹操还会追上他赠金予袍。即便关羽过关斩将，曹操也能够感其忠义，三行公文，任其"遍行诸处"。第三个公文竟然派出大将张辽亲自送出："丞相钧旨：因闻知云长斩关杀将，恐于路有阻，特差我传谕各处关隘，任便放行。"[2]

诚然，关羽所谓忠义，更多的是侧重于"义"，而非"忠"。如对于降将张辽有这么两段描写："张辽引兵攻打西门。云长从城上谓之曰：'公仪表非俗，何故失身于贼？'张辽低头不语。云长知此人有忠义之气，更不以恶言相加，亦不出战。"[3] 又如："话说曹操举剑欲杀张辽，玄德攀住臂膊，云长跪于面前。玄德曰：'此等

---

[1] （元）罗贯中著，（清）毛宗岗评改：《三国演义》，第315—316页。

[2] （元）罗贯中著，（清）毛宗岗评改：《三国演义》，第352页。

[3] （元）罗贯中著，（清）毛宗岗评改：《三国演义》，第225页。

赤心之人，正当留用。'云长曰：'关某素知文远忠义之士，愿以性命保之。'操掷剑笑曰：'我亦知文远忠义，故戏之耳。'"[1]

可以看出，《三国演义》所谓"忠义"与市井文化所言"义气"有很多相似之处。无论是上面引述的材料，还是书中的"桃园三结义""身在曹营心在汉""挂印封金""过五关斩六将"，华容道上放走曹操，关羽所表现的都是"义气"。而《三国演义》这样描写，一方面是为了迎合通俗小说所面对的读者大众，另一方面也是忠思想在民间存在形态的一种真实反映。《三国演义》毕竟不是思想宣讲教材，特别是罗贯中是在传统伦理道德遭受重创的元代以通俗小说形式表现忠思想，这种忠思想自然是普通民众所理解的忠思想。

其三，"忠臣"形象单薄着力少。

从出现的频率看，"忠臣"似乎也是《三国演义》着力描写的一个人群，但与"忠义"之士比较起来，除了诸葛亮之外，其他忠臣形象给人留下的印象似乎并不是非常深刻。如果要找个典型，有比干之风的伍孚较为恰当。

伍孚的事迹在《三国志》《后汉书》中均有记载。《三国演义》所述与上述二书基本一致。董卓作乱时，伍孚正在越骑校尉任上。他眼见董卓迫害百姓、残害忠良，决心舍命锄奸。有一天，董卓入朝，"孚迎至阁下，拔刀直刺卓。卓气力大，两手抠住"，这时吕布赶到将伍孚擒住。董卓大骂伍孚："谁教汝反？"伍孚

[1] （元）罗贯中著，（清）毛宗岗评改：《三国演义》，第248页。

大睁双眼，大声呵斥董卓说："汝非吾君，吾非汝臣，何反之有！汝罪恶盈天，人人愿得而诛之，吾恨不车裂汝以谢天下！"[1]"卓大怒，命牵出剖剐之，孚至死骂不绝口。"后人曾经写诗赞美伍孚："汉末忠臣说伍孚，冲天豪气世间无。朝堂杀贼名犹在，万古堪称大丈夫。"[2]

应该说伍孚是《三国演义》中忠臣的代表，特别是在董卓废刘辩帝位中表现出的残暴，将朝中大臣震慑得少有胆敢逆董卓之意者。伍孚不仅敢于向董卓提出挑战，更是向吕布等一班邪恶势力发出了冲击。虽然刺杀董卓的义举没能成功，但在大多数人选择沉默的氛围中，既非重臣也非国戚的伍孚显得特别高大。可惜的是，伍孚本人在罗贯中笔下所占篇幅显然少得可怜，给读者留下的印象恐怕也难以"深刻"形容。作为"忠臣"形象的代表，伍孚行为本身的确感人，但从小说表现看则缺乏生气和活力，有符号化的倾向。究其原因，除了儒学衰落、传统伦理道德失去号召力、忠臣不再"吃香"之外，恐怕与小说面对的读者群——市井人群——也有关系。在市井社会，人们讲究利益交换，为一国、一君去牺牲生命而有生之年毫无回报不符合市井社会的道德原则。大力描写这样的忠臣对于市井读者也不会产生强烈的吸引力，因为这种道德不是他们所崇尚的。关羽、张飞等人家喻户晓，备受推崇，不仅仅因为他们是忠臣，更因为他们是义士，而义士

---

[1] （元）罗贯中著，（清）毛宗岗评改：《三国演义》，第45页。

[2] （元）罗贯中著，（清）毛宗岗评改：《三国演义》，第45页。

身上所反映的道德准则较之忠臣更符合市井读者的道德口味。所以，虽然《三国演义》忠臣符号用了不少，但忠臣形象并没有很好地树立起来。

第二，《水浒传》与忠思想。

《水浒传》全名《忠义水浒传》。据统计，《水浒传》全书一百二十回，共出现"忠"字三百五十五次，除去人名中出现的"忠"字，其余一百八十三个"忠"都是以"忠义""忠心""忠直""忠良""忠言""尽忠"等形式出现，其中"忠义"的出现频率最高，达一百零九次，占全书"忠"的30.7%，去掉人名中的一百七十二个"忠"，"忠义"占全书"忠"概念的比率更是高达59.6%！而居于第二位的"尽忠"只出现十二次，仅占全书"忠"的3.4%，去掉人名中的"忠"也只占6.6%。可以看出，"忠义"是《水浒传》最为关注的道德现象。

《水浒传》的故事取材于北宋末年的宋江起义。但其大部分人物和故事情节均属虚构。作为一部正面歌颂农民起义的小说，为什么在皇权笼罩下的社会环境中能够存在并得以广泛传播呢？一句话，得益于对忠思想的宣传。

从正统角度看，梁山好汉大多是"鸡鸣狗盗"之徒，但他们不仅获得了广大市井读者的欢迎，也获得了统治者的认可。为什么造反者（显然当归入"不忠"行列）能够获得统治阶级认可呢？很显然，梁山好汉的行为符合主流政治思想的要求。换言之，梁山好汉的行为是在统治阶级认可的传统道德观念——忠——所允许的范围内发生的。在忠义、忠君、尽忠……大旗下,再加上"替天行道"的旗号,梁山好汉俨然是一批为君"尽忠"的"顺民"。如《水浒传》第十八回有这样一段描写:"行不到五六里水面,只听得芦苇中间有人唱歌。众人且住了船听时,那歌道:'打鱼一世蓼儿洼,不种青苗不种麻。酷吏赃官都杀尽,忠心报答赵官家!'何观察并众人听了,尽吃一惊。只见远远地一个人,独棹一支小船儿唱将来。"[1]从这里可以看出,梁山好汉虽然武装起义,攻城略地,但这都是对宋朝皇帝尽忠心的表现,而杀尽贪官污吏,更是报答君恩以尽臣民之忠的表现方式。梁山好汉(特别是宋江)对皇帝的"忠"经得起任何考验。比如,宋江率兵与辽国交战,辽国派欧阳侍郎劝降,吴用和宋江有过"降"与"不降"的交流。

宋江首先征询吴用对欧阳侍郎劝降一事的看法。吴用听后只是叹气,低头不语。宋江追问其中缘由。吴用做了这样的分析:

其一,宋江一直以来"以忠义为主"[2],吴用虽有不同见解也不便明说。其二,吴用认为,欧阳侍郎前来劝降的话语,的确颇有些道理。一方面,"宋朝天子至圣至明"[3],就是说,皇帝还是值得效忠的,君主是少有的圣君。另一方面,皇帝身边有佞臣,具体说就是蔡京、童贯、高俅、杨戬,这四个奸臣不仅专权,且蒙蔽君主,利用见不得人的手段赢得了皇帝的信任,皇帝

---

1 /(元)施耐庵:《水浒传》卷十九,上海古籍出版社1988年版,第258页。

2 /(元)施耐庵:《水浒传》卷六十四,第955页。

3 /(元)施耐庵:《水浒传》卷八十五,第1242页。

一时被奸佞迷惑。在这种情况下,即便梁山弟兄建功立业,也一定不会有升赏。忠臣见用,这是奸臣所不能容忍的,他们一定会搬弄是非,从中作梗。其三,梁山众兄弟接受了朝廷的招安。这一班人中,宋江是最尊者,不过得了一个"先锋"的虚职,根本没有实实在在的封赏。其他众兄弟更是不在话下。列出上述理由之后,吴用建议:"从其大辽,岂不胜如梁山水寨!只是负了兄长忠义之心。"[1] 吴用的一番话虚虚实实,既有试探,也有真实追求的流露。吴用的人生理想是"图个一世快活"[2],虽然在宋江影响下,他也成了安民报国的拥护者,但其内心深处更多思忖的还是个人利益得失。吴用不是一个坚定的"忠义"之士。

宋江与吴用大有不同。小说将他塑造成为忠孝两全的人。在梁山上的每一句话,每一个行动,都是在为接受招安做准备,在为国尽忠筹谋。他的忠心自始至终没有动摇过。对于吴用在为国之"忠"上表现出的机会主义想法,宋江予以坚决驳回:"军师差矣!若从辽国,此事切不可提。"继而,宋江表达了对于朝廷忠贞不贰的决心:"纵使宋朝负我,我忠心不负宋朝。久后纵无功赏,也得青史上留名。若背正顺逆,天不容恕!吾辈当尽忠报国,死而后已!"[3]

当然,梁山好汉中也时时冒出不忠的声音,如李逵经常担任这样的角色:《水浒传》第四十回所述:"李逵跳将起来道:'放着我们许多军马,便造反,怕怎地!晁盖哥哥便做大宋皇帝;宋江

1 /(元)施耐庵:《水浒传》卷八十五,第1242页。

2 /(元)施耐庵:《水浒传》卷十五,第204页。

3 /(元)施耐庵:《水浒传》卷八十五,第1242页。

哥哥便做小宋皇帝；吴先生做个丞相；公孙道士便做个国师；我们都做将军；杀去东京，夺了鸟位，在那里快活，却不好！'"不过，这种不忠的声音一直没有成为主流，一经出现立即就会遭到忠君派的压制。还如上例，李逵话刚说完，立即遭到戴宗呵斥："铁牛，你这厮胡说！你今日既到这里，不可使你那在江州性儿，须要听两位头领哥哥的言语号令；亦不许你胡言乱语，多嘴多舌。再如此多言插口，先割了你这颗头来为令，以警后人！"[1]

就是在这种浓厚的忠君氛围中，本是统治阶级眼中盗贼流寇的梁山好汉，走上一条独特的"忠心报答赵官家"的路。比如宋江在晁盖去世之前还只能委婉曲折地表达忠君之情："宋江原是郓城小吏，为被官司所逼，不得已啸聚山林，权借梁山水泊避难，专等朝廷招安，与国家出力。"[2] 晁盖去世之后，宋江的忠君思想得以大暴露，比如农民起义惯常使用的"聚义"两字，在宋江接手梁山领导之位后立即变成了"忠义"："宋江乃言道：'小可今日权居此位，全赖众兄弟扶助，回心合意，同气相从，共为股肱，一同替天行道。如今山寨人马数多，非比往日，可请众兄弟分做六寨驻扎。聚义厅今改为忠义堂。'"[3] 这样宋江就可以在"忠义"大旗之下光明正大地宣传忠君，专等朝廷招安了："梁山泊以忠义为主，只待朝廷招安"[4]，"尽忠竭力报国，非敢贪财好

---

[1] （元）施耐庵：《水浒传》卷四十一，第606页。

[2] （元）施耐庵：《水浒传》卷五十九，第875页。

[3] （元）施耐庵：《水浒传》卷六十，第894—895页。

[4] （元）施耐庵：《水浒传》卷七十五，第1099页。

杀，行不仁不义之事"[1]。从全书看，热衷于招安为国尽忠的远不止宋江一人，甚至可以说比比皆是，如武松："天可怜见，异日不死，受了招安，那时却来寻访哥哥未迟。"[2] 戴宗："这般时节认不得真！一者朝廷不明，二乃奸臣闭塞。小可一个薄识，因一口气，去投奔了梁山泊宋公明入伙。如今论秤分金钱，换套穿衣服，只等朝廷招安了，早晚都做个官人。"[3] 彭玘："晁、宋二头领替天行道，招纳豪杰，专等招安，与国家出力。"[4] 在这种忠于朝廷、忠于君主和替天行道的集体文化中，传统忠思想得到大力颂扬，甚至梁山泊运送的粮食上也要注明"水浒寨忠义粮"[5]。

《水浒传》大力宣扬忠精神，应该说与忠思想在作者身上的深刻影响不无关系，甚至可以说"'忠'的道德信条"是"作者无法跨越的界限"[6]；另一方面，有了忠这层外衣，才使得《水浒传》能够在皇权独尊的时代得以生存流传。

[1] （元）施耐庵：《水浒传》卷五十六，第838页。

[2] （元）施耐庵：《水浒传》卷三十二，第458页。

[3] （元）施耐庵：《水浒传》卷四十四，第652页。

[4] （元）施耐庵：《水浒传》卷五十五，第824页。

[5] （元）施耐庵：《水浒传》卷七十，第1032页。

[6] 章培恒、骆玉明主编：《中国文学史》下，复旦大学出版社1996年版，第187页。

第九章
反传统浪潮中岿然傲立

忠思想（特别是忠君思想）发展到明朝，已经日过正午，尤其是社会经济的发展、财富的集中、统治阶层贪欲的无限扩大，导致原有的思想观念面临极大的挑战。甚至有一些人公开站出来反对"正统"思想，其中最突出的是李贽。他是中国历史上第一个对传统思想提出全面批判的思想家。他不仅蔑视传统权威（如他曾说："夫天生一人，自有一人之用，不待取给于孔子而后足也。"[1]），对六经等儒家经典也提出质疑，表达出冲破"正统"思想束缚的强烈愿望。与这种激烈的思想斗争相适应，反对传统道德对人性束缚、压抑的思想如雨后春笋层出不穷。甚至许多文艺作品直接与传统伦理唱起了反调。当然，反对"正统"的声音固然响亮，但统治阶级毕竟握有国家统治权，他们可以利用国家机器的力量整肃思想界，用强权推行其认可的"正统"思想。比如，李贽就是这种激烈思想斗争的牺牲品。在政治高压下，以道德说教、粉饰太平为内容的思想获得相当的发展。

---

1 /（明）李贽：《焚书·续焚书》卷一，中华书局1975年版，第16页。

一、"忠"推动了关公崇拜新高潮

明代,关羽作为忠臣的典范获得重点宣扬。可以说在明代对关羽的崇拜被推到前所未有的高度。

关羽"至宋大观中,追封为武安王,庙号'义勇'"[1],于是,关羽开始有了"关王"称号。到了明朝,对关羽的祭祀开始由"从祀"上升到"专祀"。"每年春秋二仲月及五月十三日,遣官致祭。"[2]为了使祭祀的场面庄重、盛大,政府拨专款对关庙予以修葺。如北京城西北有处关庙,建于洪武时期。"成化丁酉春二月初",宪宗皇帝派出专员对此庙进行整修。"朽者更之,腐者易之,圮者正之,缺者补之,漫漶者增饰之,涂以丹漆,傅兹藻绘。于是,正殿两廊重门皆焕然一新,抡木植竿内制暗花柳黄纻丝旗揭之,并制纻丝大红织金等,袍服青织金云幡,被之悬之。添设神桌、神龛、黄绫帷幔、朱红竹帘、黄铜香炉、花瓶、烛台。凡供用之器,罔有不备。"关庙修葺之后,"规模广大,观者起敬","上深嘉悦",特意命首辅商辂撰写碑文,以示纪念。碑文中,商辂对关羽"精忠大义"精神给予了热情歌颂,赞之"若日星,千载之下,凛然犹有生气"。《明史》记载:"汉前将军汉寿亭侯以四孟岁暮,应天府官祭,五月十三日,南京太常寺官祭。"(《明史·礼志四》)明朝的祭关衣钵,传之清朝后,满族皇帝

[1] (明)祝允明:《怀星堂集》卷十四,文津阁《四库全书》第421册,第361页。

[2] (清)于敏中:《钦定日下旧闻考》卷四十四,文津阁《四库全书》第169册,第206页。

图 9-1：解州关帝庙

继之不辍。如成化十三年（1477）在宛平县东所建"俗呼白马关帝庙"，得到清朝官方等认可，"每年五月十三遣太常官致祭"[1]。

万历年间（1573—1620），关羽被加封为"协天护国忠义大帝"[2]，成为中国历史上第一个也是唯一一个从"王"晋升为"帝"的臣子，民间呼关羽为"关帝"即由此而来。而"关帝"的称号直到当代仍然在海内外华人所在之处广泛使用。为纪念关羽而建造的关帝庙更是不计其数。其中，洛阳（头定处）、当阳（埋身处）、解州（魂归处）（见图9-1）最为有名。可以说神州上下、东西南北无处没有关帝庙，说明自关羽封帝以来对其祭祀之盛况可谓壮观！如崇祯年间（1628—

---

1 /（清）于敏中：《钦定日下旧闻考》卷四十四，文津阁《四库全书》第169册，第206页。

2 /（清）石韫玉：《独学庐稿》四稿卷一，《清代诗文集汇编》447册，上海古籍出版社2009年版，第467页。

1644），山西解州地区每年祭祀关羽的活动即达四次之多！其间，十里八乡的普通百姓大都要到关帝庙前参加盛大的祭祀活动。

另外，关羽在明代所获得的称号还有很多，如："三界伏魔大帝神威远镇天尊关圣帝真君"[1]"关圣贤"[2]等。

明代关羽崇拜的形式不仅局限于政治舞台，在文艺作品中也扮演了重要角色。很多文人学士甚至皇帝也在关帝庙前题写楹联，以咏颂关羽，如明神宗朱翊钧题写的"赤面秉赤心，骑赤兔追风，驰驱时无忘赤帝；青灯观青史，仗青风偃月，隐微处不愧青天"[3]；御史大理寺卿任瀚题写的"才兼文武，义重君臣，耻与汉贼同天，戮力远开新帝业；威震华夷，气吞吴魏，能使奸雄破胆，忠魂长绕旧神京"[4]等。

值得注意的是，关羽此时也成为与孔子并称的"圣人"。在中国历史上能够称作"圣人"的，只有孔子和关羽——孔子是文圣，关羽是武圣。到了明朝，人们对武圣关羽的崇拜，甚至超过了对文圣孔子的崇拜。王世贞曾说："故前将军汉寿亭侯关公之祠庙遍天下，几与学官、浮屠埒。"[5]

为了达到借关羽之名而推

---

[1] /（清）孙承泽著，王剑英点校：《春明梦余录》卷二十二，北京古籍出版社1992年版，第318页。

[2] /（明）吕坤：《祭关帝文》，载王国轩、王秀梅整理：《吕坤全集》上，中华书局2008年版，第536页。

[3] /（元）罗贯中：《三国演义》，齐鲁书社2014年版，第404页。

[4] /（清）王培荀著，魏尧西点校：《听雨楼随笔》卷三，巴蜀书社1987年版，第171页。

[5] /（明）王世贞：《弇州山人四部续稿》卷六十一，文津阁《四库全书》428册，第726页。

行忠思想的目的,在明代关羽还被冠以"夫子"的尊称:"关夫子之称起于明季。""国朝王夫之《识小录》云:《汤义仍集》于主考但称举主某公,可见滥称老师,万历中年后之末俗也。崇祯末年乃有夫子之称。尤可笑者,至以关侯与孔子同尊。"[1]可以看出,明人给关羽以"夫子"尊称"与孔子同尊",后世学人还是有不同看法的。但这至少说明,明朝时期对关羽的推崇度已达到相当高的程度。将关羽称作"关夫子",也获得很多文人学士的认可,如《儒林外史》《红楼梦》等著作都有所反映。

歌颂关羽的诗歌更是俯拾皆是,如:"巍巍关侯起解良,精忠大义扶三光。"[2]"呜呼!故主之谊,表于奔袁。讨贼之忠,见于许田。樊城一师,炎烬几燃。前无衡操,后有伏权。天耶人耶,公则奚怨。精诚所郁,金石失坚。川停岳摧,风车电鞭。君臣大纲,如日行天。我怀威神,颂公万年"[3]等,几乎所有关帝庙都有很多这样的诗歌。虽然诗作者名流不多,这似乎更可以说明对关羽的褒扬已经成为民间的自觉活动。

以关羽为主角的戏曲在明朝也大量增加。据统计,元杂剧以关羽为主角的共计十余种,到明清时期则增加到四十一种。时至今日,京剧、蒲剧、汉剧、徽剧、豫剧、昆剧、桂剧、滇剧、粤剧、淮剧、川剧、秦腔、河北梆子等剧种都有大量脍炙

---

1 / 朱一玄:《明清小说资料选编》上,南开大学出版社2006年版,第90页。

2 /(明)胡应麟:《少室山房集》卷二十七,文津阁《四库全书》431册,第54页。

3 /(明)王世贞:《弇州四部稿》卷一百二,文津阁《四库全书》428册,第160页。

人口的关羽戏。同时,有关关羽的各类著述也大量增加,如:黄希声辑《关圣类编》六卷、《补编》一卷(现收藏于浙江省图书馆);戴光启、邵潜所撰《关帝年谱》一卷(已亡佚[1]);明刻本《关帝历代显圣志传》四卷(作者不详,现收藏于北京图书馆);丁矿所辑《汉前将军汉寿亭侯关公志》十二卷(现收藏于上海市图书馆);孙际可等所撰《关天帝纪》四卷(现收藏于浙江宁波天一阁);赵钦汤所撰《汉前将军关公祠志》九卷(现收藏于美国国会图书馆);顾子承所辑《义勇武安王集》八卷(现收藏于北京图书馆)。

应该说,自宋开始的历代统治者,借关羽之名推行忠思想之实的做法是符合社会历史实际的。宋元明时期的思想家,在推行忠思想的历史进程中出现了许多这样或那样的分歧,或者把原本很通俗的"忠"搞得艰涩难懂,致使普通百姓不知道他们在说些什么。这种局面对于迫切需要建立政治伦理新秩序的朱明统治者来说,是极其不愿意看到的。社会迫切需要这样一个道德典型,成为人们学习的榜样。他必须具备"忠""信""勇""义"的综合品质,且是社会各阶级、阶层熟知并能普遍接受的道德楷模。原本就口碑颇佳的关羽成了最佳人选,并经过一番美化、神化后被推到前台,成为继孔子之后的第二个"圣人"。

[1]《四库提要》卷十三有言:"光启、潜因诸家之本,删补以成此编。首世系,次年谱,次封号,次诰命,次实录。"

二、对"忠臣"的褒扬

忠臣是忠思想的人格表现，忠臣身上所体现的那种感人的超凡力量、人格魅力、对君主矢志不渝的尽忠精神无疑是宣传忠思想的有力工具。所以，推行忠思想的有效手段之一就是歌颂忠臣、宣传忠臣、褒扬忠臣。

明朝统治者在借助关羽宣扬忠思想的同时，更善于通过大力表彰本朝忠臣推行忠思想。如获得"忠肃"之谥的于谦、"忠节"之谥的杨最、"忠愍"之谥的周天佐和杨继盛就是明王朝力推的颇具代表意义的忠臣典范。

第一，卫国报君谥"忠肃"的于谦。

于谦，字廷益，浙江钱塘县人。因参与平定朱高煦之乱而深得明宣宗信任。

正统十四年（1449），土木之变后，明英宗遭俘，大明国内"人心震恐，上下无固志"。在这危难之际，朝廷上下均倚重于谦。作为主战派，于谦"亦毅然以社稷安危为己任"。景帝（朱祁钰）立后，于谦调集重兵取得北京保卫战的胜利。后来，"帝赐第西华门，（于谦）辞曰：'国家多难，臣子何敢自安。'固辞，不允。乃取前后所赐玺书、袍、锭之属，悉加封识，岁时一省视而已"。英宗复辟后，受小人撺掇"弃谦市，籍其家，家成边"，"及籍没，家无余资"，"都督同知陈逵感谦忠义，收遗骸殡之"。杀掉于谦之后，明英宗也很后悔。到了明宪宗成化（1465—1488）初年，于谦的儿子于冕被赦免返回。于冕上疏为其父申冤,于谦冤案得以昭雪,朝廷不仅恢复其官爵,且赐予祭祀之权。同时,下诰命对于谦的忠君报国之举进行表彰:"当国家之多难,保社稷以无虞,惟公道之独恃,为权奸所并嫉。在先帝已知其枉,而朕心实怜其忠。"自此,于谦作为大明王朝的忠臣获得广泛赞誉。弘治二年(1489),朝廷采用给事中孙需的建议,追赠于谦"特进光禄大夫"[1]、"柱国、太傅,谥肃愍。赐祠于其墓曰'旌功',有司岁时致祭"。到了万历年间,将于谦的谥号改为"忠肃"。"杭州、河南、山西皆世奉祀不绝。"

图9-2:于谦墓

于谦有一首《石灰吟》诗:"千锤万击出深山,烈火焚烧若等闲。粉身碎骨浑不怕,要留清白在人间。"该诗托物言志,将自己的一腔报国情怀作出了酣畅淋漓的表达,抒发了于谦忠心不已、清白立世的崇高志向。诚如《明史》所言:"至性过人,忧国忘身。"通过推介于谦"国家多事,臣子义不得顾私恩"的耿耿忠心,统治者为天下臣民树立了学习的榜样。(该部分引文均出《明史·于谦传》)

1 / 特进光禄大夫是明代文散官的第二阶,正一品。

第二，冒死敢谏的杨最和周天佐。

与于谦不同的是，杨最和周天佐之忠体现在敢于冒死忠谏。

杨最是明武宗正德十二年（1517）的进士。他曾经被派到山西督催百姓所欠租税，因同情百姓困苦而未经批准独自返回。遭弹劾后，又被皇帝派回山西办理此事。杨最向朝廷上书，极力陈述百姓的困苦，请求缓征租税，皇帝准允了他的请求。

朱厚熜时期，淮河、扬子江形成水患。杨最考察了沿河的地形、地貌、地势，详细了解了当地农业生产与航运状况之后，上书朝廷，提出了因地制宜的上中下三个层次的治水措施：上策指出，"专敕大臣加修内河，培旧堤为外障，可百年无患"；中策，"于缘河树杙数重，稍障风波，而增旧堤，毋使庳薄，亦足支数年"；下策，"若但窒隙补阙，苟冀无事，一遇霖潦，荡为巨浸，是为无策"。后经讨论，决定用中策医治水患。

朱厚熜喜好神仙之事。"给事中顾存仁、高金、王纳言皆以直谏得罪。"这时，正好赶上方士段朝用"以所炼白金器百余因郭勋以进，云以盛饮食物，供斋醮，即神仙可致也"。朱厚熜很高兴，与段朝用聊得火热。段朝用告诉朱厚熜："帝深居无与外人接，则黄金可成，不死药可得。"朱厚熜更加高兴了，下令由太子监理朝政，自己要退隐一两年，之后复出，如先前一样重新掌理朝政。满朝大臣惊愕不已，但没有一个人敢站出来表示异议。最后，杨最挺身而出，向朱厚熜进谏说："陛下春秋方壮，乃圣谕及此，不过得一方士，欲服食求神仙耳。神仙乃山栖澡练者所为，岂有高居黄屋紫闼,兖衣玉食,而能白日翀举者?臣虽至愚,不敢奉诏。"正沉迷于成仙迷幻中的朱厚熜大怒,"立下诏狱,重杖之,杖未毕而死"。

杨最死了,朱厚熜让太子监国、自己闭门修仙的提议也放到了一边。第二年,"(郭)勋以罪瘐死。朝用诈伪觉,亦伏诛。隆庆元年(1567),赠最右副都御史,谥忠节"。(该部分引文均见《明史·杨最传》)

周天佐也是以直言进谏获罪致死。

周天佐,晋江人,嘉靖十四年(1535)进士,官拜户部主事,分管仓场,以节操清高而闻名。

嘉靖二十年,皇家宗庙有灾,皇帝下令百官议论时政的利弊得失。周天佐上书指出,皇帝因为宗庙出现灾变而痛心地进行自我反省,并允许朝臣们仗义执言,指摘朝政的过失,这是由灾难转为吉祥的大好机会。"乃今阙政不乏,而忠言未尽闻",大概是由于"示人以言,不若示人以政"。皇帝下诏书,让大臣们直言朝政的过失,不过是"示人以言耳"。御史杨爵[1]的案子未能做出公正处理,即属于"未示人以政也"。国家设置言官,进言就是他们的职责所在。杨爵作为御史因谏言而入狱已经数月,皇帝的怒气似乎更大了。"一则曰小人,二则曰罪人。夫以尽言直谏为小人,则为缄默逢迎之君子不难也。以秉直纳忠为罪人,又孰不能为容悦将顺之功臣

---

[1] 杨爵(?—1549),今陕西省富平县人,嘉靖八年(1529)进士,因嘉靖经年不朝上书极谏而获罪入狱,谥号"忠介"。

哉?"皇帝在人世间的喜怒,上帝无时不在观察着。皇帝对杨爵发怒的事情果真合乎上天的心意吗?杨爵不是木石之身,"万一溘先朝露,使诤臣饮恨,直士寒心,损圣德不细。愿旌爵忠,以风天下"。嘉靖看完周天佐的奏章十分震怒,"杖之六十,下诏狱"。周天佐原本就身体素质较差,加之狱卒断了他的饮食,"不三日即死,年甫三十一"。周天佐死后,其忠心感天动地:"比尸出狱,曝日中,雷忽震,人皆失色。""大兴民有祭于柩而哭之恸者,或问之,民曰:'吾伤其忠之至,而死之酷也。'"嗣后,"穆宗即位,赠光禄少卿。天启初,谥忠愍"(该段引文均见《明史·周天佐传》)。虽然史书的记载不免有夸张之辞,但周天佐的忠臣形象无疑在民间产生了极大的影响,其道德感召力之大是不言而喻的。

杨继盛是因为弹劾权臣严嵩遭诬陷入狱遭杀害的。"临刑赋诗曰:'浩气还太虚,丹心照千古。生平未报恩,留作忠魂补。'天下相与涕泣传颂之。""穆宗立,恤直谏诸臣,以继盛为首。赠太常少卿,谥忠愍,予祭葬,任一子官。已,又从御史郝杰言,建祠保定,名旌忠。"(该段引文均见《明史·杨继盛传》)

第三,以"忠"为谥彰显忠臣景行。

作为代元而起,由汉人建立的王朝,明朝皇帝虽然做了许许多多荒唐的事情,但士大夫们对这个王朝还是投入了过多的热情,奉献了无限的忠心,故而其身后获得"忠"谥的情况特别多,兹列表如下:

表9-1:《明史》以"忠"为谥者列表

序号	姓名	生卒年	谥号	出处	身份
1	袁容	？—1428	忠穆	卷121《成祖五女传》	永安公主婿，追封沂国公
2	徐辉祖	1368—1407	忠贞	卷125《徐辉祖传》	徐达长子，左都督，追赠太师
3	徐增寿	？—1402	忠愍	卷125《徐增寿传》	徐达幼子，成祖妻弟，左都督，追封定国公
4	常遇春	1330—1369	忠武	卷125《常遇春传》	开国元勋，开平王
5	汤晟	不详	忠敬	卷126《汤晟传》	汤和之孙，左都督
6	康铎	1359—1382	忠愍	卷130《康铎传》	徐达部将，追封蕲国公
7	俞通海	1329—1366	忠烈	卷133《俞通海传》	开国大将，封虢国公
8	张德胜	1328—1360	忠毅	卷133《张德胜传》	开国名将，追封蔡国公
9	孙兴祖	1335—1370	忠愍	卷133《孙兴祖传》	燕山侯
10	曹良臣	？—1371	忠壮	卷133《曹良臣传》	赐安国公
11	濮英	？—1386	忠襄	卷133《濮英传》	赠金山侯
12	张玉	1343—1401	忠显	卷145《张玉传》	靖难第一功臣，追赠荣国公、河间王
13			忠武		

续表

序号	姓名	生卒年	谥号	出处	身份
14	张輗	1390—1462	忠僖	卷145《张輗传》	封文安伯，赠侯爵
15	朱希孝	不详	忠僖	卷145《朱能传》	都督，加太保，赠太傅
16	李远	1357—1403	忠壮	卷145《李远传》	追封莒国公
17	王真	?—1402	忠壮	卷145《王真传》	追封金乡侯
18	张武	?—1403	忠毅	卷146《张武传》	赠潞国公
19	陈珪	1335—1419	忠襄	卷146《陈珪传》	赠靖国公
20	孟善	1344—1412	忠勇	卷146《孟善传》	孟子五十五代孙，赠滕国公
21	郑亨	1356—1434	忠毅	卷146《郑亨传》	追封漳国公
22	徐忠	?—1413	忠烈	卷146《徐忠传》	追封蔡国公
23	郭亮	?—1423	忠壮	卷146《郭亮传》	追封兴国公
24	蹇义	1364—1435	忠定	卷149《蹇义传》	吏部尚书，追赠太师
25	夏原吉	1367—1430	忠靖	卷149《夏原吉传》	赠太师
26	金忠	?—1431	忠襄	卷150《金忠传》	追赠荣禄大夫少师
27	郭资	1361—1433	忠襄	卷151《郭资传》	赠汤阴伯

续表

序号	姓名	生卒年	谥号	出处	身份
28	季子铭	不详	忠襄	卷152《季子铭》	太子太保,兵部尚书
29	张辅	1375—1449	忠烈	卷154《张辅传》	追封定兴王
30	黄福	1362—1440	忠宣	卷154《黄福传》	赠太保
31	李贤	?—1451	忠宪	卷154《李贤传》	赠丰国公
32	宋瑛	?—1449	忠顺	卷155《宋晟传》	国初功臣宋晟之子,总兵,赠郓国公
33	薛禄	1371—1430	忠武	卷155《薛禄传》	赠鄞国公
34	刘荣	1348—1420	忠武	卷155《刘荣传》	赠侯
35	刘安嗣	不详	忠僖	卷155《刘荣传》	太子少傅,赠峄国公
36	朱荣	1359—1425	忠靖	卷155《朱荣传》	征虏前将军,赠侯
37	朱冕	?—1449	忠愍	卷155《朱荣传》	朱荣之子,征西将军,镇大同
38	陈怀	?—1449	忠毅	卷155《陈怀传》	平乡伯,赠侯
39	吴允诚	不详	忠壮	卷156《吴允诚传》	恭顺伯,赠国公
40	吴克忠	?—1449	忠勇	卷156《吴允诚传》	吴允诚之子,太子太保,赠邠国公
41	吴瑾	?—1449	忠壮	卷156《吴允诚传》	吴允诚之孙,赠凉国公

续表

序号	姓名	生卒年	谥号	出处	身份
42	薛贵	不详	忠勇	卷156《薛贵传》	安顺侯,赠滨国公
43	陈选	1429—1486	忠愍	卷161《陈选传》	追赠光禄卿
44	刘球	1392—1443	忠愍	卷162《刘球传》	翰林侍讲,赠翰林学士
45	杨源	?—1506	忠怀	卷162《杨源传》	五官监侯
46	李时勉	1374—1450	忠文	卷163《李时勉传》	国子祭酒,赠礼部侍郎
47	毛吉	不详	忠襄	卷165《毛吉传》	赠按察使
48	山云	?—1438	忠毅	卷166《山云传》	都督同知,赠怀远伯
49	方瑛	1414—1459	忠襄	卷166《方瑛传》	南和伯
50	曹鼐	1402—1449	文忠	卷167《曹鼐传》	内阁首辅,赠太傅
51	邝埜	1385—1449	忠肃	卷167《邝埜传》	兵部右侍郎,赠少保
52	王佐	1384—1449	忠简	卷167《王佐传》	吏部尚书,赠少保
53	胡濙	1375—1463	忠安	卷169《胡濙传》	礼部尚书,赠太保
54	于谦	1398—1457	忠肃	卷170《于谦传》	兵部侍郎,少保
55	王骥	1377—1460	忠毅	卷171《王骥传》	兵部尚书,赠靖远侯

续表

序号	姓名	生卒年	谥号	出处	身份
56	杨善	1382—1458	忠敏	卷171《杨善传》	礼部左侍郎，赠兴济侯
57	郭登	？—1472	忠武	卷173《郭登传》	甘肃总兵，赠侯
58	王翱	1384—1467	忠肃	卷177《王翱传》	吏部尚书，赠太保
59	邹智	1466—1491	忠介	卷179《邹智传》	石城千户所吏目
60	刘大夏	1436—1516	忠宣	卷182《刘大夏传》	兵部尚书，赠太保
61	吴云	洪武年间	忠节	卷185《王诏传》	赠刑部尚书
62	王祎	洪武年间	忠文	卷185《王诏传》	吴云随从
63	韩文	1440—1526	忠定	卷186《韩文传》	户部尚书，赠太傅
64	黄巩	1480—1522	忠裕	卷189《黄巩传》	南京大理寺丞
65	杨廷和	1459—1529	文忠	卷190《杨廷和传》	内阁首辅，赠太保
66	张璁	1475—1539	文忠	卷196《张璁传》	文渊阁大学士，赠太师
67	伍文定	1470—1530	忠襄	卷200《伍文定传》	兵部尚书
68	张文锦	？—1524	忠愍	卷200《张文锦传》	赠右都御史
69	宗礼	？—1556	忠壮	卷205《宗礼传》	抗倭名将，赠都督同知

续表

序号	姓名	生卒年	谥号	出处	身份
70	魏良弼	1492—1575	忠简	卷206《魏良弼传》	太常寺少卿
71	杨最	?—1541	忠节	卷209《杨最传》	太仆卿，赠最右副都御史
72	杨爵	?—1549	忠介	卷209《杨爵传》	监察御史，赠奉仪大夫、光禄寺少卿
73	周天佐	1511—1541	忠愍	卷209《周天佐传》	户部主事
74	沈炼	?—1557	忠愍	卷209《沈炼传》	赠光禄寺少卿
75	杨继盛	1516—1555	忠愍	卷209《杨继盛传》	赠太常少卿
76	杨允绳	?—1565	忠恪	卷209《杨允绳传》	兵科给事中
77	吴时来	1527—1590	忠恪	卷210《吴时来传》	都御史，赠太子太保
78	张翀	1525—1579	忠简	卷210《张翀传》	兵部侍郎，赠兵部尚书
79	张居正	1525—1582	文忠	卷213《张居正传》	内阁首辅，赠上柱国
80	海瑞	1515—1587	忠介	卷226《海瑞传》	右佥都御史，赠太子太保
81	李如松	1549—1598	忠烈	卷238《李如松传》	赠少保、宁远伯
82	叶向高	1559—1627	文忠	卷240《叶向高传》	兵部尚书、首辅，赠太师
83	赵南星	1550—1627	忠毅	卷243《赵南星传》	吏部尚书，赠太子太保

续表

序号	姓名	生卒年	谥号	出处	身份
84	邹元标	1551—1624	忠介	卷243《邹元标传》	赠太子太保，吏部尚书
85	高攀龙	1562—1626	忠宪	卷243《高攀龙传》	光禄寺少卿，赠太子太保、兵部尚书
86	杨涟	1572—1625	忠烈	卷244《杨涟传》	赠太子太保、兵部尚书
87	左光斗	1575—1625	忠毅	卷244《左光斗传》	内阁大臣，赠右都御史、太子少保
88	魏大中	1575—1625	忠节	卷244《魏大中传》	各科给事中，赠太常卿
89	周朝瑞	?—1625	忠毅	卷244《周朝瑞》	吏科给事中，赠大理卿
90	袁化中	?—1625	忠愍	卷244《袁化中传》	御史，赠太仆卿
91	周起元	1571—1626	忠惠	卷245《周起元传》	右佥都御史，赠兵部右侍郎
92	周顺昌	1584—1626	忠介	卷245《周顺昌传》	文选员外郎，赠太常卿
93	周宗建	1582—1627	忠毅	卷245《周宗建传》	福建道御史，赠宗建太仆寺卿
94	黄尊素	1584—1626	忠端	卷245《黄尊素传》	御史，赠太仆卿
95	李应升	1593—1626	忠毅	卷245《李应升传》	御史，赠太仆卿
96	万燝	?—1624	忠贞	卷245《万燝传》	屯田郎中，赠光禄卿

续表

序号	姓名	生卒年	谥号	出处	身份
97	孙承宗	1563—1638	文忠	卷250《孙承宗传》	东阁大学士，赠太师
98	卢象升	1600—1638	忠烈	卷261《卢象升传》	赠太子少师、兵部尚书
99	傅宗龙	不详	忠壮	卷262《傅宗龙传》	御史，兵部尚书，加太子少保
100	黄炯	不详	忠烈	卷263《黄炯传》	赠太常卿
101	蔡懋德	1586—1644	忠襄	卷263《蔡懋德传》	山西巡抚
102	卫景瑗	1586—1644	忠毅	卷263《卫景瑗传》	河南推官，赠兵部尚书
103	朱之冯	？—1644	忠壮	卷263《朱之冯传》	宣府巡抚，赠兵部尚书
104	贺逢圣	1587—1643	文忠	卷264《贺逢圣传》	礼部尚书兼东阁大学士，赠少傅
105	吕维祺	1587—1641	忠节	卷264《吕维祺传》	南京兵部尚书，赠太傅
106	范景文	1587—1644	文忠（清赐）	卷265《范景文传》	工部尚书兼东阁大学士，赠太傅
107	李邦华	1574—1644	忠文（清赐谥"忠肃"）	卷265《李邦华传》	南京兵部尚书、左都御史，赠太保、吏部尚书
108	王家彦	1573—1644	忠端（清赐谥"忠毅"）	卷265《王家彦传》	右司马，赠太子太保、兵部尚书
109	孟兆祥	？—1644	忠贞（清赐谥"忠靖"）	卷265《孟兆祥传》	刑部右侍郎，赠刑部尚书

续表

序号	姓名	生卒年	谥号	出处	身份
110	施邦曜	1585—1644	忠介（清赐谥"忠愍"）	卷265《施邦曜传》	左副都御史，赠太子少保、左都御史
111	凌义渠	1591—1644	忠清（清赐谥"忠介"）	卷265《凌义渠传》	大理寺卿，赠刑部尚书
112	马世奇	？—1644	文忠（清赐）	卷266《马世奇传》	左庶子，赠礼部右侍郎
113	吴麟征	？—1644	忠节	卷266《吴麟征传》	太常少卿，赠兵部右侍郎
114	周凤翔	？—1644	文忠（清赐）	卷266《周凤翔传》	东宫讲官，赠礼部右侍郎
115	吴甘来	1599—1644	忠节	卷266《吴甘来传》	赠太常卿
116	王章	？—1644	忠烈	卷266《王章传》	御史，赠大理寺卿
117	成德	？—1644	忠毅	卷266《成德传》	武库主事，赠德光禄卿
118	许直	不详	忠节（清赐谥"忠愍"）	卷266《许直传》	赠太仆卿
119	金铉	1361—1436	忠节（清赐谥"忠洁"）	卷266《金铉传》	赠太仆少卿
120	冯垣登	不详	忠节	卷266《金铉传》	御史
121	谢于宣	不详	忠节	卷266《金铉传》	行人

续表

序号	姓名	生卒年	谥号	出处	身份
122	鹿善继	1575—1636	忠节	卷267《鹿善继传》	太常少卿,赠大理卿
123	周遇吉	?—1644	忠武	卷268《周遇吉传》	山西总兵,赠太保
124	祁彪佳	1602—1645	忠敏	卷275《祁彪佳传》	苏松总督,赠少保、兵部尚书
125	陈子壮	1596—1647	文忠	卷278《陈子壮传》	桂王东阁大学士兼兵部尚书,赠番禺侯
126	陈邦彦	1603—1647	忠愍	卷278《陈邦彦传》	兵部职方司主事,赠兵部尚书
127	吴贞毓	1618—1654	文忠	卷279《吴贞毓传》	东阁大学士,赠少师、太子太师、吏部尚书、中极殿大学士
128	孙燧	1460—1519	忠烈	卷289《忠义一》	右副都御史,江西巡抚,赠礼部尚书
129	许逵	不详	忠节	卷289《忠义一》	赠左副都御史
130	汪一中	不详	忠愍	卷290《忠义二》	江西副使,赠光禄卿
131	张铨	1577—1621	忠烈	卷291《忠义三》	辽东巡按,赠大理卿、兵部尚书
132	何廷魁	?—1644	忠愍	卷291《忠义三》	辽阳兵备道,赠光禄卿、大理卿
133	高邦佐	?—1622	忠节	卷291《忠义三》	天津蓟州兵备,赠光禄卿、太仆卿

续表

序号	姓名	生卒年	谥号	出处	身份
134	蔡道宪	1615—1643	忠烈	卷294《忠义六》	长沙推官,赠太仆少卿
135	温体仁	1573—1639	文忠	卷308《奸臣传》	礼部尚书兼东阁大学士,赠太傅

通过对上表分析可以看出,明太祖、惠帝(建文帝)时期,以"忠"赐谥总量不大,且此殊荣获得者一般为开国名将,文臣很少有此机会。明成祖时期,大批跟随朱棣"靖难"的武将身后纷纷获"忠"谥,这其中既有成祖对这批武将忠心耿耿追随"靖难"的表彰,也是为自己代侄儿稳坐金銮殿的辩护和正名。成祖之后,获"忠"谥的文臣大大增加,他们或是为国纳谏惹怒圣上,或是为江山社稷殚精竭虑、鞠躬尽瘁。另一个以赐"忠"谥为表彰工具的高潮出现在剪灭魏忠贤阉党之后,一批不惧牺牲,勇斗阉党的志士获此殊荣。最后一次高潮出现在明末,这一时期大明天下摇摇欲坠,忠臣义士为挽救大厦将倾的危局,纷纷捐躯赴国难,上演了一幕幕感人的忠义大剧。

另外,还有几位获得"忠"谥,载于《清史稿》的明代大臣。如钱肃乐,系明末东阁大学士,获赐太保,谥号"忠介";沈宸荃,系鲁王监国时的右佥都御史,乾隆感其忠义,赐谥"忠介"(《王翊传》)。

除给忠臣以"忠"谥外,封王、封侯以"忠"者在明朝同样比比皆是。明朝还为忠臣修建了相当数量的"忠"祠,以示表彰。

如:"神宗初,有诏褒录建文忠臣,建表忠祠于南京"(《明史·方孝孺传》);"台人祀之(郭任)八忠祠"(《明史·郭任传》);"官为(火斌)建祠曰'忠勇'"(《明史·邱福传》)等。还有以"忠"赐名的,如:"毛忠,字允诚,初名哈喇,西陲人","赐名忠"。(《明史·毛忠传》)因"忠"献出生命的民众也会以各种形式予以褒扬,如:"三人者(朗革歹、赵资、完者都)执不可,乃斩于市,以礼葬之,蜀人谓之'三忠'"(《明史·方国珍传》)。

明朝统治者对"忠"行卓著的王子王孙、皇亲国戚也常常以"忠"誉之,如:"嘉靖十五年,巡抚都御史吴山、巡按御史金粲以闻。赐敕嘉奖,署坊表曰'忠孝贤良'。"(《明史·诸王列传》)朱翊铭"谥曰'忠王'"(《明史·孝宗子传》);袁容"卒,赠沂国公,谥忠穆"(《明史·永安公主传》)等,不一而足。

可以看出,明朝政治思想系统中,忠思想是相当发达的。显然,这是统治者强权推行的结果。这种情况可以理解为忠思想的繁荣,但理解为集权统治者借忠思想之手维护其一家一姓统治,强化君权似乎更为合理。与其说忠思想在明朝焕发了青春,毋宁说是明朝统治者在力图挽回包括忠思想在内的正统文化衰微的颓势。

三、"忠"与明代文化

第一,王守仁的"心学"与忠思想。

王守仁的"心学"是顺应维护明代集权统治需要的产物。王守仁心学思想体系中一个著名的哲学命题是"心外无理"[1]。在这个命题指导下，包括忠在内的伦理道德观念都是人们心中所固有的，而不是某种社会政治制度的产物。换言之，伦理纲常要求非外力强加，它是人心的本质。"夫物理不外于吾心，外吾心而求物理，无物理矣。遗物理而求吾心，吾心又何物耶？心之体，性也，性即理也。故有孝亲之心，即有孝之理，无孝亲之心，即无孝之理矣。有忠君之心，即有忠之理，无忠君之心，即无忠之理矣。"[2]可以看出，在王守仁眼里，忠孝等道德要求能否得以践行其关键在于道德主体是否真正具有忠君孝亲之心，有了孝亲之心就有了"孝"的"理"，没有孝亲之心当然就没有"孝"之"理"；有了忠君之心就有了"忠"之心，没有忠君之心当然就没有"忠"之"理"了。王守仁做了一个设问："理岂外于吾心耶？晦庵谓人之所以为学者，心与理而已。心虽主乎一身，而实管乎天下之理；理虽散于万事，而实不外乎一人之心。"[3]因此，"忠与孝之理，在君亲身上？在自己心上？若在自己心上，亦只是穷此心之理矣"。也就是说，"忠与孝"之"理"在道德主体"心"里，而不在"忠"和"孝"的客体——"君亲"——身上。

为了说明"理"在人"心"的道理，王守仁进一步指出："夫求理于事事物物者，如求孝之理于其亲之谓也；求孝之理于其亲，则孝之理其果在于吾之心邪？抑果在于亲之身邪？假而

1／（清）黄宗羲：《明儒学案》卷十，中华书局1985年版，第186页。

2／（清）黄宗羲：《明儒学案》卷十，第193—194页。

3／（清）黄宗羲：《明儒学案》卷十，第194页。

果在于亲之身,则亲没之后,吾心遂无孝之理欤?见孺子之入井,必有恻隐之理;是恻隐之理在于孺子之身欤?抑在于吾心之良知欤?其或不可以从之于井欤?其或可以手而援之欤?是皆所谓理也。是果在于孺子之身欤?抑果出于吾心之良知欤?以是例之,万事万物之理莫不皆然。"[1]可见,王守仁所谓人们"心"中所"固有"的这种道德意识——"良知"("是非之心"),就其本质而言先天具有辨别是非、善恶、美丑的能力,所以,"人心本是天然之理"[2]。为人臣则"忠",为人子则"孝"这一永恒的法则,不过是"万事万物之理"的表现形式罢了。

对于"理"在人心之外的流弊王守仁做了深刻批判。他的学生徐爱认为:诸如侍奉父亲应行的"孝",为君主之事而应行的"忠",与朋友交往应行的"信",治理百姓应行的"仁","其间有许多理在。恐亦不可不察"。王守仁指出,像徐爱这种说法在社会上很流行,人们长久以来受到这种观点的蒙蔽,不是三言两语可以解释清楚的。他分三个层次进行了解说:其一,侍奉父亲以尽孝,并不是"去父上求个孝的理";其二,为君主之事尽心竭力,并不是"去君上求个忠的理";其三,结交朋友与治理百姓,并不是"去友上民上求个信与仁的理"。他认为:"都只在此心。心即理也。此心无私欲之蔽,即是天理。不顶外面添一分。以此纯乎天理之心,发之事父便是孝。发之事君便是忠。发之交友治

---

1 /(明)王守仁:《阳明先生则言》,1537年(明嘉靖十六年)薛侃刻本,第13页。

2 / 陈永注解:《传习录素解》,中山大学出版社2017年版,第428页。

民便是信与仁。只在此心去人欲存天理上用功便是。"[1]

毫无疑问，王守仁犯了本末倒置的错误。在他那里，三纲五常、忠孝节义等观念不是来源于社会实践，完全是人心所固有的性质。王守仁认为，人心具有"洞悉一切""无所不知"的能力，"知是心之本体。心自然会知。见父自然知孝，见兄自然知弟，见孺子入井自然知恻隐"，在事君则为忠，"此便是良知，不假外求"[2]。

显然，王守仁以"心外无理"的哲学论题，向人们灌输了"忠君"之心是人心中所固有的道德要求的观念，从而引导人们更加自觉地去"忠君"。把"忠君"之行由"要我忠"变成了"我要忠"，从内心深处无怨无悔地服从王权统治，做君主的不贰"忠臣"。

第二，忠思想与明代文学。

文学领域，以弘扬忠思想为主要内容的作品也相当多。最典型的是以杨士奇、杨荣、杨溥为代表的"三杨"大写"爱亲忠君之念，咎己自悼之怀"[3]。这种诗歌以对圣君、明君的阿谀逢迎和百姓的道德说教为主要内容，有人说这类诗是诗歌创作的倒退。然而，由于这部分人政治地位颇高，其作品的影响范围非常大。客观地讲，从文学发展角度看，这的确是一种倒退。但从文学反映社会生活现实、为社会服务的角度看，其存在的合理性自不言而喻。当然，也有以忠入诗却不乏文人气节的，如："梦里相逢西子湖，谁知梦醒却模糊。高坟武穆连忠肃，添得

---

[1] （明）周汝登：《王门宗旨》卷九，《续修四库全书》，第451页。

[2] 陈永注解：《传习录素解》，第19页。

[3] （明）杨荣：《文敏集》卷十一，文津阁《四库全书》第414册，第291页。

新祠一座无?."[1]该诗作者以岳飞、于谦自况,字里行间充满凌云豪气,其忠于祖国的豪情可谓一览无余。诚然,综观明代诗歌作品,似此类佳篇力作所占比例实在太小。

其他文学形式,如戏文反映"忠"思想的,有明代开国初期姚茂良的《张巡许远双忠记》、无名氏的《精忠记》、方谕生的《忠孝节义》;传奇有钱直之的《忠节记》等;杂剧则有谷子敬的《卞将军一门忠孝》和祁麟佳的《救精忠》等,其中最著名的是邱濬的《五伦全备忠孝记》。由于该剧道白唱词大段抄自"四书五经",俨然是官方道德说教的教科书,未能在民间引起强烈反响,不过,在文化领域还是影响了一部分人的创作。其中,邵灿的《香囊记》,可以说是《五伦全备忠孝记》的翻版,或曰姊妹篇。只是《香囊记》在创作上更注意了艺术性。然而,道德说教的内核决定了其戏文同样是大讲经文,其影响自然远不及水浒戏、三国戏。此外,还有很多未以"忠"命名,却以"忠"说教为主要内容的作品,如:李开先的《宝剑记》,其主旨就是"诛逸佞,表忠良";《鸣凤记》则通过严嵩事件,歌颂了杨继盛等"忠臣"的高尚品质。由于作者把戏剧创作当成宣传"忠义"精神的手段,剧中人物刻画难免太过脸谱化。杨继盛等人俨然是"忠义"符号,根本没有常人的思想感情。还有更多关公戏,借关羽之名宣扬"忠义"精神。以"忠"为主题的戏剧大量出现,说明明朝是一个提倡忠孝节义的朝代。

---

[1](明)张煌言:《张忠烈公集》卷十一,《续修四库全书》,第378页。

《封神演义》是明代后期一部著名的神魔小说。该书作者许仲琳对"忠"思想做了大力宣传。"忠臣"是《封神演义》使用量最大的，也是作者重点关注的对象。其所写忠臣，既有忠于行仁政之明君的忠臣，也有忠于暴君的忠臣。就忠臣形象而言，后者给读者留下的印象似乎更为深刻。不过，《封神演义》最重要的内容还是反对暴政，这一点恐怕与明代社会的高压政策有着密切关系。可惜的是，由于作者才华有限，其描写的人物性格单一，缺乏个性，这在一定程度上限制了其对忠思想宣传的效果。

　　可以看出，一方面明代思想文化领域的斗争颇为激烈，另一方面，由于集权统治者的大力提倡和推行，忠思想的发展很是"繁荣"了一场。对于这种繁荣，我们只能解读为政治高压下的繁荣，而不是忠思想的真正振兴。

第十章
迸发最后的辉煌

清朝作为中国古代社会的最后一个王朝，是君主集权与近代民主思潮激烈斗争的朝代。国内民主意识的觉醒和西方现代文明的输入与扩张猛烈冲击着旧有的思想体系。特别是满汉、中西不同思想文化的激烈交锋，使得包括忠思想在内的传统思想文化出现了由衰转"盛"的局面。

一、忠与清代文化事业的发展

文艺是反映现实社会生活的。文艺创作与社会生活的关联性决定了清朝统治者大力倡导的正统文化必然在当时的文艺作品中有所反映。忠思想对清代文艺创作的影响颇为显著。

第一，关羽崇拜高潮迭起。

如果把明代的关羽崇拜称作新高潮，清代则可以说达到了巅峰、极致。这首先表现在对关羽的封赐与追谥上。顺治九年

(1652),关羽获封"忠义神武关圣大帝"[1],该封号"较往代封号尤尊"[2];乾隆三十三年(1768),加封"忠义神武灵佑关圣大帝"[3];乾隆四十一年(1776)"诏易关帝原溢为忠义"。其次体现在对关羽的官祭。如"汉寿亭侯庙在都城西北隅,盖洪武中建,我太宗文皇帝嘉侯功烈,特颁龙凤黄紵丝旗一面","每岁正旦冬至及朔望,祭祀香烛等仪具有"[4]。自雍正三年(1725)起,京师对关羽的祭祀由原来的一年一大祭变更为三大祭。第二年(1726),清廷又重新颁布祭祀关羽的规格:五月十三日祭祀用牛羊猪各一头、果五盘、帛一匹,春秋两季的祀礼与祭祀孔子采用同一规格——牛羊猪各一头、豆类十种、帛一匹。乾隆皇帝于乾隆九年(1744)正月,亲自主持拟定了解州关帝庙的祝文,正殿祝文是:"惟帝浩气凌霄,丹心贯日。扶正统而彰信义,威震九州;完节以笃忠贞,名高三国。神明如在,遍祠宇于寰区;灵应丕昭,荐馨香于历代。屡征异迹,显佑群生。恭值嘉辰,遵行祀典。筵陈笾豆,几奠牲醴。"[5]
后殿祝文是:"惟公世泽贻麻,灵源积庆。德能昌后,笃生神武之英;善则归亲,宜享尊崇之报。列上公之封爵,锡命优隆;合三

[1]/(清)张廷玉等:《皇朝文献通考》卷一百五,文津阁《四库全书》第210册,第707页。

[2]/(清)于敏中:《钦定日下旧闻考》卷四十四,文津阁《四库全书》第169册,第206页。

[3]/(清)张廷玉等:《皇朝文献通考》卷一百五,文津阁《四库全书》第210册,第707页。

[4]/(清)于敏中:《钦定日下旧闻考》卷四十四,文津阁《四库全书》第169册,第206页。

[5]/(清)来保:《大清通礼》卷十五,文津阁《四库全书》第218册,第78页。

世之肇禋，典章明备。恭逢诹吉，祗事荐馨尚飨。"¹

到了咸丰三年（1853），祭祀关羽要"行礼三跪九叩，乐六奏，舞八佾，如帝王庙仪"（《清史稿·志五十九》）。对关羽祭祀之盛况，有人这样评价说："自古圣贤名臣，各以功德食于其土其载。在祀典，由京师达于天下郡邑，有司岁时以礼致祭者，社稷山川而外，惟先师孔子及关圣大帝为然。孔子祀天下学官，而关帝庙食遍薄海内外。其地自通都大邑，下至山陬海澨村墟穷僻之壤。其人自贞臣贤士仰德崇义之徒，下至愚夫愚妇儿童走卒之微贱。"关羽的忠义精神"充塞于宇宙之间，与日月星辰同其明，江河山岳同其体，风霆雨露同其功"，真真是达到无以复加的地步。

在这场以赞美关羽为主角的忠思想推进运动中，名人学士甚至皇帝也不甘落后，纷纷提笔泼墨：北京地安门关庙有乾隆皇帝御书"忠贯天人扁"，及所题楹联："浩气丹心万古忠诚昭日月；佑民福国千秋俎豆永山河。"² 湖南常德关庙有左宗棠所题楹联："史策几千年未有上继文宣大圣下开武穆孤忠浩气常存是终古彝伦师表；地方数百里之间西连汉寿旧封东接益阳故垒英风宛在想当年戎马关山。"³ 胡敬撰写悬挂于杭州西湖金沙港关庙的"圣至於神存馨历千载而遥如日月行天江河行地；湖开自汉崇祀值两峰相对有武

---

1 /（清）来保：《大清通礼》卷十五，文津阁《四库全书》第218册，商务印书馆2005年版，第78—79页。

2 /（清）于敏中：《钦定日下旧闻考》卷四十四，文津阁《四库全书》第169册，商务印书馆2005年版，第206页。

3 /（清）左宗棠撰，刘泱泱校点：《左宗棠全集·家书·诗文》，岳麓书社2014年版，第424页。

穆在北忠肃在南"[1]等等。有兴趣的朋友，可参阅清人梁章巨所编《楹联丛话》，其中收集各地"颂关"楹联甚详。

为了借关羽推广忠思想，以关羽为主角的戏剧创作也繁荣一时。特别是到了清代中叶，京剧诞生之初的剧目中有三国戏一百五十五出，仅关羽为主角的就占了约20%。为了表达对关羽的崇敬，清代宫廷上演关羽戏时，每当关羽出场，皇帝、后妃都要恭恭敬敬地离开座位，绕场走几步而后重新落座。

研究关羽的著述在清代也大量涌现，如今藏于北京图书馆的有：钱谦益编辑的《重编义勇武安王集》八卷（另有《附录》二卷）、徐观海所撰《圣迹撰要》；今藏于山西图书馆的有：卢湛所辑《关帝圣迹图志》五卷、《关帝明圣经》一卷（撰者不详）、张镇编辑的《关帝志》四卷[2]；今藏于上海图书馆的有张鹏翮所辑《关夫子志》二卷；今藏于开封图书馆的有冉觐祖所撰《汉前将军壮穆侯关公考》十八卷，等等。

可以看出，对关羽的推崇在清代达到了空前绝后的地步。事实上，关羽不过是宣传忠思想的工具罢了。在这里，关羽就是忠思想的化身，是启发、诱导社会各阶级、各阶层人们学习的目标、榜样。通过营造关羽崇拜的舆论氛围，在社会上形成了人人学忠臣、人人做忠臣的政治价值导向，抑制了社会上不忠因素的负面影响，使广大社会成员潜移默化地接受忠思想教育。这种教育方式显然比空洞说

1 /（清）梁章巨：《楹联丛话》卷三，中华书局1987年版，第34页。

2 / 如今市面上可见山西人民出版社1992年版本。

教和硬性灌输要高明得多。

需要指出的是，虽然关羽在宣传、推广忠思想上发挥了一定作用，不过，借助关羽挽回忠君思想失去的市场显然是徒劳的。在上演了最后的疯狂之后，忠君文化终将伴随着民主革命的胜利而谢幕退出历史舞台。

第二，"精忠报国"赞岳飞。

有清一朝，不仅关羽受到推崇，历史上许多忠臣的事迹在这时亦受到发掘，甚至像岳飞这种触犯清朝统治者忌讳的人物，其事迹也被写成了小说——《说岳全传》。

在清代歌颂岳飞精忠报国有个巨大的障碍，这就是部分当权者对岳飞的忌讳。历史上的岳飞是汉族人抗击金人的民族英雄，清是金的延续（"后金"是也），后来者允许有人歌颂抗击自己老祖宗的人，的确需要超凡的勇气。然而，像岳飞这样尽忠报国的典型确属奇缺，故而为巩固清人统治，部分当权者（包括皇帝在内）采取了颇为灵活的措施。他们相信，有"文字狱"在，文人们断然不敢做得太过分。

清人赞赏岳飞的始作俑者是努尔哈赤，如努尔哈赤次子代善的长子岳托之名即由其所赐。岳托做事也的确具有以国事为重的风范。努尔哈赤病逝后，在继承汗位的人选问题上，他从大局着想，劝说代善支持皇太极，顺利解决了后金最高权力交接的问题，避免了内讧。岳托付出的代价是很大的。因为此时努尔哈赤的长子已死，代善作为手握重兵的次子，夺取汗位还是有一定把握的。

一旦代善继承汗位,岳托极有可能就是太子。可以说,岳托的忠义之举挽救了后金王朝的命运。

此后,对岳飞精忠精神的赞誉连续不断。如杭州西湖岳坟前秦桧、王氏、万俟卨、张俊的"四跪像",自万历二十二年(1594)年起共铸八次,其中五次是在清代完成的,表明清政府对岳飞精忠报国精神的肯定与褒扬。乾隆皇帝更是多次造访岳飞墓,留下诸多墨宝。既然官方对岳飞采取赞赏态度,民间文艺创造自然繁荣起来。以岳飞为主角的"说岳"故事一时兴盛,热闹非凡,其中尤以《说岳全传》为代表。

《说岳全传》是钱彩在明代熊大木《武穆精忠传》和邹元标《岳武穆精忠传》基础上重新创作而成的。其创作意图不在于表现民族矛盾(这在清朝是必须要回避的),而落脚于"忠""奸"之争,旨在弘扬忠君精神。为了达到劝忠的目的,书中岳飞虽然被以"莫须有"的罪名陷害,但其死后却得以升天。秦桧虽然生时权倾朝野,死后却下了地狱遭受酷刑惩罚。即便是岳飞的死对头——金兀术对岳飞这样的忠臣同样抱有崇敬之情。当然,作者由于太专注于道德说教,太急于教导人们做忠臣,刻画岳飞形象有符号化、偶像化倾向,甚至为了突出岳飞之忠而扭曲了岳飞。如,书中说道:岳飞明知朝中有奸臣作祟,仍然奉旨回京。担心岳云、张宪造反,宁可召他们与自己一同去死等。从而把岳飞描写成一个奴性十足的人,一个愚忠的典范。

毫无疑问,在岳飞身上,寄托了作者对忠的理解。作者希望通过岳飞这个广为传诵的忠臣形象唤醒广大读者忠的情怀,借以在全社会推广岳飞的忠君精神,但因宣传忠的需要而把岳飞刻画成奴性十足的愚忠之臣予以歌颂,实在令人感到可悲。当然,这样刻画忠臣形象,决非《说岳全传》一书的弊病,前面谈到的《清忠谱》为表现"忠臣不怕死,怕死不忠臣"[1]的精神,同样把周顺昌描写成一个为许身君王而对妻儿毫无留恋的楷模。应该说,这是清代文人作品刻画忠臣形象时的通病。这种描写手法虽然看上去把人物的道德品质推向了极致,把忠君精神刻画得很生动,用现在时髦的话说叫作煽情。实际上把历史人物描写得为尽忠而失去了正常人的感情,未必能给读者以很深的感动,其教化效果自然要大打折扣。

第三,"传奇"颂"忠"大繁荣。

这里说的传奇是指明清时期流行的一种戏曲形式,由宋元时期的南戏演化而来,并非唐传奇。此类作品一般以紧凑的情节、细腻的人物刻画、细致的角色分工取胜。

据统计,清代以"忠"命名的传奇有:李玉等人的《清忠谱》、朱權的《忠孝间》、吴绮的《忠愍记》、黄兆森的《忠孝福》、曹寅的《表忠记》、周稚廉的《双忠庙》、张澜的《忠孝祠》、周祥玉的《忠义璇图》、郭宗林的《双忠节》、石琰的《忠烈记》、周韵亭的《忠悯记》、荆溪老人的《练忠贞》等;不以"忠"命名而反映忠思想的,如李玉的《一捧

---

[1] (明)无名氏:《鸣凤记》上,载(明)毛晋编:《六十种曲》第二册,中华书局1958年版,第67页。

雪》等。杂剧有唐英的《清忠谱正案》、杨观潮的《凝碧池忠魂再表》等。

《清忠谱》描写的是东林党人与魏忠贤阉党斗争的故事。以周顺昌为主要的忠臣形象展开故事。为突出其形象，周顺昌一出场即道："忠孝自根心，君亲魂梦钦"[1]，并对大明天下阉党群魔乱舞的状况表达了深切的忧虑，"君门万里，空流血泪千行；一点孤忠，徒付数声长叹"[2]。其中最能体现人物忠义精神的有这样几个情节：其一，阉党逮捕魏大中时，一般人避之犹恐不及，周顺昌却前往送行并与之联姻，以展现绝不向邪恶势力低头的决心和对忠臣的深切钦敬。其二，在阉党庆贺魏忠贤生祠落成的当口，大骂阉党"欺君虐民，残害忠良"[3]，抒发自己"劲骨千磨不坏。填胸正气，直将厉气冲开"[4]的忠君报国情怀。其三，周顺昌得知魏忠贤即将逮捕自己的时候，他担心引起民愤，酿成事端，会将自己推入不忠的境地（"反陷弟子于不忠了"[5]）。其四，阉党捉拿周顺昌时，民众起而救之，周顺昌说："小弟与兄俱读圣书，君命召，驾且不俟。今日奉旨来提，敢不趋赴！"[6] 上述几个情节既展现了周顺昌士大夫的君子风范，一心向忠，

---

[1] （清）李玉撰：《清忠谱》第一折，人民文学出版社1990年版，第6页。

[2] （清）李玉撰：《清忠谱》第一折，人民文学出版社1990年版，第7页。

[3] （清）李玉撰：《清忠谱》第十五折，第129页。

[4] （清）李玉撰：《清忠谱》第十五折，第126页。

[5] （清）李玉撰：《清忠谱》第九折，第87页。

[6] （清）李玉撰：《清忠谱》第十一折，第103页。

不畏强权与死亡,同时也表明他对圣君抱有不切实际的幻想。这在君主制度下是正常的,也是难免的。

这一时期的其他以忠为思想内核的传奇作品,与《清忠谱》有诸多相似之处,这里不再一一列举。这类作品大多是迎合统治阶级政治需要的应景之作,缺乏长久的艺术生命力,有人这样评价这类作品:"表彰了奴隶道德","歌颂忠仆","歌颂忠臣","思想也很陈腐"[1]。虽然将歌颂忠臣,赞美忠义精神归入腐朽一类有些偏颇,但这可以在一定程度上从另外的角度说明,虽然忠思想发展到清代已经有日落西山之趋势,然而其社会影响力还是相当巨大的。《清忠谱》《一捧雪》之类的作品既可以看作是坚持正统思想的文人为挽救主流政治思想颓势的一种努力,也可以看作是对明代末年正统文化遭际冷遇的矫枉。这一点从关羽崇拜在清代达到极盛,以及忠臣故事一再被挖掘的事实可窥见一斑。

此外,很多弹词作品也加入了宣扬忠思想的行列,如梁溪人陶贞怀的《天花雨》,陈端生、梁德绳的《再生缘》等即属此类。但这类作品顽固抱着道德说教立场,整个作品充满着迂腐的道德教条,其影响并不很大,在宣传忠思想方面的贡献远不及《三国演义》《水浒传》等作品。

"忠"教育也是清代"忠"思想推广工作的重要内容。很多"训蒙"类图书都有宣传忠思想的内容。如清代人陈弘谋《五种遗规》就收录了吕坤的《好人歌》,

[1] 章培恒、骆玉明主编:《中国文学史》下,复旦大学出版社1996年版,第397页。

其所谓"好人"的标准总计三十八条,第一条就是"忠信"——"天地生万物,惟人为最贵。人中有好人,更出人中类……好人先忠信,好人重孝弟。"[1]虽然社会经济、政治、文化条件不同,善(好)恶(坏)观念也在不断发生变化,甚至有些观念在不同地域、不同时期、不同民族、不同文化间是相互矛盾甚至对立的,但是从思想发展史上看,人们在进行道德的自我评价时,必须坚持自我评价与社会评价的统一。特别是在儒家"人皆可以为尧舜"(《孟子·告子下》)思想颇具影响的古代中国,人们认为任何人通过努力都可以成为"圣人",之所以普通人还没有成为"圣人",不是天赋的问题,而是努力不够。因而,中华民族向来有孜孜以求"善(好)"的优良传统。《好人歌》正是抓住了人心向善的特点开展道德教育,推广"忠"思想。

需要补充说明的是,《嘉庆重修一统志》记录了大量与"忠"有关的内容。如,成都的"忠国山",泸州的"忠山",惠州的"忠信水",肇庆的"忠谠山""忠谠水",眉州、岳州、南康、雅州的"忠孝桥",贵阳、汝宁的"忠烈桥",台州的"忠孝泉"等。地名、物名以"忠"命名,其文化含义是不言而喻的。另外,该书还记录了全国各地为表彰"忠"而立的庙祠,其中以"昭忠祠"最多,总计五十处;其次是"忠烈祠"二十八处,"忠节祠"十九处,"三忠祠"十八处,"忠义祠"十二处,"双忠祠""忠孝祠""忠烈庙"各十一处,"表忠祠"十处,

[1] (明)吕坤:《好人歌》,载《吕坤全集》上,王国轩、王秀梅整理,中华书局2008年版,第555页。

"忠勇祠"七处,"忠臣祠"五处,"忠惠祠""忠武祠""忠佑祠"各三处,"忠贤祠""忠义孝悌祠""忠爱祠""忠肃祠""忠勋祠""忠义庙""四忠祠"各二处;其他还有"怀忠祠""五忠祠""七忠祠""八忠祠""忠景祠"等各一处。

从《嘉庆重修一统志》大量、详尽记录"忠"信息的情况中,我们至少可以这样判断,"忠"思想在社会生活中的影响力极其巨大,作为一种思想文化符号,"忠"受到普遍接受和尊崇。《嘉庆重修一统志》编纂者如此不厌其详地记录与"忠"有关的内容,其对"忠"思想的态度也可窥见一斑。

二、忠与清代政治思想文化

与明代一样,"忠臣"文化在清代依然如火如荼。为了表示对"忠臣""忠君"品质的赞许,清朝皇帝还对明朝"忠臣"予以"追谥",以表彰其"忠"精神。这种情况在前面已经谈到,此处不再赘述。

第一,"忠"谥的广泛应用。

对于本朝忠臣,清朝皇帝赐谥更是乐于用"忠"。如:"乾隆四十一年,高宗命录胜朝殉节诸臣","通谥忠烈百十三","忠节百八","祀忠义祠:职官四百九十五,士民千七百二十八"。(《清史稿·张煌言传》)现根据《清史稿》的记载,归纳如下:

表 10-1：《清史稿》以"忠"为谥者列表

序号	姓名	生卒年	谥号	出处	身份
1	诺罗布	?—1717	忠	卷216《诸王二》	代善曾孙，杭州将军
2	多尔衮	1612—1650	忠	卷218《诸王四》	摄政王
3	善耆	1866—1922	忠	卷219《诸王五》	川岛芳子生父，理藩大臣
4	奕訢	1833—1898	忠	卷221《诸王七》	恭忠亲王
5	钱肃乐	1606—1648	忠节	卷224《王翊传》	东阁大学士（明）
6	沈宸荃	1615—1652	忠节	卷224《王翊传》	右佥都御史（明）
7	劳萨	?—1640	忠毅	卷226《劳萨传》	梅勒章京（一等副将），赐昂邦章京（总兵）
8	图鲁什	?—1634	忠宣	卷226《图鲁什传》	三等副将，赐号硕翁科罗巴图鲁，进三等总兵官
9	马喇希	?—1637	忠僖	卷226《马喇希传》	三等精奇尼哈番（子），视一品大臣
10	穆克谭	不详	忠勇	卷226《穆克谭传》	赠一等副将
11	博尔晋	?—1627	忠直	卷227《博尔晋传》	一等副将
12	景固勒岱	?—1654	忠直	卷227《景固勒岱传》	一等甲喇章京（参将），赐二等阿思哈尼哈番（男）

续表

序号	姓名	生卒年	谥号	出处	身份
13	明安	?—1644	忠顺	卷229《明安传》	三等总兵官，二等伯
14	阿济拜	?—1652	忠勤	卷229《阿济拜传》	正蓝旗蒙古梅勒额真（副都统），一等阿达哈番兼拖沙喇哈番（轻车都尉兼云骑尉）
15	国瑶	—1689	忠悫	卷231《国瑶传》	福建将军，二等子
16	石廷柱	1599—1661	忠勇	卷231《石廷柱传》	三等伯，赠少傅兼太子太傅
17	马光辉	?—1655	忠靖	卷231《马光辉传》	直隶、山东、河南总督，加太子少保
18	图尔格	1596—1645	忠义	卷233《图尔格传》	内大臣（侍卫亲军统领，从一品），三等果毅公
19	伊尔登	?—1663	忠直	卷233《伊尔登传》	二等伯
20	耿继茂	?—1671	忠敏	卷234《耿继茂传》	靖南王
21	佟养正	?—1621	忠烈	卷235《佟养正传》	游击，一等公，加太师
22	陈泰	?—1655	忠襄	卷236《陈泰传》	吏部尚书，一等子
23	卓罗	?—1668	忠襄	卷236《卓罗传》	二等伯
24	都尔德	?—1664	忠襄	卷236《都尔德传》	议政大臣

续表

序号	姓名	生卒年	谥号	出处	身份
25	逊塔	?—1665	忠襄	卷236《逊塔传》	镶蓝旗都统
26	孟乔芳	1595—1654	忠毅	卷237《孟乔芳传》	陕西总督,太子太保
27	张存仁	?—1652	忠勤	卷237《张存仁传》	兵部尚书,直隶、山东、河南总督,太子太保,三等子
28	李日芃	?—1655	忠敏	卷240《李日芃传》	兵部尚书,加太子太保
29	喀尔塔喇	?—1652	忠壮	卷242《喀尔塔喇传》	一等阿达哈哈番(轻车都尉),三等阿思哈尼哈番(男)
30	刘芳名	?—1660	忠肃	卷243《刘芳名传》	总兵,加太子太保
31	徐勇	不详	忠节	卷248《徐勇传》	左都督,三等阿思哈尼哈番(男),赠太子太保
32	索尼	1601—1667	文忠	卷249《索尼传》	辅政大臣
33	白尔赫图	?—1667	忠勇	卷249《白尔赫图传》	一等阿思哈尼哈番(男)
34	鳌拜	1610—1669	忠敏	卷249《鳌拜传》	辅政大臣,太子太傅
35	范承谟	1624—1676	忠贞	卷252《范承谟传》	赠兵部尚书、太子少保
36	甘文焜	1632—1673	忠果	卷252《甘文焜传》	云贵总督,赠兵部尚书

续表

序号	姓名	生卒年	谥号	出处	身份
37	傅弘烈	？—1680	忠毅	卷252《傅弘烈传》	广西巡抚，赠太子太师、兵部尚书
38	莫洛	？—1683	忠愍	卷253《莫洛传》	工部郎中，赠拜他喇布勒哈番（骑都尉）兼拖沙喇哈番（云骑尉）
39	陈福	？—1675	忠愍	卷253《陈福传》	重庆总兵，三等精奇尼哈番世袭（子）
40	王之鼎	？—1680	忠毅	卷253《王之鼎传》	正红旗汉军副都统，赠太子少保
41	费雅达	？—1680	忠勇	卷253《费雅达传》	都督同知，赠左都督、太子少傅
42	陈启泰	？—1714	忠毅	卷253《陈启泰传》	赠工部侍郎
43	万福	不详	忠愍	卷253《万福传》	福宁总兵，赠左都督、太子少保
44	陈丹赤	？—1674	忠毅	卷253《陈丹赤传》	按察使，赠通政使
45	马閗	？—1674	忠勤	卷253《马閗传》	昌乐知县，赠布政司参政
46	叶映榴	1642—1688	忠节	卷253《叶映榴传》	湖北粮督
47	赵良栋	1621—1697	襄忠	卷255《赵良栋传》	云贵总督
48	王进宝	1626—1685	忠勇	卷255《王进宝传》	赠太子太保
49	朱天贵	1647—1683	忠壮	卷260《朱天贵传》	平阳总兵，赠太子少保

续表

序号	姓名	生卒年	谥号	出处	身份
50	黄梧	1622—1675	忠恪	卷261《黄梧传》	海澄公，太子太保
51	黄芳度	?—1675	忠勇	卷261《黄芳度传》	黄梧之子，袭海澄公，赠王爵
52	黄芳世	?—1678	忠襄	卷261《黄芳世传》	黄梧兄子，加太子太保
53	李率泰	1608—1666	忠襄	卷273《李率泰传》	闽浙总督，赠兵部尚书
54	佟国纲	?—1690	忠勇	卷281《佟国纲传》	镶黄旗汉军都统，赠太傅
55	迈图	?—1686	忠毅	卷281《迈图传》	前锋统领，三等阿达哈哈番（轻车都尉）
56	额伦特	?—1719	忠勇	卷281《额伦特传》	湖广总督，三等阿达哈哈番（轻车都尉）
57	傅恒	1720—1770	文忠	卷301《傅恒传》	军机大臣，平叛伊犁统帅
58	和琳	1753—1796	忠壮	卷319《和琳传》	工部尚书，赠一等公
59	额勒登保	1748—1805	忠毅	卷344《额勒登保传》	都统，崇文门正监督
60	杨遇春	1760—1837	忠武	卷347《杨遇春传》	陕甘总督，赠太子太傅、兵部尚书
61	李长庚	1751—1807	忠毅	卷350《李长庚传》	浙江提督，三等壮烈伯
62	林则徐	1785—1850	文忠	卷369《林则徐传》	湖广总督，赠太子太傅

续表

序号	姓名	生卒年	谥号	出处	身份
63	关天培	1781—1841	忠节	卷372《关天培传》	广东水师提督
64	陈化成	1776—1842	忠愍	卷372《陈化成传》	江南提督,骑都尉兼一云骑尉
65	国鸿	?—1840	忠节	卷372《国鸿传》	总兵,骑都尉
66	文祥	1818—1876	文忠	卷386《文祥传》	军机大臣,总理衙门大臣
67	周天爵	1772—1853	文忠	卷393《周天爵传》	总督,赠尚书衔
68	王寿同	?—1853	忠介	卷395《王寿同传》	湖北汉黄德道员,骑都尉
69	蒋文庆	1793—1853	忠悫	卷395《蒋文庆传》	安徽布政使
70	多山	?—1855	忠节	卷395《多山传》	武昌府按察使,赠骑都尉
71	潘铎	?—1863	忠毅	卷396《潘铎传》	云贵总督,赠太子太保,予骑都尉兼云骑尉
72	祥厚	?—1853	忠勇	卷398《祥厚传》	江宁将军,赠太子太保,予二等轻车都尉
73	瑞昌	?—1861	忠壮	卷398《瑞昌传》	杭州将军,赠太子太保,晋一等轻车都尉
74	赵景贤	1822—1863	忠节	卷400《赵景贤传》	湖州道员,赠骑都尉
75	向荣	1792—1856	忠武	卷401《向荣传》	游击,赠一等轻车都尉

续表

序号	姓名	生卒年	谥号	出处	身份
76	和春	?—1860	忠壮	卷401《和春传》	江宁将军，二等男爵
77	张国梁	?—1860	忠武	卷401《张国梁传》	江南大营名将，赠太子太保、骑都尉兼一云骑尉
78	邓绍良	1801—1858	忠武	卷402《邓绍良传》	浙江提督，赠骑都尉兼云骑尉
79	周天受	?—1860	忠壮	卷402《周天受传》	漳州总兵，赠骑都尉兼云骑尉
80	张玉良	?—1861	忠壮	卷402《张玉良传》	广西提督，赠太子少保、骑都尉兼云骑尉
81	刘季三	?—1860	忠毅	卷402《刘季三传》	通永镇总兵，赠骑都尉兼云骑尉
82	双来	?—1853	忠毅	卷402《双来传》	肃州镇总兵，加提督衔，赠骑都尉兼云骑尉
83	虎坤元	?—1858	忠壮	卷402《虎坤元传》	宜昌镇总兵，赠骑都尉兼云骑尉
84	僧格林沁	1811—1865	忠	卷404《僧格林沁传》	参赞大臣、钦差大臣、科尔沁郡王、博多勒噶台亲王
85	全顺	1830—1865	忠壮	404卷《全顺传》	西安左翼副都统，骑都尉兼云骑尉
86	史荣椿	?—1859	忠壮	卷404《史荣椿传》	直隶提督，骑都尉兼云骑尉
87	骆秉章	1793—1867	文忠	卷406《骆秉章传》	四川总督，一等轻车都尉，赠太子太傅

续表

序号	姓名	生卒年	谥号	出处	身份
88	胡林翼	1812—1861	文忠	卷406《胡林翼传》	湖北巡抚，赠总督、太子少保
89	江忠源	1812—1854	忠烈	卷407《江忠源传》	湖北按察使，赠总督
90	江忠信	?—1856	忠节	卷407《江忠信传》	江忠源族弟，副将，赠云骑尉
91	罗泽南	1807—1856	忠节	卷407《罗泽南传》	布政使，赠骑都尉
92	李续宾	1818—1858	忠武	卷408《李续宾传》	罗泽南门生，巡抚衔，赠骑都尉
93	塔齐布	1817—1855	忠武	卷409《塔齐布传》	湘军初创阶段的第一勇将，湖北提督，加三等轻车都尉
94	多隆阿	1817—1864	忠勇	卷409《多隆阿传》	西安将军，加一云骑尉，并为一等男爵
95	鲍超	1828—1886	忠壮	卷409《鲍超传》	提督，子爵，湘军将领，赠太子少保
96	刘松山	1833—1870	忠壮	卷409《刘松山传》	湘军将领，总兵，加一等轻车都尉，并世职为二等子爵
97	李鸿章	1823—1901	文忠	卷411《李鸿章传》	直隶总督，北洋通商大臣，赠太傅，晋封一等侯
98	曾国荃	1824—1890	忠襄	卷413《曾国荃传》	湘军将领，曾国藩九弟，两江总督，赠太傅

续表

序号	姓名	生卒年	谥号	出处	身份
99	刘坤一	1830—1902	忠诚	卷413《刘坤一传》	两江总督,南洋通商大臣,追封一等男爵,赠太傅
100	李臣典	1838—1864	忠壮	卷414《李臣典传》	湘军将领,提督,赠太子少保
101	彭毓橘	1824—1867	忠壮	卷414《彭毓橘传》	湘军将领,布政使记名,赠内阁学士,加骑都尉世职,并为三等男爵
102	程学启	1829—1864	忠烈	卷416《程学启传》	淮军名将,南赣镇总兵
103	沈兆霖	1801—1862	文忠	卷421《沈兆霖传》	陕甘总督,赠太子太保
104	郑魁士	1800—1873	忠烈	卷428《郑魁士传》	直隶提督
105	杨鼎勋	?—1868	忠勤	卷431《杨鼎勋传》	苏松镇总兵,骑都尉,赠太子少保
106	唐殿魁	?—1867	忠壮	卷431《唐殿魁传》	总兵,赠太子少保,予骑都尉兼云骑尉
107	张运兰	?—1864	忠毅	卷432《张运兰传》	福建按察使,赠巡抚,予骑都尉
108	黄淳熙	?—1860	忠壮	卷433《黄淳熙传》	道员记名,赠布政使,加赠内阁学士
109	荣禄	1836—1903	文忠	卷437《荣禄传》	总管内务府大臣,加太子太保,文华殿大学士,一等男爵
110	金顺	1831—1886	忠介	卷454《金顺传》	伊犁将军,赠太子太保

续表

序号	姓名	生卒年	谥号	出处	身份
111	左宝贵	1837—1894	忠壮	卷460《左宝贵传》	建威将军，赠太子少保，予骑都尉兼一云骑尉
112	宋庆	1820—1902	忠勤	卷461《宋庆传》	湖南提督、四川提督，三等男
113	马玉昆	1838—1908	忠武	卷461《马玉昆传》	浙江提督，赠太子太保，予二等轻车都尉
114	长顺	1839—1904	忠靖	卷461《长顺传》	吉林将军，赠太子少保，予一等轻车都尉
115	徐用仪	1826—1900	忠愍	卷466《徐用仪传》	军机大臣，"庚子五大臣"之一
116	袁昶	1846—1900	忠节	卷466《袁昶传》	太常寺卿，"庚子五大臣"之一
117	立山	?—1900	忠贞	卷466《立山传》	户部尚书
118	李秉衡	1830—1900	忠节	卷467《李秉衡传》	长江水师大臣
119	聂士成	1836—1900	忠节	卷467《聂士成传》	太原镇总兵，赠太子少保
120	延茂	?—1900	忠恪	卷468《延茂传》	宁夏将军，赠太子少保
121	恩铭	1845—1907	忠愍	卷469《恩铭传》	安徽巡抚，赠太子少保
122	端方	1861—1911	忠敏	卷469《端方传》	直隶总督，赠太子太保
123	端敏	?—1911	忠惠	卷469《端敏传》	端方之弟

续表

序号	姓名	生卒年	谥号	出处	身份
124	松寿	?—1900	忠节	卷469《松寿传》	闽浙总督，赠太子少保，予二等轻车都尉
125	冯汝骙	?—1911	忠愍	卷469《冯汝骙传》	江西巡抚
126	朴寿	?—1911	忠肃	卷470《朴寿传》	福州将军，赠太子太保，予二等轻车都尉
127	梁鼎芬	1859—1919	文忠	卷472《梁鼎芬传》	布政使，学者，"岭南近代四家"之一
128	徐坊	1864—1916	忠勤	卷472《徐坊传》	国子丞，赠太子少保
129	张勋	1854—1923	忠武	卷473《张勋传》	北洋大臣，近代军阀
130	刘钦邻	?—1673	忠节	卷488《刘钦邻传》	广西富川知县，赠太仆寺少卿
131	强克捷	?—1813	忠烈	卷489《强克捷传》	滑县知县
132	储玫躬	?—1854	忠壮	卷490《储玫躬传》	武陵县训导，赠道员
133	谢子澄	?—1852	忠愍	卷491《谢子澄传》	知县，加布政使衔
134	麟瑞	?—1861	忠节	卷492《麟瑞传》	印务章京，赠副都统
135	文丰	?—1860	忠毅	卷494《文丰传》	正白旗护军统领，赠太子少保
136	世增	?—1911	忠愍	卷496《世增传》	布政使，赠巡抚

续表

序号	姓名	生卒年	谥号	出处	身份
137	锺麟同	？—1911	忠壮	卷496《锺麟同传》	陆军第十九镇统制官
138	王国维	1877—1927	忠悫	卷496《王国维传》	国学大师
139	李淏	1619—1659	忠宣	卷526《朝鲜传》	朝鲜孝宗
140	阮光平	1753—1792	忠纯	卷527《越南传》	安南国王

据统计，上表以"忠"为谥者中"忠壮"出现最多，达十九次。出现频率高于十次的还有"忠节"十六次，"忠毅"十四次，"文忠"十一次，"忠勇"十次。历史上常用的"忠愍""忠武""忠襄""忠勤""忠烈""忠""忠敏""忠直""忠悫""忠贞""忠靖""忠肃""忠恪""忠介""忠宣""忠顺""忠义""忠果""襄忠""忠诚""忠惠""忠纯"均不足十次。

关于"忠"谥的意义，前文已经谈到，而清代对"忠"谥的重视度又远远超出前代，据清代《内阁鸿称册·群臣谥》记载，"忠"是所有谥号中等级最高的。而清朝获得"忠"谥的人如此之多，既说明清朝皇帝对"忠"品质的特别青睐，也反映出朝廷对"忠臣"的褒扬和对忠思想的大力推动。

第二，官方积极宣传推广忠思想。

在赐给有功之臣"忠"谥的同时，朝廷宣传、鼓励、推广忠思想还借助了其他一些手段，比如赐以牌匾、赐祭"忠"祠、"配享太庙"、画像、立碑等。兹将《清史稿》所载因"忠"受奖者列表如下：

表10-2：《清史稿》因"忠"获表彰者列表：

序号	表彰对象	身份	表彰规格	表彰时间	出处
1	巴赛	振武将军	赐恤谥，祀昭忠祠	雍正	卷215《诸王一》
2	多尔衮	摄政王	配享太庙	高宗	卷218《诸王四》
3	允祥	铁帽子王	赐御书"忠敬诚直勤慎廉明"榜，配享太庙，谥曰贤，并以"忠敬诚直勤慎廉明"八字加于谥上	雍正	卷221《诸王七》
4	额亦都	开国五大臣之首	崇德初，配享太庙；顺治命立碑旌功，亲为制文，以为"忠勇忘身，有始有卒，开拓疆土，厥积懋焉"	崇德、顺治	卷225《额亦都传》
5	石廷柱	三等伯，赠少傅兼太子太傅	立碑纪绩	顺治	卷231《石廷柱传》
6	图尔格	内大臣（侍卫亲军统领，从一品），三等果毅公	配享太庙，立碑墓道	雍正	卷233《图尔格传》

续表

序号	表彰对象	身份	表彰规格	表彰时间	出处
7	伊尔登	二等伯	图其像,一藏内库,一畀其家	顺治	卷233《伊尔登传》
8	图海	赠少保兼太子太傅	追赠一等忠达公,配享太庙	雍正	卷251《图海传》
9	甘文焜	云贵总督,赠兵部尚书	建祠贵阳;上赐"劲节"二字颜其额	康熙	卷252《甘文焜传》
10	范承谟	福建总督,赠兵部尚书、太子少保	御书碑文赐其家;承谟所为画壁集,上亲制序	康熙	卷252《范承谟传》
11	傅弘烈	广西巡抚,赠太子太师、兵部尚书	建双忠祠于桂林,祀弘烈及马雄镇	康熙	卷252《傅弘烈传》
12	陈福	重庆总兵,三等精奇尼哈番世袭(子)	谥忠愍,建祠宁夏	康熙	卷253《陈福传》
13	陈丹赤	按察使,赠通政使	敕建祠温州,祀(陈)丹赤及(马)閱,亦曰"双忠"	康熙	卷253《马閱传》
14	马閱	昌乐知县,赠布政司参政		康熙	
15	叶映榴	湖北粮督	(康熙)手书"忠节"二字赐之,遂以为谥。立祠武昌,书"丹心炳册"匾以赐	康熙	卷253《叶映榴传》
16	穆赫林	议政大臣	入祀昭忠祠	雍正	卷261《穆赫林传》

续表

序号	表彰对象	身份	表彰规格	表彰时间	出处
17	子图扣	备御（佐领）	祀昭忠祠	雍正	卷288《鄂尔泰传》
18	哈国兴	三等侍卫，加赠太子太保	祀昭忠祠，图形紫光阁	乾隆	卷311《哈国兴传》
19	哈文虎	哈国兴之子，陕西提标右营守备	从祀昭忠祠	乾隆	卷311《哈国兴传》
20	傅清	驻藏副都统	（乾隆）上复降诏褒傅清、拉布敦，建祠京师，命曰双忠	乾隆	卷312《傅清传》
21	拉布敦	左都御史		乾隆	卷312《拉布敦传》
22	纳穆札尔	参赞大臣，靖逆将军	祀昭忠祠，图形紫光阁	乾隆	卷312《纳穆札尔传》
23	高天喜	保宁堡守备	天喜、鄂实、三格并祀昭忠祠，予骑都尉兼云骑尉世职，图形紫光阁	乾隆	卷315《高天喜传》
24	鄂实	参赞大臣			
25	三格	正白旗蒙古副都统			
26	和起	宁夏副都统，追封一等伯，以一等子世袭	祀贤良、昭忠二祠	乾隆	卷315《和起传》
27	唐喀禄	理藩院侍郎，镶蓝旗蒙古副都统，赐骑都尉世职	祀昭忠祠	乾隆	卷315《唐喀禄传》

续表

序号	表彰对象	身份	表彰规格	表彰时间	出处
28	阿敏道	镶蓝旗蒙古副都统加世职为骑都尉兼一云骑尉	祀昭忠祠	乾隆	卷315《阿敏道传》
29	满福	都统	祀昭忠祠，图形紫光阁	乾隆	卷315《满福传》
30	豆斌	安西提督予骑都尉兼云骑尉	祀昭忠祠	乾隆	卷315《豆斌传》
31	端济布	镶红旗满洲副都统，赠都统	图形紫光阁，祀昭忠祠	乾隆	卷315《端济布传》
32	瑚尔起	黑龙江副都统，赐骑都尉	祀昭忠祠	乾隆	卷316《瑚尔起传》
33	温福	理藩院尚书，诏予一等伯爵，世袭罔替	祀昭忠祠	乾隆	卷326《温福传》
34	哲森保	副都统	图形紫光阁，祀昭忠祠	乾隆	卷333《哲森保传》
35	曹顺	肃州镇总兵	与福建建宁镇总兵敦住、陕西延绥镇总兵乌尔纳并祀昭忠祠，图形紫光阁	乾隆	卷334《曹顺传》
36	董诰	东阁大学士，太子太傅	嘉庆亲自写诗悼念，命刻诗于墓，以彰忠荩	嘉庆	卷340《董诰传》

续表

序号	表彰对象	身份	表彰规格	表彰时间	出处
37	额勒登保	都统，崇文门正监督	（嘉庆）亲奠，御制述悲诗一章；于地安门外建专祠，曰褒忠，谥忠毅，命吉林将军修其祖墓立碑	嘉庆	卷344《额勒登保传》
38	德楞泰	西安将军，三等公	（嘉庆）帝亲奠，御制诗輓之，谥壮果；诏四川建立专祠，入祀京师昭忠祠	嘉庆	卷344《德楞泰传》
39	杨遇春	陕甘总督，赠太子太傅、兵部尚书	入祀贤良祠、乡贤祠，谥忠武	道光	卷347《杨遇春传》
40	王文雄	直隶通州协副将	封三等子爵，祀昭忠祠，谥壮节	嘉庆	卷349《王文雄传》
41	朱射斗	总兵，赐号干勇巴图鲁	仁宗悼惜，晋二等轻车都尉世职，依提督例赐恤，谥勇烈，入祀昭忠祠	嘉庆	卷349《朱射斗传》
42	富成	山东兖州镇总兵	命入祀昭忠祠，予云骑尉世职	嘉庆	卷349《富成传》
43	李长庚	浙江提督	追封三等壮烈伯，谥忠毅，于原籍建专祠	嘉庆	卷350《李长庚传》
44	那彦成	工部尚书，兼都统、内务府大臣	仁宗御书"励节教忠"额表其门	嘉庆	卷367《那彦成传》

续表

序号	表彰对象	身份	表彰规格	表彰时间	出处
45	庆祥	理藩院侍郎	赠太子太保，晋封一等公，兼云骑尉世职，谥壮直，祀昭忠祠；于喀什噶尔建昭忠祠祀之；御制悯忠诗勒诸石	道光	卷368《庆祥传》
46	林则徐	湖广总督	赠太子太傅，谥文忠；云南、江苏并祀名宦，陕西请建专祠	道光	卷369《林则徐传》
47	裕谦	两江总督	赠太子太保，予骑都尉兼一云骑尉世职；附祀京师昭忠祠；于镇海建立专祠，谥靖节	道光	卷372《裕谦传》
48	关天培	广东水师提督	予骑都尉兼一云骑尉世职，谥忠节，入祀昭忠祠，建立专祠	道光	卷372《关天培传》
49	陈连升	三江协副将	诏嘉其父子忠孝两全，入祀昭忠祠，并建专祠，加等依总兵例赐恤，予骑都尉世职	道光	卷372《陈连升传》
50	祥福	总兵	予骑都尉世职，祀昭忠祠，与关天培同建专祠	道光	卷372《祥福传》

续表

序号	表彰对象	身份	表彰规格	表彰时间	出处
51	陈化成	江南提督	骑都尉兼一云骑尉世职,谥忠愍,于殉难处所及原籍并建专祠	道光	卷372《陈化成传》
52	海龄	副都统	予骑都尉兼一云骑尉世职,谥昭节,入祀昭忠祠,并建祠镇江	道光	卷372《海龄传》
53	葛云飞	定海总兵	建立专祠,合祀国鸿、云飞、锡朋,并许原籍各建专祠	道光	卷372《国鸿传》
54	锡朋	寿春镇总兵		道光	卷372《锡朋传》
55	国鸿	处州镇总兵			卷372《国鸿传》
56	朱琦	御史,"谏垣三直"之一	赠太常寺卿,予骑都尉世职,祀昭忠祠	咸丰	卷378《朱琦传》
57	马济胜	福建陆路提督	(道光)御书"忠勇廉明"四字赐之	道光	卷380《马济胜传》
58	布彦泰	伊犁将军	(嘉庆)诏嘉其"忠诚为国,督率有方",加太子太保	嘉庆	卷382《布彦泰传》
59	文祥	军机大臣,总理衙门大臣	赠太傅,予骑都尉世职,入祀贤良祠;归葬盛京	光绪	卷386《文祥传》
60	黄宗汉	四川总督	(咸丰)特赐御书"忠勤正直"匾额(后遭追夺)	咸丰	卷394《黄宗汉传》

续表

序号	表彰对象	身份	表彰规格	表彰时间	出处
61	常大淳	浙江巡抚	诏赠总督，谥文节，祀昭忠祠，并于湖北建立专祠	咸丰	卷395《常大淳传》
62	王寿同	湖北汉黄德道员	予骑都尉世职，祀京师昭忠祠，与子恩晋同于本籍建忠孝祠	咸丰	卷395《王寿同传》
63	蒋文庆	安徽布政使	予骑都尉世职，入祀昭忠祠，安庆建专祠	咸丰	卷395《蒋文庆传》
64	陶恩培	湖北巡抚	予骑都尉兼云骑尉世职，谥文节，祀昭忠祠，后在湖北与吴文镕合建一祠	咸丰	卷395《陶恩培传》
65	缪梓	盐运使兼按察使	赠太常寺卿，祀昭忠祠，并建专祠，予骑都尉世职，谥武烈	咸丰	卷395《缪梓传》
66	王有龄	江苏布政使	入祀昭忠祠，浙江、福建建专祠	咸丰	卷395《王有龄传》
67	吴文镕	湖广总督	予骑都尉兼云骑尉世职，谥文节，祀京师昭忠祠	咸丰	卷396《吴文镕传》
68	潘铎	云贵总督	赠太子太保，予骑都尉兼云骑尉世职，入祀云南昭忠祠	咸丰	卷396《潘铎传》

续表

序号	表彰对象	身份	表彰规格	表彰时间	出处
69	祥厚	江宁将军	赠太子太保,予二等轻车都尉世职,入祀京师昭忠祠,于江宁建专祠	咸丰	卷398《祥厚传》
70	瑞昌	杭州将军	赠太子太保,晋一等轻车都尉世职,入祀京师昭忠祠,杭州建专祠	咸丰	卷398《瑞昌传》
71	杰纯	乍浦副都统	予骑都尉兼云骑尉世职,杭州、乍浦并建专祠,入祀京师昭忠祠,谥果毅	咸丰	卷398《杰纯传》
72	锡龄阿	乍浦副都统	赠都统衔,予骑都尉兼云骑尉世职,谥武烈,入祀京师昭忠祠	咸丰	卷398《锡龄阿传》
73	吕贤基	刑部左侍郎	予骑都尉世职,祀京师及本籍府城昭忠祠	咸丰	卷399《吕贤基传》
74	孙铭恩	兵部侍郎	赠内阁学士,入祀京师及安徽、江苏昭忠祠,予骑都尉世职,谥文节	咸丰	卷399《孙铭恩传》
75	张锡庚	左副都御史	赠尚书衔,予骑都尉兼云骑尉世职,祀浙江昭忠祠,谥文贞	咸丰	卷399《张锡庚传》

续表

序号	表彰对象	身份	表彰规格	表彰时间	出处
76	赵景贤	湖州道员	（同治）诏称其"劲节孤忠，可嘉可悯"，加恩依巡抚例优恤，于湖州建专祠，宣付史馆为立特传，予骑都尉世职	同治	卷400《赵景贤传》
77	向荣	游击	予一等轻车都尉世职；命建专祠，又入祀江苏名宦祠；克复江宁后，赐祭一坛，入昭忠祠	咸丰	卷401《向荣传》
78	和春	江宁将军	予骑都尉兼云骑尉，二等男爵，附祀江宁昭忠祠	咸丰	卷401《和春传》
79	张国梁	江南大营名将	追赠太子太保，祀昭忠祠，谥忠武，予骑都尉兼一云骑尉世职；诏加给三等轻车都尉，合前世职并为一等男爵；祀江宁忠义祠，复与向荣合建专祠	咸丰	卷401《张国梁传》
80	长瑞	天津镇总兵	长瑞谥武壮，长寿谥勤勇；永安建祠曰双忠，同死者附祀焉	咸丰	卷402《长瑞长寿传》
81	长寿	凉州镇总兵		咸丰	

续表

序号	表彰对象	身份	表彰规格	表彰时间	出处
82	邓绍良	浙江提督	赠太子少保，予骑都尉兼云骑尉世职，殉难地方建专祠	咸丰	卷402《邓绍良传》
83	周天受	漳州总兵	予骑都尉兼云骑尉世职，以其弟天培、天孚先皆殉节，命于四川省城及本县合建专祠	咸丰	卷402《周天受传》
84	饶廷选	衢州镇总兵	赠太子少保，予骑都尉兼云骑尉世职，谥果壮，入祀昭忠祠，于杭州建专祠	咸丰	卷402《饶廷选传》
85	张玉良	广西提督	赠太子少保，予骑都尉兼云骑尉世职，祀本籍昭忠祠	咸丰	卷402《张玉良传》
86	双来	肃州镇总兵	予骑都尉兼云骑尉世职，在扬州建双忠祠	咸丰	卷402《双来传》
87	虎坤元	宜昌镇总兵	死事地方建专祠，予骑都尉兼云骑尉世职	咸丰	卷402《虎坤元传》
88	僧格林沁	参赞大臣、钦差大臣、科尔沁郡王、博多勒噶台亲王	祀昭忠祠，于立功地方建专祠，配享太庙；预绘像紫光阁；京师安定门内建专祠，祠曰显忠	咸丰、光绪	卷404《僧格林沁传》

续表

序号	表彰对象	身份	表彰规格	表彰时间	出处
89	全顺	西安左翼副都统	予骑都尉兼云骑尉世职，附祀僧格林沁专祠	咸丰	卷404《全顺传》
90	史荣椿	直隶提督	骑都尉兼云骑尉世职，建专祠	咸丰	卷404《史荣椿传》
91	曾国藩	直隶总督，武英殿大学士	赠太傅，谥文正，祀京师昭忠、贤良祠，各省建立专祠	同治	卷405《曾国藩传》
92	骆秉章	湖南巡抚	（同治）优诏赐恤，称其"公忠诚亮，清正勤明"，赠太子太傅，入祀贤良祠，四川、湖南建专祠	同治	卷406《骆秉章传》
93	胡林翼	湖北巡抚	诏赠总督，祀贤良祠，湖北、湖南并建专祠	咸丰	卷406《胡林翼传》
94	罗泽南	布政使	入祀昭忠祠，本籍、湖北、江西建立专祠	同治	卷407《罗泽南传》
95	李续宾	罗泽南门生，巡抚衔	赠总督，入祀昭忠祠，立功地建专祠	咸丰	卷408《李续宾传》
96	塔齐布	湘军初创阶段的第一勇将，湖北提督	湖南省城建专祠，加三等轻车都尉世职；入祀昭忠祠	咸丰、同治	卷409《塔齐布传》
97	多隆阿	西安将军	赠太子太保，予一等轻车都尉世职，入祀京师昭忠祠，立功地建专祠	同治	卷409《多隆阿传》

续表

序号	表彰对象	身份	表彰规格	表彰时间	出处
98	鲍超	提督，湘军将领	赠太子少保，立功地建专祠	同治	卷409《鲍超传》
99	国永	云南鹤丽镇总兵	（光绪）诏念前功，允祀四川、湖北霆军昭忠祠	光绪	卷409《国永传》
100	刘松山	湘军将领，总兵	赠太子少保，加骑都尉兼一云骑尉，入祀京师昭忠祠，立功地建专祠	同治	卷409《刘松山传》
101	李鸿章	直隶总督，北洋通商大臣	赠太傅，晋封一等侯，入祀贤良祠，安徽、浙江、江苏、上海、江宁、天津各建祠以祀，并于京师特建专祠	光绪	卷411《李鸿章传》
102	左宗棠	东阁大学士，军机大臣	赠太傅，谥文襄；祀京师昭忠祠、贤良祠，并建专祠於湖南及立功诸省	光绪	卷412《左宗棠传》
103	曾国荃	湘军将领，曾国藩九弟，两江总督	赠太傅；入祀昭忠祠、贤良祠，建专祠	光绪	卷413《曾国荃传》
104	刘坤一	两江总督，南洋通商大臣	追封一等男爵，赠太傅；特谥忠诚；祀贤良祠，原籍、立功省建专祠	光绪	卷413《刘坤一传》

续表

序号	表彰对象	身份	表彰规格	表彰时间	出处
105	李臣典	湘军将领，提督	赠太子少保，吉安、安庆、江宁各建专祠	光绪	卷414《李臣典传》
106	彭毓橘	湘军将领，布政使记名	建专祠，赠内阁学士，谥忠壮，加骑都尉世职，并为三等男爵	同治	卷414《彭毓橘传》
107	江福山	总兵记名	诏视提督例赐恤，死事地建专祠，入祀京师昭忠祠，予骑都尉兼云骑尉世职，谥武烈	同治	卷415《江福山传》
108	程学启	淮军名将，南赣镇总兵	赠太子太保，特遣员赐祭一坛，安庆、苏州、嘉兴建专祠，谥忠烈，予骑都尉兼云骑尉世职，又加恩予三等轻车都尉世职，并为三等男爵	同治	卷416《程学启传》
109	张树珊	都司，广西右江镇总兵	（同治）诏惜其忠勇，从优议恤，予骑都尉兼一云骑尉世职，建专祠，谥勇烈	同治	卷417《张树珊传》

续表

序号	表彰对象	身份	表彰规格	表彰时间	出处
110	舒保	都统	赠太子少保,予骑都尉兼云骑尉世职,入祀昭忠祠,湖北建专祠,谥贞恪	同治	卷417《舒保传》
111	石清吉	三等侍卫	诏视提督阵亡例赐恤,入祀京师昭忠祠,予骑都尉世职,谥威毅,建专祠	同治	卷429《石清吉传》
112	杨鼎勋	江苏苏松镇总兵	赠太子少保,谥忠勤,建专祠	同治	卷431《杨鼎勋传》
113	唐殿魁	总兵记名	赠太子少保,予骑都尉兼云骑尉世职,谥忠壮,建专祠	同治	卷431《唐殿魁传》
114	张运兰	福建按察使	赠巡抚,予骑都尉世职,谥忠毅,武平及湖南、广东建专祠	同治	卷432《张运兰传》
115	陈鼐举	淮军将领,知府	诏赠道员,与含芳同附祀鸿章祠,入祀淮军昭忠祠,并祀乡贤	光绪	卷451《陈鼐举传》
116	金顺	伊犁将军	赠太子太保,谥忠介,予建祠	光绪	卷454《金顺传》
117	金运昌	提督	入祀卓胜军昭忠祠	光绪	卷455《金运昌传》
118	宋庆	湖南提督、四川提督	晋封三等男,予建祠,谥忠勤	光绪	卷461《宋庆传》

续表

序号	表彰对象	身份	表彰规格	表彰时间	出处
119	长顺	吉林将军	赠太子少保,予一等轻车都尉,谥忠靖,入祀贤良祠	光绪	卷461《长顺传》
120	聂士成	太原镇总兵	赠太子少保,谥忠节,建专祠	光绪	卷467《聂士成传》
121	崇绮	盛京将军	赐奠醊,入祀昭忠祠,谥文节	光绪	卷468《崇绮传》
122	恩铭	安徽巡抚	赠太子少保,谥忠愍,予皖省建祠,赏骑都尉兼一云骑尉世职	光绪	卷469《恩铭传》
123	毓昌	知县	赠毓昌知府衔,封其墓,御制愍忠诗,命勒于墓上	嘉庆	卷478《毓昌传》
124	邵懿辰	刑部员外郎	赠道衔,祀本省昭忠祠	咸丰	卷480《邵懿辰传》
125	赵文哲	内阁中书	四川成都府、金川崇化屯先后建祠祀之,均建慰忠祠碑	乾隆	卷489《赵文哲传》
126	强克捷	知县	优恤,谥忠烈,祀京师昭忠祠,于韩城、滑县皆建专祠,与难者均予附祀	嘉庆	卷489《强克捷传》
127	觉罗豫立	镇江知府	祀昭忠祠	咸丰	卷490《觉罗豫立传》

续表

序号	表彰对象	身份	表彰规格	表彰时间	出处
128	徐晓峰	福建按察使	赠内阁学士衔,给骑都尉世职,以"忠孝节烈,萃於一门"褒之,于死所建专祠	同治	卷490《徐晓峰传》
129	袁绩懋	福建延建邵道	赠按察使,入祀京师及阵亡地方昭忠祠,世袭骑都尉;常州、顺昌建专祠;追谥文节	咸丰	卷490《袁绩懋传》
130	瑞麟	西隆州知州	谥壮节,赠道衔,诏祀京师昭忠祠,建专祠全州,曰愍忠,祀燮培及诸死事者	咸丰	卷491《瑞麟传》
131	李福培	从化知县	赠知府衔,建专祠,特谥刚烈;建石栏护之,榜曰"忠迹昭然"	咸丰	卷491《刘钦邻传》
132	谢子澄	无极县知县	加布政使衔,谥忠愍,建专祠	咸丰	卷491《谢子澄传》
133	麟瑞	印务章京	赠副都统,予世职,祀昭忠祠	咸丰	卷492《麟瑞传》
134	张洵	文渊阁校理	以"一门六口,同时殉难,实属深明大义,忠烈可嘉"褒之,建祠,谥文节	同治	卷493《张洵传》

续表

序号	表彰对象	身份	表彰规格	表彰时间	出处
135	文丰	正白旗满洲副都统	（咸丰）赠太子少保衔，入祀京师昭忠祠；（同治）以"文丰从容赴难，不愧完人"褒之，加恩予谥忠毅	咸丰、同治	卷494《文丰传》
136	锺麟同	陆军第十九镇统制官	（宣统）上闻，有"忠骸支解，惨不忍闻"之谕，谥忠壮	宣统	卷496《锺麟同传》

《清史稿》所载"祀昭忠祠"者还有很多，此处不再列举。可以看出，清代国家政治生活领域的"忠"就是"忠君"。关于表彰忠臣，奖掖"忠"举的目的，《清史稿》也给出了明确答案——因为"忠""有关于世道"，为了巩固清王朝的统治，必须"奖忠节"（《清史稿·梦周传》）、"励忠节"（《清史稿·越南传》），牢牢树立"拳拳效忠，固人臣之义"（《清史稿·邵璱传》）、"背主不忠"（《清史稿·忠义传》）的观念。此举确实收到一定成效，如"宝丰以随扈不果，愤甚，誓死职。自题绝命词曰：'忠孝节廉，本乎天性。见利思义，见危授命。呜呼宝丰，不失其正。'饮金死。"（《清史稿·宝丰传》）推行"忠"文化的另一原因是对"不肖"臣子施以"不忠"的"惩罚"。"上责'新知而不言，自比寒蝉，无体国公忠之意'。"（《清史稿·蔡新传》）即便曾经受到表彰，嗣后如有"不忠"举动也要追回封赐，如黄宗汉即遭"追夺前赐御书

'忠勤正直'扁额"(《清史稿·黄宗汉传》)。

第三,思想界对"忠"的反思。

与政治领域一边倒的火热场面不同,忠思想,特别是忠君思想在清代思想领域的遭际却是阴晴两重天。其中,颇具代表性的是顾炎武的"保天下"与"保国"之说。

通过前面的分析可知,自秦王朝开始,原本内涵丰富的忠已经演变成"忠君"。这是君国一体的中央集权政治体制所必然导致的结果。忠君就是忠于国家,忠于国家就要忠君,这似乎成了王权独大社会的一种定律。唯有如此,才是爱国,否则就是不忠。也正是这种对君国一体的理解,才造就了岳飞等一大批忠臣。以黄宗羲为代表的部分思想家对君国一体提出振聋发聩的质疑:"岂天下之大,于兆人万姓之中,独私其一人一姓乎?"[1] 在这里,黄宗羲不仅明确否定了君主"家天下"的私利,更向人们指明"天下之治乱,不在一姓之兴亡"[2]的深刻道理。

顾炎武与黄宗羲一样,反对对君主一家一姓的所谓"忠"。他认为君主不过是受人民之托代行管理天下罢了。他说:"所谓天子者,执天下之大权者也。其执大权奈何?以天下之权,寄之天下之人,而权乃归之天子。自公卿大夫,至于百里之宰,一命之官,莫不分天子之权,以各治其事,而天子之权乃益尊。"[3] 基于这样

1 /(清)黄宗羲:《明夷待访录》,中华书局1985年版,第2页。

2 /(清)黄宗羲:《明夷待访录》,第3页。

3 /(清)顾炎武:《日知录》卷九,《顾炎武全集》第十八卷,上海古籍出版社2011年版,第398页。

的认识,顾炎武指出:"有亡国,有亡天下,亡国与亡天下奚辨? 曰:易姓改号,谓之亡国,仁义充塞,而至于率兽食人,人将相食,谓之亡天下。""是故知保天下,然后知保其国,保国者,其君其臣肉食者谋之;保天下者,匹夫之贱与有责焉耳矣。"[1]这就告诉人们,亡国不过是改朝换代,是达官贵人需要关心的事,人们自然没有必要为这样的"国"去"尽忠",从而否定了统治中国两千年的"忠君"思想。

黄宗羲、顾炎武的声音虽然反映了社会历史发展的潮流,但这种声音在忠君思想为主导的社会中无疑难以成为主流。历史文化是植根于历史存在的产物,由于历史条件、阶级条件、认识水平诸因素的限制,我们不能用今天的价值尺度去衡量、要求古人。事实上,历史上的很多忠臣就是凭借这种将"忠君""爱国"揉为一体的"忠"维护了国家、民族乃至"天下"的根本利益。比如,在中国近代史上获得无数赞誉,死后被认为忠君爱国之行达到顶峰并赐谥"文忠"的林则徐就是这样一个忠臣。

林则徐的"忠"更多的是通过其对清室的"尽忠"之行来表现的,在思想创造方面,其关于忠的言论并不很多。就《林则徐集》看体现其"忠"的有三处:一处是林则徐挽关天培联:"六载固金汤,问何人忽坏长城,孤注竟教躬尽瘁;双忠[2]同坎壈,闻异类亦钦伟节,归魂相送面如生。"[3]另两处见于林则徐号召沿海

---

1 /(清)顾炎武:《日知录》卷十三,第527页。

2 / 当时与关天培同时殉国的将领还有麦廷章。

3 /(清)方浚颐:《二知轩文存》卷二十八,《续修四库全书》,第403页。

图 10-1：福州林则徐纪念馆

人民武装抗英的告示："本大臣、本部堂严令地方文武官员于水陆各处切实防阻；完全断绝英夷一切供应，使英夷等有所畏惧，俯首顺服。""为此，本大臣、本部堂晓谕所有沿海乡村绅耆、商人及居民等，效忠邦国，群相集议，购买器械，聚合丁壮，以便自卫。"[1]最能体现林则徐"忠君"情怀的则是1842年他被遣戍伊犁，在西安与家人告别时所作的《赴戍登程口占示家人》七律二首中的第二首："力微任重久神疲，再竭衰庸定不支。苟利国家生死以，岂因祸福避趋之。谪居正是君恩厚，养拙刚于戍卒宜。戏与山妻谈故事，试吟断送老头皮。"[2]从这首诗可以看出，林则徐即便

[1]《林则徐全集》编辑委员会编，《林则徐全集》第五册，海峡文艺出版社，2002年版，第243页。

[2]（清）张应昌：《清诗铎》卷二十一，中华书局1960年版，第757页。

遭遇贬戍，对以君主为代表的国家依然忠心不已，只要对国家有利，可以以命相许；决不去做那种见利就抢、见祸就避的事情。这首诗将林则徐一腔忠君之意、报国之情表现得淋漓尽致。

第四，曾国藩重振忠君思想的努力。

就忠思想的发展看，曾国藩凭借其击败太平天国所获得的地位曾经做了一番"重振"工作。

曾国藩位列清廷"同治中兴"三大名臣之首，并被儒家视为最后一位精神偶像。这应当归之于两点：其一，曾国藩兢兢业业地为清廷训练湘军，并最终剿灭了太平天国，对清廷而言可称之为"立功"；其二，他不仅严于"格物""致知""诚意""正心""修身""齐家"，且有《曾国藩文集》传世，可称之为"立言"。儒家所强调的"立功、立言、立德"三点，曾国藩独占两点。特别是在天下大乱之际，曾国藩能够始终恪守封建道德的最高规范——"忠"（当然，对于这种举动有人称之为奴性十足，对此，我们姑且不论），还是难能可贵的。

曾国藩著作中用"忠"百余处，除了用于人名、地名、谥号等所用"忠"字，以"尽忠""忠义""忠直""忠信""忠勤"出现最多，而且《曾国藩文集》有一篇短文专门探讨"忠勤"问题。通过考察这些"忠"的内涵可以发现，在曾国藩的字典里"忠"就是"忠君"。

曾国藩生活的时代正值世风日下、腐败盛行，为官者大都八面玲珑，少说话、多磕头，明哲保身，不求有功，但求无过。曾国藩则不然，对于清廷的腐败衰落，他虽也明察秋毫，但并未因此而气馁，而是选择了以国事为家事，以自己的行动为国分忧。他认为："乱世多尚巧伪，惟忠者可以革其习；末欲多趋偷惰，惟勤者可以遏其流。"[1] 纵观曾国藩的一生，可以说为维护清廷的统治，他的确做到了"忠""勤"。

曾国藩是"经世派"人物，长于修养心性、研习理学。当国家需要的时候，他却能以"犹匹夫"的在籍侍郎身份出面组建湘军。此举很容易使人想起朱熹的一段话："官无大小，凡事只是一个公。若公时，做得来也精彩。便若小官，人也望风畏服。"[2] 而这也正是曾国藩能够在短时间内聚集起一批投笔从戎的将领，促成"湖湘俊彦朋兴"[3] 壮观局面之间的答案。细究起来，或许有些人会认为曾国藩是拿着鸡毛当令箭。因为朝廷当时不过任命他为"湖南帮办团练大臣"，而团练当初在清军中的地位根本就微不足道，无法和国家的正规军——八旗、绿营——相提并论。况且，有些地方的团练组织简直就是土匪组织，为人所不齿。曾国藩则以"忠义"精神治军，将一支为人不齿的团练武装训练成超过清朝正规军的劲旅，并为清廷立下盖世奇功。

曾国藩认为："由来忠

---

1 /（清）曾国藩：《忠勤》，载《曾国藩全集·诗文》，岳麓书社1986年版，第392页。

2 /（宋）黎靖德：《朱子语类》卷一百一十二，《朱子全书》第18册，上海古籍出版社、安徽教育出版社2010年版，第3583页。

3 /（清）曾国藩：《曾文正公书札》卷五，《续修四库全书》，第99页。

孝易通神。"[1] 他治兵驭将首先进行忠思想灌输。曾国藩认为，"驱不教之士，执盎脆之器"，"以当虎狼百万之贼，未与交锋而军士之气固已馁矣，虽有一二主者忠义奋发，亦无以作其众而贞于久也"[2]。所以，必须大力培养湘军将士的"忠义血性"[3]，进行"吾党血性男子，有忠义之气"[4]之类的伦理教育，大力弘扬"入孝出忠"[5]"光大门阀"[6]的精神，激励自己和湘军将士。甚至对那些出身"山农"的兵勇，曾国藩也主张以"宽猛相济"之法待之，不可滥施"仁义"："军士有失律者，主者鞭责不及数，又故轻贳之。厥后众士傲慢，常戏侮其管辖之官。故知小仁者，大仁之贼，多赦不可以治民，溺爱不可以治家，宽纵不可以治军。"[7] 他指出"忠不必有过人之才智，尽吾心而已矣"，"忠至而智亦生焉"[8]。在曾国藩训导下，"上马杀贼，下马赋诗"[9] 成为湘军一大特色。

对于湘军将领，曾国藩主张"驭

---

1 /（清）曾国藩：《次韵何廉昉太守感怀述事十六首》诗之十四，载《曾国藩全集·诗文》，岳麓书社1986年版，第91页。

2 /（清）曾国藩：《曾文正公书札》卷三，《续修四库全书》，第50页。

3 /（清）曾国藩：《曾文正公书札》卷二，《续修四库全书》，第41页。

4 /（清）曾国藩：《曾文正公书札》卷三，《续修四库全书》，第49页。

5 /《太尉始兴昭烈王碑铭》，载（明）梅鼎祚：《陈文纪》卷三，文津阁《四库全书》第468册，第18页。

6 /（清）曾国藩：《郭碧斋先生六十寿序》，载《曾国藩全集·诗文》，第169页。

7 /（清）曾国藩：《赦》，载《曾国藩全集·诗文》，第359页。

8 /（清）曾国藩：《忠勤》，载《曾国藩全集·诗文》，第392页。

9 /（清）王培荀：《听雨楼随笔》卷一，山东大学出版社1992年版，第14页。

将之道,最贵推诚,不贵权术"¹,而"诚便是忠信"。只有"忠信"才能"居业"(曾国藩按:"立得住,即所谓居业也。今世俗言'兴家立业'是也"²)、"成立"。他公开指出"余生平好用忠实者流"³,并告诫自己的同僚"视民事如家事"(《清史稿·王仁堪传》)。有了曾国藩的大力倡导,以忠为核心的传统道德成了判断湘军将士优劣的首要标准。

曾国藩之"忠"往往还与"勤"字相连。曾国藩认为:"君子欲有所建树,以济世而康屯,则天事居其半,人事居其半。以人事与天争衡,莫大乎忠勤二字。"一个人是否有忠的品质,不在于他是否有超凡的才智,而在于他是否"尽吾心","勤不必有过人之精神,竭吾力而已矣"。因此,曾国藩在治军精神上特别强调"勤至而勇亦出",借以防止湘军将士骄纵嬉乐、功成懈怠,而是始终保持昂扬向上的精神面貌。当然,曾国藩本人并不认为自己已经具备了"忠勤"品质,他说:"吾家子姓,倘将来有出任艰巨者,当励忠勤以补吾之阙憾。忠之积于平日者,则自不妄语始;勤之积于平日者,则自不晏起始。"⁴

从一定意义上说,曾国藩的湘军对太平军的军事胜利就是包括忠在内的传统伦理纲常的胜利。太平天国战争结束后,湘军将士的这种"忠义血

1/(清)曾国藩:《曾文正公书札》卷十,《续修四库全书》,第213页。

2/(清)曾国藩:《居业》,载《曾国藩全集·诗文》,第362页。

3/(清)曾国藩:《才用》,载《曾国藩全集·诗文》,第393页。

4/(清)曾国藩:《忠勤》,载《曾国藩全集·诗文》,第392页。

性"，成了保守势力大肆渲染的对象。湖南各地重修的地方志中的人物志，专门增加了"义勇"门，以宣扬湘军的"卫道"精神。同治十三年（1874）由曾国荃、郭嵩焘编定，光绪年间刊刻的《湖南通志》，在序言中也表达了同样的思想。曾国藩本人也专门为长沙府属县湘乡修建的"昭忠祠"作祭文，鼓吹湘军的"忠勇"品格："君子之道，莫大乎以忠诚为天下倡。世之乱也，上下纵于亡等之欲，奸伪相吞，变诈相角，自图其安而予人以至危，畏难避害，曾不肯捐丝粟之力以拯天下。得忠诚者，起而矫之，克己而爱人，去伪而崇拙；躬履诸艰而不责人以同患；浩然捐生，如远游之还乡而无所顾悸。由是众人效其所为，亦皆以苟活为羞，以避事为耻。"[1] 在曾国藩的倡导和部分卫道士的推波助澜之下，恪守忠义精神成了湖南官绅士人的自觉责任。所以，湖南在清末成为维新运动中最保守的省份之一就不奇怪了。

---

1 /（清）曾国藩：《湘乡昭忠祠记》，载《曾国藩全集·诗文》，第304页。

参考文献

[1] 十三经注疏整理委员会.周礼注疏[M].北京：北京大学出版社，2000.

[2] 惠栋.九经古义[M].北京：文渊阁四库全书本.

[3] 段玉裁.说文解字注[M].上海：上海古籍出版社，1981.

[4] 萧兵.中庸的文化省察——一个字的思想史[M].武汉：湖北人民出版社，1997.

[5] 温少锋，袁廷栋.殷墟卜辞研究——科学技术篇[M].成都：四川省社会科学院出版社，1983.

[6] 春秋左传集解[M].上海：上海人民出版社，1977年版.

[7] 孙诒让.周礼正义[M]//续修四库全书编委会.续修四库全书.上海：上海古籍出版社，2013.

[8] 吕子方.中国科学技术史论文集[M].成都：四川科学技术出版社，1984.

[9] 刘节.中国史学史稿[M].郑州：中州书画社，1982.

[10] 倍松.图腾主义[M].胡愈之，译.上海：开明书店，1932.

[11] 海西希.蒙古的宗教[M].耿升，译.天津:天津古籍出版社，1989.

[12] 胡厚宣.甲骨续存[M].上海：群联出版社，1955.

[13] 高怀民.中国先秦与希腊哲学之比较[M].台北:"中央文物供应社"，1983.

[14] 日本学习研究社.世界民族大观[M].王志远，等译台北：自然科学文化事业公司，1978.

[15] 孙诒让.墨子闲诂[M].北京：中华书局，2001.

[16] 杨伯峻.孟子译注[M].北京：中华书局，1960.

[17] 孙星衍.尚书今古文注疏[M].北京：中华书局，1986.

[18] 上海师范大学古籍整理组.国语[M].上海:上海古籍出版社，1978.

[19] 杨伯峻.论语译注[M].北京：中华书局，1958.

[20] 张英，等.渊鉴类函[M].北京：中国书店，1985.

[21] 阎振益，钟夏.新书校注[M].北京：中华书局，2000.

[22] 黎靖德.朱子语类[M]//朱熹.朱子全书.上海，合肥：上海古籍出版社，安徽教育出版社，2010.

[23] 吕振羽.中国政治思想史[M].北京：人民出版社，1955.

[24] 王先谦.荀子集解[M].北京：中华书局，1988.

[25] 司马迁.史记[M].北京：中华书局，1980.

[26] 王念孙，金正炜.战国策校释二种[M].北京：首都师范大学出版社，1994.

[27] 高亨. 商君书注译 [M]. 北京：中华书局，1974.

[28] 许维遹. 吕氏春秋集释 [M]. 北京：中国书店，1985.

[29] 许富宏. 慎子集校集注 [M]. 北京：中华书局，2013.

[30] 陈奇猷. 韩非子集释 [M]. 北京：中华书局，1953.

[31] 高树藩. 中文形音义综合大字典 [M]. 北京：中华书局，1989.

[32] 桓范. 世要论 [M]// 严可均. 全上古三代秦汉三国六朝文. 北京：中华书局，1958.

[33] 朱谦之. 老子校释 [M]. 北京：中华书局，1984.

[34] 曾振宇，傅永聚. 春秋繁露新注 [M]. 北京：商务印书馆，1984.

[35] 张敞. 上书自请治胶东勃海盗贼 [M]// 严可均. 全上古三代秦汉三国六朝文. 北京：中华书局，1958.

[36] 严可均. 孝经郑注 [M]. 北京：中华书局，1985.

[37] 范晔. 后汉书 [M]. 北京：中华书局，2007.

[38] 陈立. 白虎通疏证 [M]. 扬州：清光绪元年淮南书局刻本.

[39] 班固. 汉书 [M]. 北京：中华书局，2007.

[40] 桓宽. 盐铁论 [M]. 上海：上海人民出版社，1974.

[41] 沈钦韩. 汉书疏证 [M]. 杭州：清光绪二十六年浙江官书局刻本.

[42] 李善等. 六臣注文选 [M]. 北京：中华书局，1987.

[43] 葛洪. 抱朴子 [M]. 上海：上海书店，1986.

[44] 陈寿. 三国志 [M]. 北京：中华书局，1982.

[45] 房玄龄. 晋书 [M]. 北京：中华书局，1974.

[46] 李延寿. 南史 [M]. 北京：中华书局，1975.

[47] 姚思廉. 梁书 [M]. 北京：中华书局，1973.

[48] 李延寿. 北史 [M]. 北京：中华书局，1974.

[49] 沈约. 宋书 [M]. 北京：中华书局，1974.

[50] 姚思廉. 陈书 [M]. 北京：中华书局，1972.

[51] 孙希旦. 礼记集解 [M]. 北京：中华书局，1989.

[52] 徐震谔. 世说新语校笺 [M]. 北京：中华书局，1984.

[53] 方东树. 昭昧詹言 [M]. 北京：人民文学出版社，1961.

[54] 鲍照. 谢秣陵令表 [M]// 文津阁四库全书. 北京：商务印书馆，2005.

[55] 梁元帝. 忠臣传序 [M]// 欧阳询. 艺文类聚. 上海：上海古籍出版社，1965.

[56] 王通. 中说 [M]. 济南：山东友谊书社，1994.

[57] 石一参. 管子今诠 [M]. 北京：中国书店，1988.

[58] 陈确. 陈确集 [M]. 北京：中华书局，1979.

[59] 李觏. 李觏集 [M]. 北京：中华书局，1981.

[60] 荀悦. 申鉴 [M]. 上海：上海古籍出版社，1990.

[61] 刘昫等. 旧唐书 [M]. 北京：中华书局，1975.

[62] 吴兢. 贞观政要 [M]. 上海：上海古籍出版社，1978.

[63] 李世民. 帝京篇十首 [M]// 文津阁四库全书. 北京：商务印

书馆，2005.

[64] 李适.麟德殿宴百僚[M]//文津阁四库全书.北京：商务印书馆，2005.

[65] 登歌酌鬯[M]//文津阁四库全书.北京：商务印书馆，2005.

[66] 君臣同庆乐[M]//文津阁四库全书.北京：商务印书馆，2005.

[67] 计有功.唐诗纪事[M].上海：上海古籍出版社，1987.

[68] 卢仝.感古四首[M]//文渊阁四库全书.

[69] 李白.寓言三首[M]//文津阁四库全书.北京：商务印书馆，2005.

[70] 李白.古风[M]//文津阁四库全书.北京：商务印书馆，2005.

[71] 李白.远别离[M]//文津阁四库全书.北京：商务印书馆，2005.

[72] 李白.雪谗诗赠友人[M]//文津阁四库全书.北京：商务印书馆，2005.

[73] 李白.酬裴侍御对雨感时见赠[M]//文津阁四库全书.北京：商务印书馆，2005.

[74] 李白.鞠歌行[M]//文津阁四库全书.北京：商务印书馆，2005.

[75] 李白.经乱离后天恩流夜郎忆旧游书怀赠江夏韦太守良宰

[M]// 文津阁四库全书.北京：商务印书馆，2005.

[76] 李白.酬裴侍御对雨感时见赠[M]// 文津阁四库全书.北京：商务印书馆，2005.

[77] 李白.与贾少公书[M]// 王琦.李太白全集.北京：中华书局，1977.

[78] 杜甫.诸将五首[M]// 文津阁四库全书.北京：商务印书馆，2005.

[79] 杜甫.奉贺阳城郡王太夫人恩命加邓国太夫人[M]// 文津阁四库全书.北京：商务印书馆，2005.

[80] 杜甫.览柏中允兼子侄数人除官制词因述父子兄弟四美载歌丝纶[M]// 文津阁四库全书.北京：商务印书馆，2005.

[81] 杜甫.暮春江陵送马大卿公恩追赴阙下[M]// 文津阁四库全书.北京：商务印书馆，2005.

[82] 杜甫.舟出清陵南浦奉寄郑少尹[M]// 文津阁四库全书.北京：商务印书馆，2005.

[83] 杜甫.新安吏[M]// 文津阁四库全书.北京：商务印书馆，2005.

[84] 杜甫.垂老别[M]// 文津阁四库全书.北京：商务印书馆，2005.

[85] 杜甫.宿花石戍[M]// 文津阁四库全书.北京：商务印书馆，2005.

[86] 杜甫.送陵州路使君赴任[M]// 文津阁四库全书.北京：商

务印书馆，2005.

[87] 杜甫. 茅屋为秋风所破歌 [M]// 文津阁四库全书. 北京：商务印书馆，2005.

[88] 白居易. 初入峡有感 [M]// 文津阁四库全书. 北京：商务印书馆，2005.

[89] 白居易. 自江州至忠州 [M]// 文津阁四库全书. 北京：商务印书馆，2005.

[90] 白居易. 贺雨 [M]// 文津阁四库全书. 北京：商务印书馆，2005.

[91] 白居易. 新乐府序 [M]// 白氏文集. 北京：文学古籍刊行社，1955.

[92] 白居易. 效陶潜体诗十六首 [M]// 文津阁四库全书. 北京：商务印书馆，2005.

[93] 白居易. 叹鲁二首 [M]// 文津阁四库全书. 北京：商务印书馆，2005.

[94] 白居易. 读汉书 [M]// 文津阁四库全书. 北京：商务印书馆，2005.

[95] 颜真卿. 颜鲁公文集 [M]. 上海：上海古籍出版社，1992.

[96] 白居易. 青石——激忠烈也 [M]// 文津阁四库全书. 北京：商务印书馆，2005.

[97] 陈寅恪. 元白诗笺证稿 [M]. 上海：上海古籍出版社，1978：222.

[98] 寒山.诗三百首[M]// 文津阁四库全书.北京:商务印书馆,2005.

[99] 卢照邻.中和乐九章[M]// 文津阁四库全书.北京:商务印书馆,2005.

[100] 宋之问.早发大庾岭[M]// 文津阁四库全书.北京:商务印书馆,2005.

[101] 宋之问.下桂江县黎壁[M]// 文津阁四库全书.北京:商务印书馆,2005.

[102] 张说.赠工部尚书冯公挽歌三首[M]// 文津阁四库全书.北京:商务印书馆,2005.

[103] 张说.奉和圣制度蒲关应制[M]// 文津阁四库全书.北京:商务印书馆,2005.

[104] 张九龄.奉和圣制送李尚书入蜀[M]// 文津阁四库全书.北京:商务印书馆,2005.

[105] 张九龄.和苏侍郎小园夕霁寄诸弟[M]// 文津阁四库全书.北京:商务印书馆,2005.

[106] 高适.送柴司户充刘卿判官之岭外[M]// 文津阁四库全书.北京:商务印书馆,2005.

[107] 杜牧.闻开江相国宋下世二首[M]// 文津阁四库全书.北京:商务印书馆,2005.

[108] 杜牧.吴宫词二首[M]// 文津阁四库全书.北京:商务印书馆,2005.

[109] 杜牧. 梁秀才以早春旅次大梁将归郊扉言怀兼别示亦蒙见赠凡二十韵走笔依韵 [M]// 文津阁四库全书. 北京: 商务印书馆, 2005.

[110] 张说. 将赴朔方军应制 [M]// 文津阁四库全书. 北京: 商务印书馆, 2005.

[111] 马云奇. 被蕃军中拘系之作 [M]// 高嵩. 敦煌唐人诗集残卷考释. 银川: 宁夏人民出版社, 1982.

[112] 杨际平. 5~10世纪敦煌的家庭与家族关系. 长沙: 岳麓书社, 1997.

[113] 范仲淹. 范文正公文集 [M]// 范仲淹全集. 成都: 四川大学出版社, 2007.

[114] 范仲淹. 范文正公别集 [M]// 范仲淹全集. 成都: 四川大学出版社, 2007.

[115] 范仲淹. 范文正公集续补 [M]// 范仲淹全集. 成都: 四川大学出版社, 2007.

[116] 欧阳修. 欧阳修全集. 上海: 国学整理社, 1936.

[117] 宋大诏令集 [M]. 北京: 中华书局, 1962.

[118] 王安石. 材论 [M]// 王安石全集. 上海: 上海古籍出版社, 1999.

[119] 王安石. 辞同修起居注状 [M]// 王安石全集. 上海: 上海古籍出版社, 1999.

[120] 王安石. 答李资深书 [M]// 王安石全集. 上海: 上海古籍

出版社，1999.

[121] 孔颖达.毛诗注疏[M]//文津阁四库全书.北京：商务印书馆，2005.

[122] 司马光.资治通鉴[M].上海：上海古籍出版社，1987.

[123] 程颢，程颐.二程集[M].北京：中华书局，1981.

[124] 程颢，程颐.二程遗书[M].上海：上海古籍出版社，2000.

[125] 陆九渊.陆九渊集[M].北京：中华书局，1980.

[126] 霍克斯.结构主义与符号学[M].瞿铁鹏，译.上海：上海译文出版社，1987.

[127] 喻国明.关于传媒影响力的诠释——对传媒产业本质的一种探讨[J].国际新世界，2003（2）.

[128] 威尔伯·施拉姆，威廉·波特.传播学概论[M].陈亮，译.北京：新华出版社，1984.

[129] 宋濂.元史[M].北京：中华书局，1976.

[130] 李寿卿.说专诸伍员吹箫[M]//臧晋叔.元曲选.北京：中华书局，1958.

[131] 高明.琵琶记[M]//毛晋.六十种曲.北京：中华书局，1982.

[132] 陈草庵.山坡羊[M]//无名氏.梨园按试乐府新声.北京：中华书局，1958.

[133] 章培恒，骆玉明.中国文学史[M].上海：复旦大学出版社，

1996.

[134] 罗贯中. 三国演义 [M]. 上海：上海古籍出版社，1989.

[135] 施耐庵. 水浒传 [M]. 上海：上海古籍出版社，1988.

[136] 李贽. 焚书，续焚书 [M]. 北京：中华书局，2009.

[137] 祝允明. 怀星堂集 [M]// 文津阁四库全书. 北京：商务印书馆，2005.

[138] 于敏中. 钦定日下旧闻考 [M]// 文津阁四库全书. 北京：商务印书馆，2005.

[139] 张廷玉. 明史 [M]. 北京：中华书局，1974.

[140] 石韫玉. 独学庐稿 [M]// 清代诗文集汇编. 上海：上海古籍出版社，2009.

[141] 孙承泽. 春明梦余录 [M]. 北京：北京古籍出版社，1992.

[142] 吕坤. 祭关帝文 [M]// 王国轩，王秀梅. 吕坤全集 [M]. 北京：中华书局，2008.

[143] 褚人获. 坚瓠集 [M]. 上海：上海古籍出版社，2012.

[144] 王培荀. 听雨楼随笔 [M]. 成都：巴蜀书社，1987.

[145] 王世贞. 弇州山人四部续稿 [M]// 文津阁四库全书. 北京：商务印书馆，2005.

[146] 朱一玄. 明清小说资料编 [M]. 天津：南开大学出版社，2006.

[147] 胡应麟. 少室山房集 [M]// 文津阁四库全书. 北京：商务印书馆，2005.

[148] 赵尔巽.清史稿[M].北京：中华书局，1976.

[149] 陈永.传习录素解[M].广州：中山大学出版社，2017.

[150] 杨荣.文敏集[M]//文津阁四库全书.北京：商务印书馆，2005.

[151] 张廷玉.皇朝文献通考[M]//文津阁四库全书.北京：商务印书馆，2005.

[152] 来保.大清通礼[M]//文津阁四库全书.北京：商务印书馆，2005.

[153] 梁章巨.楹联丛话[M].北京：中华书局，1987.

[154] 无名氏.鸣凤记[M]//毛晋.六十种曲.北京：中华书局，1982.

[155] 李玉.清忠谱[M].北京：人民文学出版社，1990.

[156] 黄宗羲.明夷待访录[M].北京：中华书局，2011.

[157] 顾炎武.日知录[M]//顾炎武全集.上海：上海古籍出版社，2011.

[158] 林则徐全集编辑委员会.林则徐全集[M].海峡文艺出版社，2002.

[159] 张应昌.清诗铎[M].北京：中华书局，1960.

[160] 曾国藩全集[M].长沙：岳麓书社，1986.

[161] 太尉始兴昭烈王碑铭[M]//文津阁四库全书.北京：商务印书馆，2005.